AF471521

LE LIVRE DE S. AVGVSTIN, DE LA FOY, DE L'ESPERANCE, ET DE LA CHARITE'.

Addressé à LAVRENT chef du College des Notaires & Secretaires de la ville de Rome.

Pour luy seruir de MANVEL, & d'vn Abregé de la Doctrine du Christianisme.

Traduit en François par M. ANTOINE ARNAVLD, *Prestre, Docteur en Theologie de la Maison de Sorbonne.*

Auec le Latin en suite, reueu exactement sur six anciens Manuscripts.

A PARIS,
Chez Antoine Vitré, Imprimeur ordinaire du Roy, de la Reyne Regente sa Mere, & du Clergé de France.
Ruë Saint Iacques, deuant Saint Yues.

M. DC. XLVIII.

Auec Priuilege du Roy, & Approbation des Docteurs.

AV LECTEVR.

MON cher Lecteur,

Le dessein que saint Augustin a eu dans ce Liure, le doit rendre recommandable à toutes sortes de personnes. Car puisque son but a esté de satisfaire à la priere d'vn Seigneur de Rome de ses amis, qui l'auoit supplié de faire ce qu'on fait auiourd'huy dans les Catechismes, c'est à dire d'expliquer les principaux poincts de la Religion Chrestienne, & les deuoirs generaux d'vn Chrestien en ce qui regarde sa foy, son esperance & son amour, il n'y a point de fidelle qui ne se puisse mettre en la place de ce Seigneur, & prendre pour soy-mesme l'excellente instruction qu'il luy a donnée dans cet Ouurage.

C'est pourquoy il ne me reste qu'à vous aduertir du changement que i'ay fait dans la diuision des Chapitres, qui sera (comme ie l'espere) approuué de tout le monde. Car puis qu'il est indubitable que cette diuision des Liures par Chapitres n'a point esté en vsage parmy les anciens; & qu'ainsi ceux que nous voyons auiourd'huy dans leurs ouurages ne sont point des Auteurs mesmes, la mesme liberté qu'ont prise ceux qui nous ont precedé, de les faire comme il leur a pleu, nous l'auons toute entiere d'en faire d'autres nouueaux, lors que quelque raison importante nous y oblige. Or si l'on peut iamais y estre obligé c'est dans ce Liure de S. Augustin, qui est si mal diuisé, & en vn nombre si prodigieux de petits Chapitres, qui n'ont la pluspart que neuf ou dix lignes, que toute la suite de son discours en est rompuë, & qu'il est presque impossible de reconnoistre la liaison qu'ont ensemble les diuerses choses qui y sont traittées, quoy qu'elles en ayent vne tres-belle & tres-naturelle. On n'auroit pas pû aussi en gardant ces anciens Chapitres y faire aucuns tiltres, quoy que cela serue beaucoup à l'eclaircissement d'vn Auteur, sur tout aussi éleué qu'est ce grand Saint ; puisque ç'auroit esté des tiltres continuels. I'ay donc creu deuoir faire d'autres Chapitres plus longs, & qui comprissent tous quelque chose de considerable, quoy que pour ne point troubler les citations qu'on a faites iusques à cette heure de cét Ouurage, i'aye laissé à la marge ces Chapitres anciens, qui tiennent lieu comme de nombres, dont quelques-vns se seruent auec les Chapitres, & qui pour faire trouuer les choses, sont d'autant meilleurs qu'ils sont plus courts.

I'ay reueu le Latin comme i'ay fait aux autres Ouurages dont i'ay donné la traduction au public, & i'y ay corrigé beaucoup de lieux importans sur six anciens MSS. quatre de la Bibliotheque de Saint Victor, & deux de celle de Saint Germain *des Prez: dont i'ay iugé plus à propos de rendre compte à la teste de l'Edition Latine, que non pas en ce lieu, puisque cela ne regarde que la satisfaction des sçauans, qui seront bien-ayses sans doute, d'auoir vn Liure aussi excellent que celuy-cy, & où tant de matieres importantes sont traittées, reueu plus exactement, & sur de meilleurs MSS. qu'il n'a point encore esté.*

Quoy qu'il en soit, comme ie n'ay entrepris ce petit trauail que pour l'establissement de la verité, l'honneur de l'Eglise, & le bien des Ames; i'espere que Dieu l'accompagnera de ses saintes benedictions; & ie supplie tous ceux qui le liront, de les vouloir attirer par leurs prieres, sur le Liure & sur celuy qui l'a traduit.

EXTRAIT DV PRIVILEGE DV ROY.

PAR grace & Priuilege du Roy, il est permis au sieur Arnauld, Prestre, Docteur de Sorbonne, de faire imprimer, vendre & debiter par tel Imprimeur ou Libraire qu'il voudra, *Les diuerses Traductions des Ouurages des Saints Peres & Auteurs Ecclesiastiques*: Et par les mesmes Lettres, defenses sont faites à tous Marchands Libraires & Imprimeurs, & autres, d'imprimer, ou faire imprimer, vendre, ny debiter lesdites Traductions en quelque sorte que ce soit, sinon du consentement dudit sieur Arnauld, & ce durant le temps de vingt ans entiers, à peine de quinze cent liures d'amande, & de confiscation de tous les Exemplaires, comme le contient plus amplement ledit Priuilege. Donné à Paris le 29. May 1643. Signé, Par sa Majesté en son Conseil, Le Coq. Et scellé.

Ledit sieur Arnauld a transporté son droict de Priuilege à Antoine Vitré, Imprimeur ordinaire du Roy, de la Reyne Regente, & du Clergé de France, pour en ioüyr par luy le temps y porté, ce 22. Aoust 1643.

Acheué d'Imprimer pour la premiere fois, le dernier iour du mois de Iuin, 1648. & les Exemplaires fournis selon la volonté du Roy.

APPROBATION DES DOCTEVRS.

PLEVST à Dieu que ce Manuel fust effectiuement le Manuel de tous les Chrestiens, c'est à dire qu'il fust tousiours en leurs mains, comme le grand S. Augustin souhaittoit qu'il fust tousiours en celles de celuy pour lequel il a composé ce Liure. C'est vn excellent sommaire de la doctrine Chrestienne. C'est vne riche exposition du Symbole des Apostres, & de l'Oraison Dominicale, où tous les objets de la Foy, de l'Esperance & de la Charité des fidelles, sont nettement & briefuement expliquez. C'est pourquoy on ne sçauroit assez souhaiter de benedictions à l'Auteur d'vn Ouurage aussi vtile qu'est cette Traduction, que Nous Docteurs en Theologie de la Faculté de Paris auons approuuée, l'ayant reconnuë tres-eloquente en nostre langue comme nous l'auons jugée tres-fidelle, & par tout conforme au vray sens du grand S. Augustin. Donné à Paris le 1. d'Octobre 1647.

I. GVILLEBERT. FRANÇOIS RETART.

Fautes à corriger dans le François.

Page 27. lig. 8. l'erreur & le mensonge. *ostez* & le mensonge. p. 63. lig. 18. ayant. *lis.* en. p. 37. l. 18. Il y a certaines choses. *lis.* Mais dans les choses.

Dans le Latin.

p. 6. l. 39. profecto aliquod bonum est. *dele* est.
p. 15. l. 1. In quibusdam autem, &c. an falsa. In his. *l.* In quibus autem, &c. an falsa; in his.

LE LIVRE DE LA FOY, DE L'ESPERANCE, & de LA CHARITE'.

ADDRESSE' A LAVRENT Chef du College des Notaires & Secretaires de la ville de Rome.

Pour luy seruir de MANVEL, & d'vn Abregé de la Doctrine du Christianisme.

ARGVMENT DE CE LIVRE, tiré de la reueuë que S. Augustin a faite de ses Ouurages, Liu. 2. ch. 3.

I'AY escrit vn Liure de la Foy, de l'Esperance, & de la Charité, pour satisfaire à la priere que m'auoit faite celuy à qui ie l'ay addressé, d'auoir vn Liure de moy qui ne partist point de ses mains, ce que les Grecs appellent Enchiridion, c'est à dire vn Manuel. Ie pense auoir expliqué dans ce Liure assez clairement, comment il faut seruir Dieu, en quoy consiste selon le tesmoignage de l'Escriture diuine, la veritable sagesse de l'homme.

CHAPITRE I.

Que la vraye sagesse de l'homme est de seruir Dieu, & qu'on ne le peut seruir, que par la Foy, l'Esperance, & l'Amour. Qu'ainsi la plus courte & la meilleure instruction est d'expliquer ce que l'on doit croire, ce que l'on doit esperer, & ce que l'on doit aimer : ce qui est le suiet de ce Liure. Il reprend les points de la Lettre de son amy, & les explique en peu de paroles.

CHAP. I.

L ne se peut dire, mon cher fils, combien j'ay de passion que vous soyez bien instruit, & combien ie souhaitte que vous soyez du nombre des Sages, non de ceux dont il est dit : *Où est le Sage ; Où est le Docteur de la Loy ; Où sont les discoureurs & les sçauans de ce siecle?* Dieu n'a-t'il pas rendu folle la sagesse de ce monde : Mais de ceux dont il escrit : *La multitude des Sages est la santé de toute la terre ;*

1. Cor. 1. 12.

Sap. 6. 26.

& dont l'Apostre dit : *Ie desire que vous soyez sages dans le bien, & simples dans le mal.* Or comme personne ne peut se donner l'estre soy-mesme; personne aussi ne peut se rendre sage soy-mesme. Il est besoin pour cela qu'il soit esclairé des lumieres de celuy dont il est escrit : *Toute la sagesse vient de Dieu.* Rom. 16, 19. Eccles. 1. 1.

CHAP. II.

Mais la vraye sagesse est la pieté. Iob nous l'apprend assez, lors qu'il rapporte que Dieu qui est la sagesse mesme, a dit que *la sagesse consiste en la pieté.* Que si vous me demandez de quelle pieté il s'agit en ce lieu, vous le trouuerez marqué plus clairement dans le Grec, qui porte, θεοσέβειαν, c'est à dire, le culte & le seruice de Dieu. Car les Grecs appellent encore la pieté d'vn autre mot, qui est εὐσέβεια, qui signifie vn culte bon & legitime, lequel s'entend principalement du culte & du seruice de Dieu. Mais il n'y a point de terme plus propre pour exprimer ce culte, que celuy de θεοσέβεια, par lequel l'Escriture a marqué clairement le culte de Dieu, lors qu'elle a voulu dire en quoy la sagesse de l'homme consiste. Pouuez-vous desirer rien de plus court que cette parole ; Vous qui me demandez que ie dise de grandes Iob 28. 28.

choses en peu de discours? Mais peut-estre que vous pretendez que ie vous explique breuement, & par abregé, de quelle sorte on doit seruir Dieu.

CHAP. III. Que si ie responds qu'on doit seruir Dieu par la Foy, par l'Esperance, & par l'Amour; vous me repliquerez sans doute, que cette responſe est plus courte que vous ne desirez, & me demanderez en suitte, que ie vous explique en peu de paroles ce qui appartient à chacune de ces trois choses, c'est à dire; Ce qu'il faut croire; Ce qu'il faut esperer; Ce qu'il faut aimer. Quand j'auray fait cela, ie croiray vous auoir satisfait entierement sur tous les points de vostre Lettre. Ce que vous pourrez reconnoistre aisément en la conferant auec ce discours, si vous en auez retenu vne copie; que si vous n'en auez point, vous en trouuerez icy tous les points marquez.

CHAP. IV. Car vous desirez, selon ce que vous m'auez escrit, que ie vous fasse vn Liure en forme de Manuel, que vous puissiez porter tousiours sur vous, & qui ne sorte point de vos mains, où vous trouuiez vos demandes expliquées, qui consistent à sçauoir ce que l'on doit embrasser sur toutes choses, & ce que l'on

Questions proposées par Laurent. 1.

doit principalement euiter, à cause des
diuerses heresies, qui se sont respanduës
dans la Chrestienté: En quoy la raison 2.
suit la Religion, & l'appuie: & en quoy 3.
elle ne s'accorde pas auec elle, mais la
laisse toute seule, se trouuant trop foible
pour la pouuoir suiure: Quel est le com- 4.
mencement, & la fin de nos esperances:
Quel est l'abregé de toute la Doctrine 5.
Chrestienne: Et quel est le veritable, & 6.
le premier fondement de la foy Catholique.

Vous sçaurez tout cela ainsi que vous
le desirez, lors que vous sçaurez exactement, ce que l'on doit Croire; ce que l'on Responses.
doit Esperer; ce que l'on doit Aimer:
puis que c'est cela principalement, ou 1.
plustost c'est tout ce que l'on doit embrasser dans nostre Religion. Celuy qui
resiste à ces Veritez; ou il a de l'auersion
du nom de Iesvs-Christ, ou il est He-
retique. Il faut defendre ces veritez par 2.
la raison, lors qu'on les peut appuyer du
tesmoignage des sens, ou les esclaircir
par la lumiere de l'intelligence. Mais 3.
quant à celles que nous n'auons point
connuës par les sens du corps, & que
nous n'auons pû, & ne pouuons encore
comprendre par la lumiere de l'esprit,

nous les deuons croire certainement sur le rapport de ceux qui ont composé cette Escriture, laquelle a merité le nom de diuine; & qui ayant esté pleinement assistez de Dieu, ont pû voir, & mesme preuoir ces choses, ou par les organes des sens du corps, ou par l'entremise de l'esprit.

CHAP. V. Mais lors que l'esprit a esté instruit
Gal. 5. 6. des principes de *la Foy qui agit par l'Amour*, il s'efforce en viuant bien de paruenir à la possession de cette beauté ineffable, & connuë seulement des ames saintes & pures, dont la pleine vision est la souueraine felicité. Voila ce que vous demandez; quel est le commencement & la fin de la Religion. Elle commence par la Foy, & elle se termine à la possession de la beauté eternelle.
5. C'est là aussi l'abregé de toute la Doctri-
6. ne Chrestienne. Et quant au veritable, & parfait fondement de la Foy Catholique, c'est Iesvs-Christ : puis qu'ainsi
1. Cor. 3. 1. que l'Apostre dit; *Personne ne peut establir d'autre fondement que celuy qui a esté estably, sçauoir* Iesvs-Christ. Et l'on ne doit pas nier, que ce soit le fondement particulier de la Foy Catholique, parce qu'il semble nous estre commun auec quel-

ques Heretiques. Car si l'on considere auec soin tout ce qui appartient à Iesvs-Christ, on ne trouuera que le seul nom de Iesvs-Christ parmy quelques Heretiques que ce soit, qui veulent estre appellez Chrestiens, mais quant à luy, on ne l'y trouuera point en effet, & en verité. Cela seroit trop long à monstrer, parce qu'il faudroit rapporter toutes les Heresies qui ont esté, qui sont, & qui pourront estre comprises sous le nom de Chrestien, & justifier ce que ie viens de dire en les examinant toutes en particulier. Ce qui demanderoit vn Ouurage de plusieurs Volumes, tant ce sujet est vaste & presque infiny.

Mais vous ne nous demandez maintenant qu'vne espece de Manuel, c'est à dire, vn petit Liure que l'on puisse auoir tousiours dans les mains, & non pas de gros Liures, propres à remplir des Bibliotheques. CHAP. VI.

Pour reprendre donc ce que nous auons dit, qu'il faut honorer & seruir Dieu par la Foy, par l'Esperance, & par l'Amour; il est aisé de remarquer ce que l'on doit Croire, ce que l'on doit Esperer, ce que l'on doit Aimer. Mais pour enseigner comme on doit defendre cette Verité contre les calomnies de ceux qui ont vn sentiment & vne creance contraire, il seroit besoin d'vne plus ample & plus difficile instruction, & cela ne se peut faire par vn petit Liure qui remplisse la main, mais par vne longue estude, & vn grand trauail qui remplisse l'esprit, & qui eschauffe le cœur.

CHAPITRE II.

Que tout est compris dans le Symbole, & dans la priere du Seigneur. De la liaison qui est entre la Foy, l'Esperance, & la Charité.

CHAP. VII. VOvs auez le Symbole, & la priere que nostre Seigneur nous a donnée, y a-t'il rien de plus court, & qui se retienne plus aisément ? Parce que les hommes estoient accablez de la pesanteur des pechez, & du poids des miseres, & des maux, & qu'ils auoient besoin de la misericorde de Dieu ; le Prophete voyant par auance le temps où Dieu deuoit donner sa grace, dit:
Ioel 2. 22. *Et quiconque inuoquera le nom du Seigneur, sera sauué.* C'est pour cela que la priere du Seigneur a esté faite. Mais l'Apostre ayant rapporté cette parole du

Prophete, pour releuer cette mesme grace, il adjouste : *Mais comment peuuent-ils inuoquer celuy auquel ils ne croyent pas?* C'est pour cela que le Symbole a esté fait. Considerez dans ces deux choses ces trois dont j'ay parlé cy-dessus; la Foy croit, & l'Esperance, & l'Amour prient. Mais ils ne peuuent estre sans la Foy; & en ce sens la Foy mesme prie aussi. Car c'est pour cela qu'il est escrit; *Comment peu-uent-ils inuoquer celuy auquel ils ne croyent pas?* Rom. 10. 14.

CHAP. VIII.

On ne peut esperer ce qu'on ne croit pas; quoy que l'on puisse bien croire ce que l'on n'espere point. Comme il n'y a point de Chrestien qui ne croye les peines eternelles des meschans, & neantmoins il ne les espere pas. Et quiconque croit qu'il est sur le point de les aller endurer, & ne peut se les representer vn moment sans en auoir de l'auersion & de l'horreur, les craint plustost qu'il ne les espere. Lucain a fort bien distingué ces deux differens mouuemens de l'ame, lors qu'il a dit,

Si nous craignons, qu'au moins on nous laisse
esperer.

Au lieu que Virgile, quoy que plus grand Poëte, a parlé improprement en ce vers :

Si i'ay peu, chere sœur,
Suruiure en esperant cét horrible malheur.

Et il y a mesme des Grammairiens qui apportent cét endroit pour vn exemple d'vne diction impropre, & disent qu'il a mis *esperer*, au lieu de *craindre*.

La Foy est donc aussi bien des choses mauuaises, que des bonnes : puis qu'on croit, & les biens, & les maux par vne Foy qui est bonne & non mauuaise. La Foy est aussi des choses passées, des presentes, & des futures. Comme nous croyons que IESVS-CHRIST est mort ; ce qui est desia passé : Nous croyons qu'il est assis à la droite de son Pere ; ce qui est maintenant : Nous croyons qu'il viendra pour juger les viuans & les morts ; ce qui doit arriuer vn jour.

La Foy est encore des choses qui sont propres à celuy qui croit, aussi bien que des estrangeres. Comme chacun croit qu'il y a vn temps où il a commencé d'estre,& qu'il n'a pas esté de toute eternité, & autres choses semblables. Et nous ne croyons pas seulement beaucoup de choses des hommes, lesquelles concernent la Religion, mais aussi des Anges.

Quant à l'Esperance,elle n'est que des choses bonnes, & des choses futures, &

qui regardent celuy qui les espere. C'est pour cela qu'il faut distinguer la Foy de l'Esperance, & mettre vne juste difference entre elles dans la chose, comme dans le mot. Car pour ce qui est que ce que l'on croit, ou que l'on espere, ne tombe point sous la veuë, cela est commun à la Foy, & à l'Esperance. Ce qui est justifié par l'Epistre aux Hebreux, de laquelle les plus illustres defenseurs de la Religion Catholique se sont seruis, où la Foy est appellée, *La connoissance des choses qui sont inuisibles*. Cap. II. 1. Encore que quand quelqu'vn dit, qu'il a creu, (c'est à dire, qu'il a adjousté foy) non à des paroles, ny à des depositions de tesmoins, ny à des conjectures, mais à l'euidence des choses qu'il a veuës luy-mesme, il ne parle pas si improprement, que l'on ait sujet de le reprendre, de ce qu'il a vsé des termes, de voir, & de croire, & de luy dire, Puis que vous l'auez veu, vous ne l'auez donc pas creu? D'où l'on peut juger, que ce n'est pas vne consequence necessaire, qu'on ne voye pas vne chose, à cause qu'on la croit. Mais nous appellons plus proprement Foy, selon l'vsage des Escritures saintes, la creance des choses qui sont inuisibles.

Quant à l'Esperance, l'Apostre dit: *L'Esperance n'est pas des choses qu'on voit. Car y a-t'il quelqu'vn qui espere ce qu'il voit? Que si nous esperons ce que nous ne voyons pas, nous l'attendons auec patience.* Lors donc que nous croyons qu'vn bien nous doit arriuer, nous ne sçaurions que l'esperer.

Rom. 8. 24.

Et que diray-je de l'Amour? sans luy la Foy ne sert de rien; & il ne peut y auoir d'Esperance sans l'Amour. Et enfin, comme dit l'Apostre saint Iacques: *Les Demons mesmes croyent & tremblent*; & toutesfois ils n'esperent, ny n'aiment, mais plustost ils craignent que ce que nous esperons & aimons, & ce qu'ils croyent deuoir arriuer, n'arriue. C'est pour cela, que l'Apostre saint Paul louë, approuue, & recommande *la Foy qui agit par l'Amour*, laquelle ne peut estre sans l'Esperance. Et partant, ny l'Amour n'est point sans l'Esperance, ny l'Esperance sans l'Amour; & ny l'vn ny l'autre n'est sans la Foy.

Iac. 2. 19.

Gal. 5. 6.

CHAPITRE III.

Il commence à expliquer ce que l'on doit croire, en suiuant l'ordre du Symbole. Que la Foy ne s'arreste point à vne recherche curieuse des choses naturelles: mais qu'il suffit de croire, qu'il y a vn Dieu en trois Personnes, par qui toutes choses ont esté faites, qu'elles sont toutes bonnes en leur nature, & beaucoup plus dans l'ordre de l'Vniuers : & que le mal n'est que la priuation du bien.

LORS donc qu'on demande ce qu'il faut croire dans ce qui concerne la Religion, il ne faut point rechercher pour cela les secrets de la Nature, comme font ceux que les Grecs appellent, *Physiciens*. Et il ne faut pas qu'vn Chrestien craigne comme eux d'ignorer quelque chose du pouuoir & du nombre des Elemens; du mouuement, de l'ordre, & des defaillances des Astres, de la figure du Ciel, de la nature, & des especes des animaux, des plantes, des pierres, des fontaines, des riuieres, des montagnes, des espaces des lieux, & des temps, & des signes d'vne prochaine tempeste, & d'vne infinité de choses semblables, qu'ils ont trouuées en effet, ou au moins qu'ils pensent auoir trouuées, puisqu'eux-mesmes n'ont pas trouué tout, quoy qu'ils ayent eu tant d'esprit, tant de curiosité, & tant de loisir; qu'ils ayent découuert quelques secrets par le raisonnement humain; qu'ils ayent pe- CHAP. IX.

netré dans quelques autres par la lumiere qu'ils auoient receuë des experiences que l'on auoit faites auant eux; Et que dans les choses-mesmes qu'ils se glorifient d'auoir trouuées; ils ont souuent plustost des soupçons & des doubtes qu'vne science parfaite.

Il suffit à vn Chrestien de croire, que la seule bonté du Createur, qui est le Dieu vnique, & veritable, est la cause & le principe de toutes les choses creées, soit celestes, soit terrestres, soit visibles, soit inuisibles: Qu'il n'y a nulle nature qui ne soit, ou luy-mesme, ou son ouurage. Et qu'il y a trois Personnes en luy, sçauoir, le Pere; le Fils, qui est engendré du Pere; & le saint Esprit, qui procede du mesme Pere; mais qui est également l'Esprit du Pere & du Fils.

CHAP. X.

Toutes les choses du monde ont esté creées par cette Trinité, qui possede vne bonté souueraine, égalle, & immuable. Elles ne possedent pas neantmoins comme elle, vne souueraine, égale, & immuable bonté, mais elles ne laissent pas d'estre bonnes chacunes en particulier; & toutes ensemble elles sont excellemment bonnes, parce qu'elles composent par leur multitude, & par leur varieté la beauté merueilleuſe de l'Vniuers.

Et meſme ce qu'on appelle, Mal; CHAP. XI.
fait partie de cette beauté ſi admirable, lors qu'il eſt diſpoſé ſelon l'ordre qui luy eſt propre, & mis en la place qu'il doit auoir. Il donne plus d'éclat, & plus de luſtre aux choſes bonnes, & les fait paroiſtre plus belles & plus agreables, lors qu'on les compare auec les mauuaiſes. Car Dieu, qui eſt tout-puiſſant, ſelon la confeſſion meſme des Infidelles, qui le reconnoiſſent pour arbitre, & pour maiſtre ſouuerain de toutes choſes, ne ſouffriroit pas eſtant ſouuerainement bon comme il eſt, qu'il y euſt qelque mal dans ſes ouurages, s'il n'eſtoit aſſez puiſſant & aſſez bon, pour tirer quelque bien du mal-meſme.

Or qu'eſt-ce autre choſe ce qu'on appelle Mal, ſinon vne priuation du Bien. Car comme dans les corps des animaux les maladies & les playes ne ſont qu'vne priuation de la ſanté, ne s'agiſſant pas de faire par les remedes que ces maux, c'eſt à dire, ces maladies, & ces playes quittent le lieu où elles ſont, & paſſent à vn autre, mais qu'elles ne ſoient plus; parce que la playe, & la maladie n'est pas vne substance, mais vne corruption de la substance de la chair. C'est la chair, qui est cette substance, & qui par consequent, est vne espece de bien, à qui ces maux, c'est à dire, ces priuations d'vn bien, qu'on appelle la santé, arriuent. De mesme toutes les corruptions des esprits sont des priuations des biens naturels, & lors qu'on les guerit, on ne les fait pas passer ailleurs, mais ils ne sont plus au lieu où ils estoient, n'estant plus du tout, lors qu'on a recouuré vne parfaite santé.

CHAPITRE IV.

Que le mal vient de ce que les creatures ne sont pas souuerainement bonnes comme leur Createur, mais que si elles n'auoient de la bonté, il ne pourroit y auoir du mal. Explication de cette parole de IESVS-CHRIST, *qu'vn bon arbre ne sçauroit porter de mauuais fruits.*

CHAP. XII. TOVTES les Natures donc sont bonnes, parce que le Createur de toutes les Natures, est souuerainement bon. Mais parce qu'elles n'ont pas vne Bonté souueraine, & immuable comme leur Createur, le Bien peut diminuer, & croistre

& croistre en elles. Et c'est vn mal, que le bien diminuë en elles, quoy qu'il ne puisse pas tellement diminuer, que si elles ne perdent pas tout leur estre & toute leur nature, il ne leur demeure tousjours quelque bonté, puisque quelque petite & quelque imparfaite que soit leur nature, ce bien qu'ils ont d'estre ne se peut destruire tout à fait, que leur estre & leur nature ne perisse entierement.

C'est donc à bon droit que l'on estime vne nature qui n'est pas corrompuë. Que si non seulement elle n'est pas corrompuë, mais qu'elle soit aussi tellement incorruptible, qu'elle ne se puisse corrompre en façon quelconque, elle est sans doute encore beaucoup plus estimable. Que si elle vient à se corrompre, sa corruption est vn mal, parce qu'elle la priue de quelque bien. Car si elle ne la priue d'aucun bien; elle ne luy apporte aucun prejudice. Or elle luy apporte préjudice, & ainsi il faut que ce soit en luy ostant ce qu'elle a de bien. C'est pourquoy tant que la nature se corrompt, il faut qu'elle ait vn bien dont on la priue. Et s'il luy demeuroit quelque chose qui ne peust plus estre corrompu, elle deuiendroit vne nature incorruptible, & la corruption la feroit paruenir à vn si grand bien. Mais si elle ne cesse point de se corrompre, elle ne cessera iamais d'auoir vn bien, dont la corruption la peut priuer. Que si la corruption la consume toute, il n'y aura plus aucun bien, parce qu'il n'y aura plus aucune nature. C'est pourquoy la corruption ne peut pas destruire le bien, qu'en destruisant aussi la nature. Et ainsi toute nature est vn bien, & vn bien, qui est grand, si elle est incorruptible; & petit, si elle se peut corrompre. Mais on ne peut nier sans extrauagance, & sans ignorance, qu'elle ne soit tousjours vn bien. Que si elle vient à estre consumée par la corruption, la corruption mesme ne pourra plus estre où il n'y aura plus de nature.

CHAP. XIII. Et c'est par cette raison qu'il n'y a point de mal, s'il n'y a point de bien. mais le bien; qui n'a point du tout de mal, est vn bien tout pur. Au lieu que celuy qui a quelque mal, est vn bien corrompu, ou corruptible, & il ne peut jamais y auoir de mal, où il n'y a point de bien. D'où il s'ensuit vne chose estrange, & merueilleuse, qu'à cause que toute nature est vn bien, entant qu'elle est nature, il semble qu'on ne dit autre chose, lors qu'on dit qu'vne nature corrompuë est vne mauuaise nature, sinon que ce qui est vn bien, est vn mal; & que rien ne peut estre vn mal, s'il n'est vn bien; parce que toute nature est vn bien, & que rien ne seroit mauuais, si ce qui est mauuais n'estoit vne substance, & vne nature.

Rien donc ne peut estre vn mal, s'il n'est aussi vn bien, quelque petit bien qu'il soit. Il semble qu'il y ait de l'absurdité dans cette consequence, mais neantmoins l'enchaisnement, & la suitte de ce raisonnement, nous force par vne espece de necessité ineuitable de tirer cette conclusion. Et nous deuons prendre garde de ne pas tomber dans cette malediction du Prophete, qui dit: *Malheur à ceux qui appellent mauuais ce qui est bon; & bon ce qui est mauuais: qui disent, que ce qui est doux, est amer; & que ce qui est amer, est doux: qui donnent le nom de lumiere aux tenebres, & le nom de tenebres à la lumiere.* Et toutefois le Seigneur dit: *L'homme meschant ne peut tirer que du mal du mauuais thresor de son cœur:* qu'est-ce que ce meschant homme, sinon la nature mauuaise, puis que l'homme est vne nature? Que si l'homme est vn bien, parce qu'il est vne nature, qu'est-

Isa. 5. 20.

Matth. 12. 35.

ce qu'vn meſchant homme, ſinon vn bien & vn mal meſlez enſemble? Toutefois lors que nous diſtinguons ces deux choſes, nous trouuons qu'il n'eſt pas vn mal en ce qu'il eſt homme, & qu'il n'eſt pas vn bien en ce qu'il eſt meſchant; mais qu'il eſt vn bien en ce qu'il eſt homme, & vn mal en ce qu'il eſt meſchant. Quiconque donc dit, que c'eſt vn mal d'eſtre homme, ou que c'eſt vn bien d'eſtre meſchant; il tombe dans cette malediction du Prophete: *Malheur à ceux qui diſent, que ce qui eſt vn bien eſt vn mal, & que ce qui eſt vn mal eſt vn bien.* Car il blaſme la nature humaine, qui eſt l'ouurage de Dieu, & louë la meſchanceté, qui eſt le vice de l'homme. Toute nature, quoy qu'elle ſoit vicieuſe eſtant bonne, entant qu'elle eſt Nature, & mauuaiſe entant qu'elle eſt vicieuſe.

CHAP. XIV. C'eſt pourquoy dans ces contraires qu'on appelle biens & maux, cette regle des Dialecticiens qui diſent, que deux contraires ne peuuent eſtre enſemble dans vn meſme ſujet, ſe trouue defectueuſe. Il eſt bien vray qu'il n'y a point d'air, qui ſoit tout enſemble & clair, & obſcur; qu'il n'y a point de viande, ny de breuuage, qui ſoit tout enſemble doux & amer; qu'il n'y a point de corps, qui soit blanc au mesme endroit où il est noir; & qu'il n'y en a point aussi qui soit beau, en la mesme partie où il est difforme. Et il se voit en plusieurs contraires, & mesme quasi en tous, qu'ils ne se peuuent pas rencontrer ensemble dans vn mesme sujet.

Mais puis que personne ne doute, que les biens & les maux ne soient contraires, non seulement ils peuuent estre ensemble, mais mesme les maux ne peuuent estre sans les biens, & ne peuuent estre que dans les biens, quoy que les biens puissent estre sans les maux. Vn homme, ou vn Ange peut n'estre pas meschant, mais on ne peut estre meschant, sans estre ou vn homme, ou vn Ange, & sans estre vn bien, entant qu'on est homme, vn bien entant qu'on est Ange, & vn mal entant qu'on est meschant.

Et ces deux contraires sont tellement ensemble, que s'il n'y auoit vn bien où est le mal, il n'y pourroit point auoir de mal; parce que la corruption n'auroit point de bien où elle pourroit agir, ny mesme où elle pourroit naistre, s'il n'y auoit vn sujet susceptible de corruption;

lequel d'autre part ne pourroit pas se corrompre, s'il n'estoit vn bien, la corruption n'estant autre chose, que la ruïne du bien.

Les maux sont donc nez des biens, & ne sont que dans des biens. Et la nature du mal ne pouuoit naistre d'ailleurs, puis que si ce dont elle naistroit, estoit du nombre des estres, il seroit indubitablement vn bien, entant qu'il seroit vne nature : Que si c'estoit vne nature incorruptible, ce seroit vn bien fort grand: Que si c'estoit vne nature corruptible, il faudroit aussi necessairement, que ce fust vn bien, afin que la corruption peust nuire à ce bien en le corrompant.

CHAP. XV. Mais on ne doit pas penser que ce que nous disons ; que les maux ont pris leur naissance des Biens, soit contraire à cette parole de IESVS-CHRIST, qui dit : *Qu'vn bon arbre ne peut porter de mauuais fruits, puis qu'on ne peut*, comme dit la Verité mesme, *recueillir du raisin des espines*, à cause que le raisin ne peut naistre des espines. Mais nous voyons que les vignes & les espines peuuent naistre d'vne bonne terre. Ainsi vne volonté mauuaise ne peut non plus qu'vn mauuais arbre porter de bons fruits, c'est à

Matth. 7.18.

dire, produire de bonnes œuures. Mais la bonne & la mauuaise volonté peut naistre de la bonne nature de l'homme. Et il n'y a rien eu dont la mauuaise volonté ait pû naistre d'abord, que de la nature de l'Ange & de l'homme, qui est bonne. Ce que le Sauueur mesme monstre bien clairement au mesme endroit, où il parle de l'arbre & des fruits. Car il dit : *Ou faites que l'arbre soit bon, & son fruit bon; ou faites que l'arbre soit mauuais, & son fruit mauuais* : monstrant assez que de mauuais fruits ne peuuent naistre d'vn bon arbre, ny de bons d'vn mauuais ; mais que l'vn & l'autre peut naistre de la terre à laquelle il addressoit ces paroles. *Matth. 12. 33.*

CHAPITRE V.

Qu'encore que la connoissance & la science soient tousiours preferables à l'ignorance & à l'erreur, il y a neantmoins des choses qu'il importe peu d'ignorer, & mesme de s'y tromper, comme sont les secrets de la nature : & qu'il suffit de sçauoir les causes des choses bonnes & mauuaises.

CELA estant, quand nous approuuons ce que dit Virgile par ce vers, CHAP. XVI

Heureux qui penetrant dans l'essence des choses,
Connoist de ce qu'il voit les inuisibles causes.

Ne croyons pas que pour acquerir la felicité, nous deuions connoistre les causes des grands mouuemens des corps de ce monde, qui sont cachez dans les replis de la nature les plus secrets :

Quelle cause en la terre agit si puissamment,
Qu'elle fasse trembler ce massif element :
Et d'où vient que la mer par vn ordre supreme
Déborde en certain temps, puis retourne en
soy-mesme ?

Et autres choses semblables. Nous deuons seulement connoistre les causes des bonnes & des mauuaises choses; & cela encore autant qu'il est permis à l'homme de les sçauoir durant cette vie, pour pouuoir éuiter les erreurs, & les miseres dont elle est pleine. Car tout nostre soin doit estre d'arriuer vn iour à cette felicité, où nous ne serons troublez d'aucunes miseres, ny trompez par aucune erreur. Que si nous deuions connoistre les causes des mouuemens des corps, il n'y en a point que nous deussions plûtost connoistre, que celles qui regardent nostre santé. Mais puis que nous les ignorons, & que nous auons recours aux Medecins, qui ne voit que nous deuons souffrir sans peine l'ignorance où nous sommes des secrets du Ciel & de la terre ?

Car encore que nous deuions apporter tout le soin possible, pour ne point tomber dans l'erreur, non seulement dans les grandes choses, mais aussi dans les petites, & qu'on ne puisse errer que par ignorance; Ce n'est pourtant pas vne consequence necessaire, que quiconque ne sçait pas quelque chose, soit dans l'erreur: mais celuy-là erre, qui croit sçauoir ce qu'il ne sçait pas, parce qu'il prend le faux pour le vray, ce qui est le propre de l'erreur. De plus il est important de considerer en quoy quelqu'vn erre; parce qu'en vne seule & mesme chose, celuy qui sçait est justement preferé à celuy qui ne sçait pas, & celuy qui n'erre pas à celuy qui erre. Mais en des choses differentes, c'est à dire, lors que celuy-cy sçait vne chose, & l'autre vne autre, que celuy-cy sçait les plus vtiles, & celuy-cy les moins vtiles, ou mesme celles qui sont pernicieuses, qui est-ce qui dans les choses que celuy-cy sçait, ne luy preferera pas celuy qui les ignore, y ayant des choses qu'il vaut mieux ignorer que sçauoir ? CHA. XVII.

Il peut arriuer quelquefois, qu'il est

vtile d'errer, mais c'est dans le chemin où l'on marche à la campagne, & non pas dans celuy qu'on suit dans les Mœurs. Car il nous est arriué vne fois à nous-mesmes de nous trouuer à l'entrée de deux chemins, & de ne pas prendre le droict chemin, où vne troupe de Donatistes nous attendoit au passage pour nous faire vne violence. I'arriuay par vn long détour au lieu où j'allois, & ayant appris cette embusche qu'ils m'auoient dressée, ie me resioüis de m'estre esgaré, & en rendis graces à Dieu. Qui douteroit donc de preferer vn voyageur qui s'esgareroit de la sorte, à vn voleur qui suivroit le chemin droit ? C'est peut-estre pour cela, qu'vn miserable Amant parle ainsi dans les Vers du premier de tous les Poëtes;

La voyant, ie peris, vne mauuaise erreur
Enchanta mon esprit, & déroba mon cœur:

Ce qu'il dit, dautant qu'il y a vne bonne erreur, laquelle non seulement ne nuit pas, mais mesme sert. En considerant neantmoins la verité de plus prés, il faut reconnoistre que l'erreur consistant à croire veritable ce qui est faux, & faux ce qui est vray; ou tenir ce qui est certain pour incertain, ou ce qui est incertain pour certain, ſoit qu'il ſoit vray, ou faux; & que cela eſtant auſſi difforme & auſſi deſagreable dans l'eſprit, qu'il eſt beau, & bien-ſeant dans le diſcours de dire, Ouy, pour aſſeurer quelque choſe; &, Non, pour la rejetter : Il faut reconnoiſtre, dis-je, que c'eſt vne des miſeres de cette vie, de ce que l'erreur & le menſonge ſont quelquefois neceſſaires pour la conſeruer.

Qu'on ne croye pas, que cette autre vie, où la Verité meſme eſt la vie de noſtre ame, où perſonne ne trompe, & n'eſt trompé, ſoit ſemblable à celle-cy. Dans la vie que nous menons en ce monde, les hommes trompent & ſont trompez, & ſont plus miſerables lors qu'ils trompent en diſant vn menſonge, que lors qu'ils ſont trompez en le croyant. Cependant la nature raiſonnable a vne telle auerſion de la fauſſeté & fuït tellement l'erreur, que tous ceux qui aiment à tromper les autres, ne veulent point eſtre trompez. Car celuy qui ment, ne penſe pas eſtre dans l'erreur, mais il penſe qu'il y jette celuy qui le croit. Et veritablement il n'erre pas dans ce qu'il couure & obſcurcit d'vn menſonge, s'il ſçait en luy-meſme la verité de ce qu'il dit. Mais il se trompe, en ce qu'il pense que son mensonge ne luy nuira point, puisque tout peché nuit dauantage à celuy qui le fait, qu'à celuy qui le souffre.

CHAPITRE VI.

Si le mensonge est tousiours peché. Que ce n'est pas mentir que de prendre par erreur le faux pour le vray. Mais que de ces erreurs il y en a de moins importantes, comme d'errer dans le fait, en croyant qu'vn adultere est chaste : & d'autres pernicieuses, comme d'errer dans le droit, en croyant que l'adultere n'est pas vn mal.

CHAP. XVIII.

MAIS de là resulte vne question extrémement difficile & mal-aisée à resoudre, de laquelle nous auons desia fait vn gros Liure, ayant esté pressez & obligez d'y respondre, s'il est du deuoir d'vn homme juste de mentir quelquefois. Quelques-vns s'auancent jusques là que de soustenir ; Que c'est quelquefois vne bonne action, & pleine de pieté de se parjurer, & de dire quelque chose de faux dans ce qui regarde le culte & la nature de Dieu. Quant à moy, il me semble, que tout mensonge est vn peché; mais que le point est de sçauoir auec quel esprit, & en quoy on employe le mensonge. Car celuy qui ment pour faire du bien à quelqu'vn, ne peche pas autant que celuy qui ment pour luy nuire. Et celuy qui par vn mensonge fait égarer vn voyageur, & le met hors de son chemin, ne nuit pas tant que celuy qui par vn mensonge trompeur corrompt la voye de la vie.

Au reste celuy qui dit vne chose fausse, laquelle il croit vraye, ne doit pas estre jugé menteur; parce qu'entant qu'il dépend de luy, ce n'est pas luy qui trompe, mais qui est trompé. C'est pourquoy celuy qui croit trop legerement des choses fausses, & les tient pour vrayes; doit plustost quelquefois estre accusé de temerité, que de mensonge: & au contraire celuy qui dit vne chose vraye, laquelle il croit faussement autant qu'il est en luy: car en ce qui regarde son intention & sa pensée, il ne dit pas vray, puis qu'il ne dit pas ce qu'il pense, quoy que ce qu'il dit se trouue vray; & celuy qui dans ses paroles, dit quelque chose de vray sans le sçauoir, & ment dans sa volonté le sçachant, n'est pas exempt de mensonge.

Ne conſiderant donc pas les choſes dont on parle, mais ſeulement l'intention de ceux qui parlent; celuy qui dit vne choſe fauſſe ſans le ſçauoir, & la croyant veritable, vaut mieux que celuy qui a l'intention de mentir, & qui ne ſçait pas que ce qu'il dit eſt vray. Le premier n'a pas autre choſe dans l'eſprit que dans la bouche; au lieu que le ſecond quel que ſoit en ſoy ce qu'il dit, a touſjours vne choſe dans le cœur, & vne autre ſur les levres. Et c'eſt là le mal qui eſt propre à celuy qui ment.

Mais dans la conſideration des choſes que l'on dit, il eſt ſi important de ſçauoir en quoy quelqu'vn eſt trompé, ou eſt menteur; qu'encore qu'il y ait moins de mal à eſtre trompé qu'à mentir, quant à ce qui regarde la volonté de l'homme; toutefois il eſt bien plus tolerable de mentir dans les choſes qui ſont ſeparées de la Religion, que d'eſtre trompé dans celles, ſans la creance & la connoiſſance deſquelles Dieu ne peut eſtre ſeruy. Et pour eſclaircir cette verité par quelque exemple, voyons ce que ce ſeroit ſi quelqu'vn voulant mentir publioit qu'vn homme qui ſeroit mort long-temps auparauant, viuroit encore; & ſi quelqu'vn se laissant tromper, croyoit que Iesvs-Christ deuroit encore mourir vne fois apres vne longue reuolution de siecles. N'est-il pas incomparablement meilleur de mentir de cette façon, que d'estre trompé de cette sorte? Et n'y a-t'il pas beaucoup moins de mal, de jetter quelqu'vn dans cette erreur là, que d'estre precipité dans celle-cy par vn autre?

Il est donc vray, qu'en certaines choses, il nous est fort mauuais d'estre trompé; qu'aux autres, il l'est peu; qu'en d'autres, il ne l'est point du tout. Et qu'en quelques-vnes mesmes, ce nous est vn bien que de l'estre. Il est tres-mauuais à vn homme d'estre trompé, lors qu'il ne croit pas ce qui conduit à la vie eternelle; ou qu'il croit ce qui conduit à la mort eternelle. Il n'est pas fort mauuais d'estre trompé, lors qu'en receuant le faux pour le vray, on tombe dans des malheurs temporels, que l'on change en vn bon vsage, en les supportant auec vne fidelle patience. Comme si quelqu'vn croyant bon vn homme qui est meschant, souffre quelque mal, & quelque violence de luy. Mais quand il croit bon vn meschant homme sans en receuoir aucune injure, il ne reçoit aucun dom- CHA. XIX.

mage pour estre trompé, & il ne tombe point dans cette malediction du Prophete : *Malheur à ceux qui disent que ce qui est vn mal, est vn bien*; parce que cette parole s'entend dans les choses par lesquelles les hommes sont meschans, & non pas des hommes mesmes. C'est pourquoy celuy qui dit, que l'adultere est vn bien, est condamné par cette sentence du Prophete. Mais celuy qui appelle bon, vn homme qu'il croit chaste, & qu'il ne sçait pas estre adultere, ne se trompe pas dans la science des choses bonnes & des mauuaises, mais dans le jugement des mœurs des hommes qui sont secrettes & cachées, appellant bon vn homme, qu'il croit posseder vne qualité, laquelle il sçait asseurément estre vn bien, & donnant le nom de meschant, à tout homme qui est adultere, & de bon à celuy qui est chaste, mais donnant le nom de bon à quelque homme en particulier, ne sçachant pas qu'il est adultere, & de meschant à quelque autre, ne sçachant pas qu'il est chaste.

Isai. 5. 20.

Que si quelqu'vn éuite vne mauuaise rencontre par vn égarement, & vne erreur, ainsi que j'ay dit qu'il nous arriua en marchant à la campagne, cette erreur est

eſt vtile, & eſt cauſe d'vn bien à celuy à qui elle arriue. Mais lors que ie dis, qu'en certaines choſes vn homme peut eſtre trompé ſans qu'il y ait de mal, ou meſme luy en reuenant quelque bien, ie ne dis pas que l'erreur ne ſoit pas vn mal, ou qu'elle ſoit vne eſpece de bien; mais ie marque le mal que l'erreur fait éuiter, ou le bien qu'elle procure, c'eſt à dire, non l'erreur en ſoy, mais ce que l'erreur empeſche d'arriuer, ou ce qu'elle fait arriuer. Car l'erreur d'elle-meſme eſt touſjours vn mal, quoy que ce mal ſoit grand ou petit, ſelon que les choſes ſont grandes ou petites.

Car y a-t'il quelqu'vn, s'il n'eſt dans l'erreur, qui puiſſe nier que ce ne ſoit vn mal, & de receuoir des choſes fauſſes comme veritables, & d'improuuer les veritables comme fauſſes, ou de tenir pour certaines celles qui ſont incertaines, ou pour douteuſes celles qui ſont aſſeurées. Mais c'eſt autre choſe de croire bon vn homme qui eſt meſchant, ce qui eſt vne erreur, & de ne point ſouffrir du mal de ce mal, ſi cét homme meſchant que l'on croit bon, ne fait aucun tort. Et c'eſt autre choſe auſſi de prendre pour le droit chemin celuy qui ne l'eſt pas, & de tirer quelque bien de l'erreur, comme d'eſchapper les embuſches des meſchans.

CHAPITRE VII.

Que toutes les erreurs ne ſont pas pechez. Refutation des Academiciens qui croyoient ſe garantir de l'erreur, en tenant toutes choſes pour incertaines. Il conclud ce diſcours, en faiſant voir que le menſonge eſt touſiours peché.

CHAP. XX. ET certes ie ne ſçay encore ſi c'eſt vne meſme ſorte d'erreur, lors que nous auons bonne opinion d'vn meſchant homme, ne ſçachant pas quel il eſt; ou qu'au lieu des objets que nous connoiſſons par les ſens du corps, il s'en preſente à nous qui leur ſont ſemblables, que nous croyons eſtre preſens à nos ſens exterieurs, lors qu'ils ne le ſont qu'à noſtre eſprit, ou ne l'eſtre qu'à noſtre eſprit, lors qu'ils le ſont auſſi à nos ſens (comme lors que l'Apoſtre ſaint Pierre eſtant deliuré tout d'vn coup par l'Ange de la priſon & des chaiſnes, prenoit ſa deliurance pour vne viſion & vn ſonge) ou que nous croyons que des choſes corporelles, celles qui ſont rudes, ſont polies; ou que celles qui ſont douces, ſont ame-

Act. 12. 9.

res ; ou que celles qui ont vne odeur mauuaise, sentent bon ; ou qu'il tonne, lors que c'est vn chariot qui passe ; ou qu'vn homme est vn tel, lors qu'il est vn autre, comme lors que deux hommes se ressemblent parfaitement, ce qui arriue souuent aux jumeaux, tesmoin ce que Virgile dit d'eux, *que cette erreur par laquelle on les prend l'vn pour l'autre, est agreable à leurs peres & à leurs meres :* Ie ne sçay, dis-je, si telles autres erreurs semblables doiuent estre mises au nombre des pechez.

Mais ie n'ay pas entrepris maintenant de démesler cette question embroüillée, qui a tant donné de peine aux Academiciens, quoy que tres-subtils; sçauoir, si le Sage doit approuuer quelque chose, de peur qu'en le faisant, il ne tombe dans l'erreur, s'il arriue qu'il approuue des choses fausses comme veritables, puis que selon leur opinion, toutes les choses du monde sont obscures, ou incertaines.

Ie composay trois Liures sur cette matiere au commencement de ma conuersion, pour renuerser cét obstacle, qui pouuoit nous arrester dés l'entrée de nostre course, & pour oster d'abord le desespoir de trouuer la verité, lequel semble estre fortifié par leurs argumens.

Toute erreur donc passe pour peché parmy ces Philosophes, & ils soustiennent qu'on ne peut l'euiter, si l'esprit ne tient tousiours en suspens son consentement, & sa creance. Car ils disent, que celuy qui croit des choses incertaines comme certaines, tombe dans l'erreur; & ils s'efforcent de monstrer auec vn discours subtil, mais remply de vaines chicaneries, qu'il n'y a rien de certain en tout ce qui paroist aux hommes, à cause de la ressemblance qu'a le faux auec le vray, quoy que ce qui paroist, soit peut-estre vray.

Habac. 2. 4. Mais parmy nous, *le iuste vit par la Foy.* Et si on oste le consentement, on oste la Foy, parce qu'on ne croit rien sans consentement. Et il y a des choses qui sont vrayes, quoy qu'elles soient inuisibles, lesquelles on est obligé de croire pour paruenir à la vie bien-heureuse, qui est eternelle. Et ie ne sçay, si nous deuons disputer auec ces personnes, qui non seulement ne sçauent s'ils viuront eternellement; mais qui ne sçauent pas mesme s'ils viuent presentement, & qui disent encore ne sçauoir pas ce qu'ils ne sçauroient ignorer.

Car il n'y a personne qui il puisse d'ignorer, s'il vit, ou s'il ne vit pas; puis que s'il ne vit pas, il n'est capable de sçauoir, ny mesme d'ignorer quoy que ce soit, n'y ayant que celuy qui vit, qui soit capable, non seulement de la science, mais mesme de l'ignorance. Et quand ils ne demeurent pas d'accord qu'ils viuent, ils pensent se garder de tomber dans l'erreur; mais en effet ils y tombent, & par leur erreur, ils sont conuaincus de viure, ne se pouuant pas faire, que celuy qui ne vit pas tombe dans l'erreur. Comme donc il est, non seulement vray, mais encore certain que nous viuons, il y a aussi plusieurs choses vrayes & certaines, dont il y a plus de folie que de sagesse de ne pas demeurer d'accord.

Il y a certaines choses, qu'il n'est point important pour paruenir au Royaume de Dieu, de croire, ou de ne croire pas, soit qu'elles soyent vrayes, ou qu'on les croye telles, soit qu'elles soient fausses; il n'y a point de peché à s'y tromper, & à les prendre pour autres qu'elles ne sont. Ou s'il y en a, il est bien petit, & bien leger. Et enfin, quel qu'il soit, & quelque grand que l'on l'estime, l'erreur en ces choses ne regarde point le chemin par lequel nous allons à Dieu, qui est *la Foy du* CHAP. XXI

Galat. 5. 6. IESVS-CHRIST, *agissante par l'amour.*

Cette erreur qui estoit si agreable à ce pere & à cette mere, dans la parfaite ressemblance de leurs deux enfans jumeaux, ne les égaroit pas de ce droit chemin. Et l'Apostre saint Pierre ne s'en égaroit pas aussi, lors que s'imaginant auoir vne vision, il prenoit tellement l'vn pour l'autre, qu'il ne discernoit pas les veritables corps du nombre desquels il estoit, d'auec les imaginaires, au rang desquels il pensoit estre, jusqu'à ce que l'Ange qui l'auoit deliuré, l'eust quitté. Et le Patriarche Iacob, ne s'égaroit pas aussi de ce chemin, lors qu'il croyoit que son fils qui estoit viuant, auoit esté deuoré par vne beste farouche.

Act. 12. 9.

Gen. 37. 33

Ainsi toutes les erreurs dans ces sortes de choses, ne blessent en aucune sorte la Foy que nous auons en Dieu, & ne nous font point quitter le chemin qui meine à luy. On les peut mettre pourtant au rang des maux de cette vie, quoy qu'ils ne soient pas pechez, estant en effet du neant & de la vanité de l'homme, d'approuuer les choses fausses comme veritables, de rejetter les veritables comme fausses, & de tenir les incertaines pour asseurées. Car encore que ces choses ſoient ſeparées de la Foy, par laquelle nous tendons à la vraye, certaine, & eternelle beatitude, elle ne le ſont pas pourtant de cette miſere dans laquelle nous ſommes encore; puis que nous ne nous tromperions point dans les ſentimens de l'eſprit, ou du corps, ſi nous jouïſſions deſia de cette vraye & parfaite felicité.

Quant au menſonge, il n'y en a point qui ne doiue paſſer pour peché, l'homme eſtant obligé de dire ce qu'il a dans le cœur, non ſeulement lors qu'il ſçait ce qui eſt vray, mais auſſi lors qu'il ſe trompe comme homme, ſoit que ce qu'il dit ſoit vray, ſoit qu'on le croye tel, ne l'eſtant pas. Or quiconque ment, parle contre ce qu'il a dans le cœur, auec deſſein & volonté de tromper. Et d'ailleurs, les paroles ont eſté inſtituées, afin que les hommes deſcouuriſſent leurs penſées les vns aux autres, & non pas afin de ſe tromper l'vn l'autre. C'eſt donc vn peché de ſe ſeruir des paroles pour tromper, au lieu de s'en ſeruir à faire connoiſtre ſon ſentiment, qui eſt l'effet pour lequel elles ont eſté inuentées. CH. XXII.

Et l'on ne doit pas croire, que le menſonge ne ſoit pas vn peché, lors qu'en mentant nous pouuons ſeruir à vn autre;

puis qu'en desrobant nous pouuons quelquefois seruir à quelqu'vn, comme si le pauure à qui l'on donnera publiquement en reçoit du profit, & que le riche que l'on a volé en secret, n'en reçoiue point d'incommodité. Et neantmoins nul ne dira, qu'vn larcin de cette sorte ne soit pas peché.

Nous pouuons aussi seruir à quelqu'vn en commettant adultere, comme si vne femme se trouue si passionnément amoureuse d'vn homme, qu'il y a de l'apparence qu'elle mourra dans son amour, s'il ne luy accorde ce qu'elle desire, & qu'elle se purifiera par la penitence si elle vit. Et cependant qui oseroit dire que cét adultere ne fust pas vn peché.

Que si c'est auec raison que nous aimons la chasteté; qu'est-ce que la verité a commis pour faire qu'il soit permis de la violer par le mensonge, lors qu'il peut estre vtile à vn autre, & qu'il ne soit pas permis de violer la chasteté par l'adultere, quelque vtilité qui en puisse reuenir? Le mensonge aussi ne peut pas estre loüé, sous ombre que nous mentons pour sauuer quelqu'vn. C'est vn peché, quoy que veniel, que l'affection excuse, & que la tromperie condamne.

Et certes on ne doit pas nier, que ceux qui ne mentent jamais que pour le salut des hommes, n'ayent desia beaucoup auancé dans le bien; mais dans cét auancement c'est leur affection qui merite d'estre loüée, & de receuoir mesme des recompenses temporelles, & non pas leur tromperie, qui est digne de pardon, & non pas d'estime, ny de loüange; principalement parmy les heritiers de l'alliance nouuelle, ausquels il est dit: *Ne parlez que par oüy, & non. Car ce qui est au delà, vient du mal.* Et c'est à cause de ce mal qui ne cesse jamais de se glisser parmy les hommes, tant qu'ils sont au monde, que les coheritiers mesme de Iesus-Christ disent tous les jours: *Seigneur, pardonnez-nous nos offenses.*

Matth. 5. 37.

Matth. 6. 12.

CHAPITRE VIII.

Qu'estant necessaire de connoistre les causes des biens & des maux, nous deuons croire qu'il n'y a point d'autre cause de tous les biens, que la bonté de Dieu, ny d'autre cause de tous les maux, que la defaillance de la volonté creée. Excellente description de la cheute de l'Ange & de l'homme, & des peines horribles auſ-

quelles le peché d'Adam a engagé toute la nature humaine.

CH. XXIII. APRES auoir estably ces fondemens selon que la breueté necessaire de ce Traité nous l'a permis, puis qu'il est necessaire de sçauoir quelles sont les causes des biens & des maux, autant qu'il suffit pour marcher dans le chemin qui nous conduit au Royaume, où la vie ne sera point sujette à la mort, la verité à l'erreur, ny la felicité au changement; nous deuons croire comme vne maxime indubitable, qu'il n'y a point d'autre cause de tout le bien qui nous regarde, que la bonté de Dieu; ny de tout le mal, que la volonté de l'Ange, & puis de l'homme, qui s'est retirée du bien immuable, & s'est portée à desirer le bien muable & changeant.

CH. XXIV. C'est là le premier mal de la creature raisonnable, c'est à dire la premiere priuation du bien. Et en suitte de cela, ils sont tombez, non volontairement, mais malgré eux-mesmes, dans l'ignorance des choses qu'ils deuoient faire, & la conuoitise de celles qui leur sont nuisibles, ausquelles l'erreur & la douleur se joignent comme compagnes, qui sont les deux maux que l'esprit tasche de fuïr, lors qu'il les sent approcher, & ce mouuement par lequel il les fuït, s'appelle crainte. Mais quand il obtient ce qu'il desire, quoy que ce soit vne chose vaine, ou mesme pernicieuse, l'erreur qui l'aueugle l'empeschant d'en reconnoistre le mal, ou la passion dans laquelle il languit, l'entraisnant auec vne violence volontaire, il est transporté d'vne vaine joye. C'est de ces maladies comme de sources, non d'abondance, mais de pauureté, que vient toute la misere de la nature raisonnable; & neantmoins elle n'a pû perdre au milieu de ses maux, le desir de la felicité.

Il est vray, que ces maux sont communs aux hommes, & aux Anges que la justice de Dieu a condamnez à cause de leur malice. Mais l'homme a receu vne peine qui luy est particuliere, sçauoir la mort de son corps. Car Dieu l'auoit menacé du supplice de la mort, au cas qu'il vint à pecher, luy ayant donné tellement la puissance du libre arbitre, qu'il ne laissoit pas neantmoins de le conduire par son commandement, & de le tenir en bride par la crainte de se perdre. Et il l'auoit mis au milieu des delices du Para- CHA.XXV.

dis, comme dans l'ombre de la vie, d'où l'exacte obseruation des Commandemens de Dieu le deuoit faire monter dans vn sejour encore plus heureux.

CH. XXVI. Ayant esté banny de ce Paradis apres son peché, il a engagé dans la peine de la mort & de la damnation, toute sa race qu'il auoit corrompuë en soy, comme dans la source & dans la racine, par sa desobeïssance : en sorte que tous les enfans qui deuoient naistre par la concupiscence charnelle de luy & de sa femme, qui l'auoit porté à pecher, & qui a esté condamnée auec luy, & punie de la mesme peine, deuoit contracter le peché originel, qui les conduiroit par plusieurs erreurs & diuerses afflictions à ce dernier & eternel supplice, qui luy seroit commun auec les Anges reuoltez, lesquels ayant esté les premiers auteurs de leur crime, seroient aussi compagnons de leur tourment. C'est ainsi, que *par vn seul homme le peché est entré dans le monde, & la mort par le peché ; & qu'il a passé dans tous les hommes, tous les hommes ayant peché dans le premier.* Car l'Apostre a entendu toute la nature humaine par le mot de *Monde*. *Rom. 5. 12.*

CH. XXVII. Tel estoit donc l'estat des choses. Toute la masse du genre humain qui auoit esté condamné, estoit plongée & comme roulée dans ses maux, & precipitée des vns dans les autres. Et estant jointe auec les Anges rebelles, elle portoit la peine tres-juste de sa des-obeïssance criminelle. Car tout ce que les meschans font volontairement par vne passion aueugle & déreglée, & tout ce qu'ils souffrent inuolontairement par des peines publiques, ou secrettes, appartient à la juste colere de Dieu.

Mais neantmoins la bonté du Createur n'a pas laissé de conseruer la vie, & la puissance d'agir à ces Anges malheureux, en les soustenant par le concours de sa Prouidence, sans lequel ils cesseroient de viure. Et elle n'a pas laissé de former aussi les semences des hommes qui naissent d'vne origine corrompuë & condamnée, d'animer leurs corps, d'ordonner leurs membres selon le cours des temps, & les espaces des lieux, de leur donner la viuacité des sens, & de leur fournir la nourriture dont ils ont besoin.

Car il a jugé qu'il valloit mieux qu'il tirast du bien des maux, que de ne point permettre qu'il arriuast aucuns maux. Que s'il eust voulu que les hommes ne se peussent changer en mieux, non plus que les Anges mauuais ; eust-il rien fait en cela, qu'il ne peust faire auec justice? N'estoit-ce pas vne chose juste, que la nature humaine qui auoit abandonné Dieu, qui vsant mal de la puissance de sa volonté, auoit violé & foulé aux pieds le commandement de son Createur, lequel elle pouuoit garder tres-facilement, qui s'éloignant auec insolence de la lumiere de son Createur, auoit défiguré l'image qu'il luy auoit emprainte de son Essence diuine ; & qui enfin par le mauuais vsage de sa liberté, auoit secoüé le joug de ses loix, & rompu les liens d'vne seruitude si salutaire, fust toute abandonnée de luy pour jamais, & punie d'vne peine eternelle selon le merite de son crime? Certes, il auroit fait cela s'il n'estoit que juste, mais il est aussi misericordieux, & il monstre plus clairement sa misericorde gratuite dans la deliurance des hommes qui s'en sont rendus indignes.

CHAPITRE IX.

Qu'vne partie des Anges estant tombée, & l'autre demeurée dans la justice, Dieu a voulu remplir les places des Anges rebelles, par ceux d'entre les hommes qu'il a esleus à sa gloire, non par aucun merite qui fut en eux, mais par sa seule misericorde, parce que le libre arbitre a esté tellement corrompu par le peché, qu'il ne peut faire aucun bien que par vne grace qui opere le vouloir & l'action.

APRES donc que ces Anges qui par vn orgueil impie auoient abandonné Dieu, furent precipitez du haut des Cieux dans la plus basse & la plus grossiere partie de l'air, le reste des Anges demeura auec Dieu dans l'estat d'vne sainteté, & d'vne beatitude eternelle. Car ce n'a pas esté l'vn de ces Anges tombez & damnez, qui a produit & engendré tous les autres. Ils n'ont point esté engagez comme les hommes, dans les liens du mal originel d'vne succession criminelle, qui les enueloppast tous dans les peines qu'ils auoient meritées. Mais celuy qui est deuenu Diable, s'estant éleué par l'orgueil auec ceux qui ont esté complices de son impieté, & ayant esté renuersé auec eux à cause de son orgueil, les autres sont demeurez attachez à Dieu par vne obeïssance sainte, & ont receu vn nouueau don que ceux-là n'auoient pas eu, qui estoit vne science certaine qui les rendoit asseurez de l'eternelle CHAP. XXVIII.

durée de leur gloire & de leur felicité.

CH. XXIX. Il pleust donc au souuerain Createur & Maistre de l'Vniuers, que toute la multitude des Anges n'estant pas perie, à cause qu'ils ne s'estoient pas tous reuoltez contre luy, la trouppe qui estoit perie demeurast perie eternellement, & que celle qui s'estoit tenuë prés de luy, celle-là l'abandonnant, eust vne nouuelle joye par la connoissance certaine, & l'asseurance toute entiere qu'il luy donna, que sa felicité seroit eternelle.

Il voulut outre cela, que de l'autre creature raisonnable, sçauoir, de la nature humaine, qui estoit toute perie par ses pechez, & par ses supplices tant propres, qu'originels; il y en eust vne partie de renouuellée, & de reparée, qui remplist le nombre des Anges qui auoit esté diminué par la cheute de Lucifer, & de ses complices. Car Dieu a promis aux Saints, qu'apres leur Resurrection, *ils seroient égaux à ses Anges.* Luc. 20 36.

Et ainsi cette celeste Ierusalem, nostre mere, cette ville de Dieu, ne perdra rien du nombre de ses citoyens, mais regnera peut-estre sur vn plus grand peuple qu'elle ne faisoit auant la rebellion des Anges. Car nous ne sçauons, ny quel se-

ra

ra le nombre des Saints, ny quel est le nombre des Demons, en la place desquels les enfans de l'Eglise nostre Mere sainte, qui paroissoit sterile dans la terre succederont, & jouïront eternellement de la paix que ces apostats ont perduë. Il suffit que le nombre de ses citoyens tel qu'il est, ou tel qu'il sera, soit tousiours present aux yeux de cét Artisan supreme, *qui appelle les choses qui ne sont pas, comme si elles estoient, & qui regle tout auec poids, nombre, & mesure.* Rom. 4. 17. Sap. 11. 21.

CH. XXX. Mais cette partie des hommes à qui Dieu a promis la deliurance & le Royaume eternel, peut-elle estre reparée & restablie par le merite de ses œuures? Nullement. Car celuy qui est perdu, peut-il faire quelques bonnes œuures, s'il n'est auparauant releué de sa perte & de sa cheute? Le fera-t'il par sa propre liberté? Nullement: Parce que l'homme ayant mal vsé de sa liberté, & s'estant perdu luy-mesme, a perdu sa liberté. Car comme celuy qui se tuë, est viuant lors qu'il se tuë, mais cesse de viure en se tuant, & ne peut se ressusciter soy-mesme, lors qu'il s'est tué: Ainsi l'homme ayant peché par sa liberté, le peché qui a esté victorieux, luy a fait perdre sa liberté, *celuy* 2. Pet. 2. 19.

qui est vaincu, deuenant esclaue de son vainqueur, ainsi que l'Apostre saint Pierre nous l'enseigne.

Et puis que cette parole qu'il a ditte est vraye, quelle peut estre la liberté d'vn esclaue, sinon en ce qu'il se plaist à commettre des pechez? Car celuy-là sert librement, qui execute volontairement la volonté de son Maistre. Et par là, celuy qui est esclaue du peché, est libre pour commettre des pechez; & il ne sera point libre pour faire des actions vertueuses, que lors qu'estant deliuré du peché, il commencera à estre esclaue de la justice. C'est là la vraye liberté, parce qu'on a de la joye des bonnes actions, & la sainte seruitude, parce qu'on obeït aux preceptes.

Mais comment l'homme qui est deuenu esclaue, & qui a esté vendu comme tel, peut-il auoir cette liberté pour faire de bonnes œuures, s'il n'est racheté par celuy qui a dit: *Si le Fils vous deliure, vous serez alors veritablement libres?* Et auant que cela commence à se faire en l'homme, comment quelqu'vn peut-il se glorifier dans ses bonnes œuures, puis qu'il n'est pas encore libre pour faire le bien, s'il ne s'enfle & ne s'éleue par vn vain orgueil,

Ioan. 8. 36.

que l'Apostre reprime en disant ; *Vous estes sauuez gratuitement par la foy?* Ephes. 2. 8.

Et de peur que les hommes ne s'attribuassent au moins cette Foy, & ne reconnussent pas que c'est Dieu qui la leur donne, comme le mesme Apostre dit en vn autre endroit, *Qu'il a obtenu misericorde pour estre fidelle :* Il adjouste encore icy ces paroles : *Et cela ne vient pas de vous, mais c'est vn don de Dieu, que l'on n'acquiert pas par ses œuures, afin que personne ne s'en glorifie.* Et de peur que de là on ne prist sujet de croire, que les fidelles fussent sans bonnes œuures, cõme ils n'en auoient pû faire auant que d'estre fidelles, il adjouste encore : *Car nous sommes son ouurage ; & il nous a creez de nouueau par* IESVS-CHRIST *pour faire les bonnes œuures, lesquelles il a destiné de nous faire faire.*

CH. XXXI.

1. Cor. 7. 25.

Ephes. 2. 10.

Ibid.

Nous deuenons donc alors veritablement libres, lors que Dieu nous fait, c'est à dire, nous forme & nous crée ; non en nous faisant hommes, ce qu'il a desia fait, mais en nous faisant hommes justes, qui est ce qu'il fait alors par sa grace, afin que nous deuenions *vne nouuelle creature par* IESVS-CHRIST, selon ce qui est dit : *Mon Dieu, formez en moy vn cœur pur ;* quoy que Dieu l'eust desia formé en ce qui est de la nature.

Galat. 6. 15.

Psal. 50. 12.

CH.XXXII. Que si quelqu'vn ne se glorifie pas de ses bonnes œuures, mais de la liberté de sa volonté, comme si elle estoit la source de son merite, & que cette puissance & cette liberté de faire le bien, soit la recompense qu'on luy doit & qu'on luy rend ; qu'il escoute ce mesme Predicateur de la grace : *C'est Dieu*, dit-il, *qui forme en nous, & la volonté & l'action selon qu'il luy plaist.* Et en vn autre endroit : *Cela ne dépend pas de l'homme qui veut, ni qui court, mais de Dieu qui fait misericorde.*

Philip. 2. 13.

Rom. 9. 16.

Il est certain pourtant, que si l'homme est en âge d'vser de sa raison, il ne peut ny croire, ny esperer, ny aimer, s'il ne le veut, ny acquerir *la palme à laquelle Dieu l'appelle par sa vocation supreme*, s'il ne court par sa volonté. D'où vient donc *que cela ne dépend pas de l'homme qui veut, ni qui court, mais de Dieu qui fait misericorde*, sinon à cause que c'est Dieu qui prepare & dispose la volonté. Autrement si l'on dit, que ce n'est pas de l'homme qui veut, ni qui court, mais de Dieu qui fait misericorde; parce que l'action se fait de tous les deux, de la volonté de l'homme, & de la misericorde de Dieu, comme s'il estoit dit; La seule volonté de l'homme ne suffit pas, il faut que la misericorde de Dieu s'y ren-

Philip. 3. 14.

contre aussi: Il s'ensuit que la misericorde de Dieu ne suffit pas toute seule, mais que la volonté de l'homme doit aussi l'accompagner; Et partant, s'il est juste de dire, que ce n'est pas de l'homme qui veut, ny qui court, mais de Dieu qui fait misericorde; parce que la volonté de l'homme n'accomplit pas cela toute seule: pourquoy ne pourra-t'on pas bien dire au contraire, que ce n'est pas de Dieu qui fait misericorde, mais de l'homme qui veut; parce que la misericorde de Dieu n'accomplit pas cela toute seule?

Que si nul Chrestien n'oseroit dire, que ce n'est pas de Dieu qui fait misericorde, mais de l'homme qui veut, de peur de contredire l'Apostre manifestement: Il faut conclure qu'il a esté dit justement: *Que ce n'est pas de l'homme qui veut, ni qui court, mais de Dieu qui fait misericorde*; afin que l'on donne tout à Dieu, qui prepare la bonne volonté de l'homme auant que de l'ayder, & qui l'ayde apres qu'il l'a preparée.

Il est vray, que la bonne volonté de l'homme precede plusieurs dons de Dieu, mais elle ne les precede pas tous, & elle est mesme du nombre de ceux qu'elle ne precede pas. Car nous lisons

Psalm.58.11. l'vn & l'autre dans l'Escriture sainte : *Sa*
Psalm.22. 6. *misericorde me preuiendra* ; Et, *Sa misericorde me suiura*. Elle preuient celuy qui ne veut pas, afin qu'il veüille; & elle suit celuy qui veut, afin qu'il ne veüille pas en vain.

Math.5.44. Car pourquoy nous auertit-on de prier pour nos ennemis, qui ne veulent pas viure vertueusement, sinon afin que
Luc. 11. 7. Dieu leur donne cette volonté? Et pourquoy nous aduertit-on de demander, afin que nous receuions, sinon afin que celuy qui nous a fait vouloir, fasse ce que nous voulons? Nous prions donc pour nos ennemis, afin que la misericorde de Dieu les preuienne, comme elle nous a preuenus; & nous prions pour nous, afin que la misericorde de Dieu nous suiue.

CHAPITRE X.

Il passe aux articles du Symbole qui regardent la personne de Iesvs-Christ. *Que tous les hommes estant engagez dans le peché, ont eu besoin d'vn Mediateur, qui est* Iesvs-Christ *homme & Dieu, n'ayant qu'vne seule personne & deux natures.*

CH.XXXIII TOvte la race des hommes estoit donc enueloppée dans vne juste condamnation, & ils estoient enfans de colere, de cette colere dont il est escrit : *Tous nos iours perissent, & nous perissons sous vostre colere. Nos années ressemblent aux toiles des araignées.* De laquelle Iob dit : *L'homme né de la femme vit peu, & est plein de la colere de Dieu.* Et Iesvs-Christ mesme : *Celuy qui croit au Fils a la vie eternelle, & celuy qui ne croit point au Fils, n'a point la vie eternelle ; mais la colere de Dieu demeure sur luy.* Il ne dit pas, Qu'elle viendra sur luy, mais qu'elle *demeure sur luy*, parce que tout homme l'apporte auec soy en naissant. Et c'est pourquoy l'Apostre dit : *Nous estions selon la nature enfans de colere comme les autres.*

Psalm. 89. 9.

Iob 14. 1.

Ioan. 3. 36.

Ephes. 2. 3.

Les hommes estant donc enueloppez dans cette colere par le peché originel, & l'estant dautant plus qu'ils auoient adjousté plus de pechez à celuy-là ; il estoit necessaire d'auoir vn Mediateur, c'est à dire, vn Reconciliateur qui appaisast cette colere, par l'offrande d'vn sacrifice particulier & vnique, dont tous les sacrifices de la Loy & des Prophetes, n'estoient que les ombres. D'où vient que l'Apostre dit : *Si lors que nous estions ennemis de Dieu, nous auons esté reconciliez auec luy par la mort de son Fils : à plus forte raison estant main-*

Hebr. 8. 6. & 9. 11.

Rom. 5. 10.

tenant reconciliez par son sang, nous serons sauuez de la colere par luy.

Or quand on dit que Dieu se met en colere, on ne veut pas dire qu'il ressente le mesme trouble, que ressent vn homme qui est en colere, c'est par vne metaphore prise des mouuemens humains, que sa vengeance qui n'est jamais que juste, a esté appellée colere. De ce que nous sommes donc reconciliez auec Dieu par le Mediateur, & de ce que nous receuons l'Esprit saint pour deuenir en-

Rom. 8. 14. fans, d'ennemis que nous estions (*car tous ceux qui sont poussez par l'Esprit de Dieu, sont enfans de Dieu*) c'est *la grace de Dieu qui nous est venuë par* Iesvs-Christ *nostre Seigneur.*

CH.XXXIV Il faudroit beaucoup de discours pour pouuoir parler de ce souuerain Mediateur, aussi hautement qu'il en est digne; quoy qu'vn homme n'en puisse jamais parler assez dignement. Car qui peut seulement exprimer auec des termes assez

Ioan. 1. 14. releuez, que *le Verbe s'est fait chair, & a habité parmy nous*, afin que nous creussions au Fils vnique de Dieu tout-puissant, né de l'Esprit saint, & de la Vierge Marie? C'est ainsi que *le Verbe s'est fait chair*, la diuinité n'ayant pas esté changée en la chair, mais l'ayant prise. Au reste nous deuons entendre l'homme par *la chair*, le tout estant signifié par la partie, comme il est dit : *Que nulle chair ne sera iustifiée par les œuures de la Loy*, c'est à dire, nul homme. Rom. 3. 20.

Il est vray de dire, que rien n'a manqué à la nature humaine dans cette Incarnation, mais on le doit entendre de la nature tout à fait libre des liens du peché, & non pas telle qu'elle naist des deux sexes par la concupiscence de la chair auec l'engagement du peché, dont la tache est effacée par la renaissance, mais telle qu'elle deuoit naistre d'vne Vierge qui la conceust par la foy, & non point par la volupté. Que si sa pureté eust esté corrompuë par la naissance de son Fils, ce Fils ne fust pas né d'vne Vierge ; & ce seroit faussement, ce qui ne se peut dire sans blasphеme, que toute l'Eglise chante, qu'il est né de la Vierge Marie : L'Eglise, dis-je, qui imite elle-mesme cette Vierge Mere, & enfante tous les jours ceux qui sont ses mẽbres, en demeurant Vierge. Vous pouuez lire sur ce sujet les Lettres que j'ay escrites à vne personne illustre à Volusien, que ie nomme par honneur, & pour qui j'ay beaucoup d'amour & de reuerence. Epist. 1. 2. & 3.

IESVS-CHRIST donc est Fils de Dieu, & Dieu & homme tout ensemble. CH. XXXV.

Dieu auant tous les temps, & homme dans le temps. Dieu, parce qu'il est le
Ioan. 1. 1. Verbe de Dieu, car *le Verbe estoit Dieu*: Et homme, parce que le corps & l'ame raisonnable se sont joints au Verbe, dans l'vnité d'vne seule personne. C'est pour-
Ioan. 10. 30. quoy entant qu'il est Dieu, son Pere & luy ne sont qu'vn, mais entant qu'il est
Ioan. 14. 28. homme, le Pere est plus grand que luy.

Car estant Fils vnique de Dieu, non par grace, mais par nature; il a esté fait fils de l'homme, afin qu'il fust aussi plein de grace; Et estant le mesme, il est l'vn & l'autre, & de l'vn & l'autre, il ne s'est fait
Philip. 2. 6. qu'vn seul CHRIST. Car *ayant la forme de Dieu, il n'a point creu faire vn larcin*, que de s'attribuer ce qu'il estoit par sa nature, sçauoir *d'estre égal à Dieu, mais il s'est aneanty soy-mesme, en prenant la forme d'vn seruiteur*, sans perdre ny diminuer la forme de Dieu.

Et par là, il est deuenu moindre, & est demeuré égal, estant l'vn & l'autre, & n'estant qu'vn, comme j'ay dit, mais l'vn comme Verbe, & l'autre comme homme. Comme Verbe, il est égal au Pere; & comme homme il est moindre que luy. Le mesme & vnique Fils de Dieu, est aussi fils de l'homme; Et le mesme fils de l'homme est aussi Fils de Dieu. Ce ne sont pas deux Fils de Dieu, vn Dieu, & vn homme; mais vn seul Fils de Dieu; Dieu, n'ayant point de commencement; homme, ayant vn commencement certain; & l'vn & l'autre est nostre Seigneur IESVS-CHRIST.

CHAPITRE XI.

Que la grace a paru excellemment dans ce mystere de l'Incarnation, puis qu'il est impossible d'attribuer à aucuns merites de l'humanité de IESVS, *de ce qu'elle a esté iointe auec le Verbe en vnité de personne.*

C'EST icy que la grace de Dieu paroist bien hautement, & bien clairement. Car qu'est-ce que la nature humaine a merité dans IESVS-CHRIST homme, pour estre jointe à sa Diuinité par vne faueur particuliere, & entrer ainsi dans l'vnité de la personne du Fils vnique de Dieu? Quelle bonne volonté, quels bons mouuemens, & quelles bonnes actions ont precedé en cét homme, qui luy ayent fait meriter d'estre vny dans vne mesme personne auec Dieu? Estoit-il homme auparauant, & luy a-t'on CH.XXXVI accordé ce priuilege singulier, afin qu'il meritast d'vne maniere singuliere d'obtenir cette faueur de Dieu? Comment le pourroit-on dire, puis qu'il est certain que du moment qu'il a esté homme, il n'a point esté autre que Fils de Dieu, & Fils vnique, & Dieu luy-mesme, à cause que le Verbe qui s'est fait homme, est Dieu; en sorte qu'ainsi que chaque homme, sçauoir l'ame raisonnable & le corps, n'est qu'vne personne: ainsi IESVS-CHRIST Verbe & homme, n'est qu'vne personne?

D'où vient donc que la nature humaine a receu gratuitement tant de gloire, sans qu'elle l'ait meritée en façon quelconque, si ce n'est pour faire voir icy à ceux qui considerent les choses auec pureté, & auec sagesse, la grandeur de la grace de Dieu, qui seule a agy en cette rencontre, afin que les hommes reconnoissent qu'ils sont justifiez de leurs pechez par la mesme grace, par laquelle il a esté fait que IESVS-CHRIST homme ne pûst auoir aucun peché?

C'est ainsi que l'Ange salua aussi sa Mere, en luy disant: *Ie vous saluë pleine de grace.* Et vn peu apres: *Vous auez trouué grace vers Dieu.* Et elle estoit pleine de

Luc 1. 28.

grace, & auoit trouué grace vers Dieu, afin qu'elle fust Mere de son Seigneur, & mesme du Seigneur de tout le monde, duquel saint Iean l'Euangeliste parlant dit : *Et le Verbe a esté fait chair, & a habité parmy nous, & nous auons veu sa gloire, comme du Fils vnique du Pere. Il estoit plein de grace & de verité.* Ce qu'il dit : *Le Verbe a esté fait chair,* signifie, *qu'il a esté plein de grace;* Et ce qu'il dit : *La gloire du Fils vnique du Pere,* signifie, *qu'il estoit plein de verité.* Car cette Verité, ce Fils vnique de Dieu, non par grace, mais par nature, a tellement vny en sa personne diuine la nature humaine, qu'il a prise par grace, qu'il a esté luy-mesme fils de l'homme. *Ioan. 1. 14.*

CHAP. XXXVII.

Le mesme Iesvs-Christ, le mesme Fils vnique de Dieu, & nostre vnique Seigneur, est né du saint Esprit, & de la Vierge Marie. Et le saint Esprit est vn don de Dieu, qui est neantmoins égal à celuy qui le donne. Et c'est pourquoy le saint Esprit est aussi Dieu, & n'est pas moindre que le Pere & le Fils. Que paroist-il donc autre chose dans la naissance que Iesvs-Christ a receuë du saint Esprit dans son Incarnation, sinon la grace toute pure? Puis que la Vierge ayant demandé à l'Ange, comment ce qu'il luy *Matth. 1. 20.* *Luc 1. 34.*

annonçoit, s'accompliroit : parce qu'elle ne connoissoit point d'homme, l'Ange luy respondit: *L'Esprit saint viendra en vous, & la force du Tres-haut vous couurira de son ombre. C'est pourquoy ce qui naistra de vous, sera saint, & sera appellé Fils de Dieu.* Et lors que Ioseph la vouloit quitter la soupçonnant d'adultere, à cause qu'il estoit asseuré qu'elle n'estoit pas grosse de luy, il receut cette response de l'Ange : *Ne craignez point de prendre Marie pour vostre femme. Car ce qui est né en elle, est l'ouurage de l'Esprit saint,* c'est à dire, ce que vous soupçonnez venir d'vn autre homme, ne vient que de l'Esprit saint.

Matth. 1. 20.

CHAPITRE XII.

Qu'encore que IESVS-CHRIST *ait esté conceu du saint Esprit selon l'Escriture, on ne peut pas dire neantmoins qu'il soit fils du saint Esprit, mais qu'en l'vne & l'autre nature il est le Fils unique du Pere, quoy qu'il soit aussi le fils de la sainte Vierge selon la nature humaine. Que la conception de* IESVS-CHRIST *est attribuée au saint Esprit pour marquer la grace.*

CHAP. XXXVIII.

MAIS quoy que cela soit ainsi, deuons-nous dire que l'Esprit saint ſoit le Pere de IESVS-CHRIST homme, comme ſi le Pere auoit engendré le Verbe, & l'Eſprit ſaint l'homme, & qu'vn ſeul IESVS-CHRIST comprenant l'vne & l'autre nature, fut Fils du Pere ſelon le Verbe, & fils du ſaint Eſprit ſelon l'homme, à cauſe que l'Eſprit ſaint l'auroit engendré en qualité de Pere dans les flancs de ſa Mere Vierge? Qui eſt-ce qui oſeroit dire cela ? Certes il n'eſt pas beſoin de monſtrer au long combien d'autres abſurditez s'enſuiuroient de cette propoſition, puis que celle-cy eſt deſia ſi grande qu'elle bleſſe les oreilles des fidelles? Partant ſuiuant noſtre Confeſſion de foy, noſtre Seigneur IESVS-CHRIST, qui eſt Dieu de Dieu, & qui eſt né homme de l'Eſprit ſaint, & de la Vierge Marie, ayant l'vne & l'autre ſubſtance, ſçauoir la diuine & l'humaine, eſt Fils vnique de Dieu tout-puiſſant, de qui l'Eſprit ſaint procede.

Comment donc diſons-nous que IESVS-CHRIST eſt né de l'Eſprit ſaint, ſi l'Eſprit ſaint ne l'a pas engendré? Eſt-ce à cauſe qu'il l'a fait; *Car toutes les choſes ayant eſté faites* par noſtre Seigneur IESVS-CHRIST, entant qu'il eſt Dieu, il a eſté fait luy-meſme, entant qu'il eſt homme, *Ioan. 1. 3.*

Rom. 1. 3. selon ce que l'Apostre dit : *Qu'il a esté fait de la semence de Dauid selon la chair.*

Mais puis que toute la Trinité, dont les ouurages sont inseparables, a fait cette creature que la Vierge a conceuë & enfantée, laquelle n'appartient neantmoins qu'à la seule personne du Fils ; pourquoy l'Esprit saint a-t'il esté nommé seul, lors qu'il l'a fallu former ? N'est-ce point que quand l'vn des trois est nommé dans quelque ouurage, on doit entendre que la Trinité toute entiere y trauaille également. Cela est ainsi, & on le peut prouuer par des exemples. Mais il n'est pas besoin de s'arrester plus long-temps sur ce point. Il vaut mieux resoudre cette difficulté de sçauoir comment il est dit :

Matth. 1. 20. *Né du saint Esprit,* veu qu'il n'est en aucune sorte fils du saint Esprit ? Car quoy que Dieu ait fait le monde, on ne peut pas dire neantmoins, que le monde soit fils de Dieu, ou qu'il soit né de Dieu ; mais on dit, qu'il a esté fait, ou creé, ou basty, ou formé par luy, ou quelque autre chose semblable qui soit conforme à la verité. Lors donc que nous confessons qu'il est né de l'Esprit saint, & de la Vierge Marie, il est difficile d'expliquer comment il n'est pas fils de l'Esprit saint, & comment il il est fils de la Vierge, veu qu'il est né de luy & d'elle, estant certain qu'il n'est pas né de l'Esprit saint comme d'vn Pere, & qu'il est né d'elle comme d'vne Mere.

On ne doit donc pas demeurer d'accord, que tout ce qui naist de quelque chose doiue estre appellé son fils; puis que pour n'alleguer point d'autres exemples, vn fils naist autrement d'vn homme, que les cheueux, les poux, les lentes, & les vers, qui ne sont pas ses enfans. Et pour laisser tout cela, comme ne pouuant estre comparé que honteusement, & de mauuaise grace à vne si grande chose, nous voyons que ceux qui naissent de l'eau & de l'Esprit saint, ne peuuent pas estre raisonnablement appellez fils de l'eau, mais on les appelle fils de Dieu leur Pere, & de l'Eglise leur Mere. C'est ainsi que le Fils de Dieu le Pere est né du saint Esprit, & n'est pas fils du saint Esprit. Car ce que nous venons de dire des cheueux, & des autres choses, sert seulement à monstrer que tout ce qui naist de quelque chose, ne peut pas estre appellé fils de ce dont il naist: de mesme que ce n'est pas vne consequence necessaire, que tous ceux qui sont appellez enfans de quelqu'vn, soient nez de luy, puis CHAP. XXXIX.

qu'il y en a d'adoptez. Il y en a aussi qu'on appelle enfans de l'Enfer, non pas qu'ils soient nez de l'Enfer; mais parce qu'ils sont destinez à l'Enfer, comme ceux qui sont destinez au Royaume, sont appellez enfans du Royaume.

CHAP. XL. Partant, puis que d'vne part il y a des choses qui naissent d'vne autre sans estre leur fils, & que d'autre part tous ceux qui sont appellez enfans de quelqu'vn, ne sont pas nez de luy; certes la maniere dont Iesvs-Christ est né de l'Esprit saint sans estre son fils, & de la Vierge Marie comme son fils, nous fait connoistre la grace de Dieu, par laquelle l'homme sans aucuns merites precedens, deuoit dans le moment où il a commencé d'estre, se trouuer joint au Verbe de Dieu dans vne telle vnité de personne, que le mesme qui estoit fils de l'homme, estoit Fils de Dieu; & le mesme qui estoit Fils de Dieu, estoit fils de l'homme. Et qu'ainsi dans cette vnion de la nature humaine auec la diuine, la grace deuoit estre en quelque sorte naturelle à l'homme, & le rendre incapable de peché. Et cette grace deuoit estre marquée par le saint Esprit, parce qu'il a cela de particulier, qu'il est tellement Dieu, qu'il ne laisse pas d'estre appellé, Don de Dieu. Ce qui pourroit seruir de sujet à vn long discours, pour en parler suffisamment, si toutefois cela se peut faire.

CHAPITRE XIII.

Que IESVS-CHRIST *ayant esté conceu sans concupiscence, n'a point contracté de peché, & n'en a pû commettre aucun, mais qu'il a esté fait hostie de propitiation pour nos pechez dont il s'estoit reuestu. Difficulté touchant le peché originel, si ce n'est qu'vn ou plusieurs pechez.*

IESVS-CHRIST n'a donc point esté conceu auec aucune volupté de la passion de la chair, & ainsi n'ayant point contracté de peché originel, & par la grace de Dieu estant joint en vnité de personne, d'vne maniere admirable & ineffable auec le Verbe Fils vnique du Pere, par nature, & non par grace, & à cause de cela ne pouuant commettre aucun peché; neantmoins à cause de la ressemblance de la chair du peché qu'il auoit prise, il a esté appellé luy-mesme Peché; parce qu'il deuoit estre sacrifié pour effacer les pechez, & que dans la Loy ancienne, les sacrifices pour les pechez, estoient appellez

CHAP. XLI. — *1. Pet. 2. 22.* — *Rom. 8. 3.* — *Ose. 4. 8.*

Pechez. C'est luy qui a esté veritablement ce que ces sacrifices n'estoient qu'en ombre & en figure. De là vient
2. Cor. 5. 21. que l'Apostre ayant dit : *Nous vous supplions au nom de* IESVS-CHRIST *de vous reconcilier auec Dieu* ; il adjouste aussi-tost : *Il a fait que celuy qui n'auoit point connu le peché, a esté fait peché pour nous, afin que nous soyons la iustice de Dieu en luy.* Il ne dit pas comme portent quelques Exemplaires mal corrects : *Celuy qui n'auoit point connu le peché, a fait le peché pour nous*, comme si IESVS-CHRIST auoit peché pour nous : mais il dit : Que Dieu auec qui nous nous deuons reconcilier, *a fait que celuy qui n'auoit point connu le peché, est deuenu peché pour nous*, c'est à dire sacrifice pour les pechez, par le moyen duquel nous peussions nous reconcilier. Il s'est donc monstré peché, afin que nous soyons justice, non la nostre, mais celle de Dieu ; non en nous, mais en luy ; comme il n'est pas son peché, mais le nostre ; ny en soy, mais en nous, par la ressemblance de la chair du peché, en laquelle il a esté crucifié, afin que n'ayant point de peché, il mourust en quelque sorte au peché, en mourant selon la chair, en laquelle estoit la ressemblance du peché ; & que n'ayant jamais

vescu selon la vieillesse du peché, il marquast par sa nouuelle Resurrection, nostre vie renaissante de nostre mort ancienne, par laquelle nous estions morts dans le peché.

Et c'est en cela que consiste le Sacrement de Baptesme, qui est si grand & si celebre parmy nous, que tous ceux qui le reçoiuent & qui appartiennent à cette grace, meurent au peché, comme on dit que Iesvs-Christ est mort au peché, parce qu'il est mort à la chair, c'est à dire, à la ressemblance du peché, & qu'ils viuent en renaissant des eaux, comme luy en ressuscitant du sepulchre quelque âge qu'ils puissent auoir. CHA. XLII.

Car comme nul homme depuis les enfans jusques aux vieillards, ne doit estre priué du Baptesme; ainsi il n'y a personne qui ne meure au peché en receuant le Baptesme; mais les enfans ne meurent qu'au peché originel, au lieu que ceux qui sont plus grands & plus auancez en âge, meurent aussi à tous les pechez, qu'ils ont adjoustez par leur mauuaise vie à celuy qu'ils ont contracté par leur naissance. CH. XLIII.

Mais quoy que ceux-là ne meurent pas à vn seul peché, mais à tous ceux CH. XLIV.

qu'ils ont commis en pensées, en paroles, ou en actions, on ne laisse pas de dire aussi d'eux qu'ils meurent au peché; parce qu'on marque souuent le nombre plurier par le singulier, comme Virgile dit,

Et de soldat armé ce cheual ils remplissent,

quoy qu'ils l'eussent remply de plusieurs soldats. Et nous lisons dans l'Escriture : *Priez le Seigneur qu'il nous deliure du serpent*; Il ne dit pas des serpens, dont le peuple estoit persecuté; & il y a encore beaucoup d'exemples semblables.

Num. 21. 7.

Mais lors que l'on exprime ce peché originel, qui n'est qu'vn, par le nombre plurier, comme lors que nous disons, que les enfans sont baptisez pour la remission des pechez, & non pas pour la remission du peché; cette expression est contraire, puis qu'on y exprime le nombre singulier par le nombre plurier. C'est ainsi qu'il est dit d'Herode dans l'Euangile : *Ceux qui vouloient oster la vie à l'enfant, sont morts*; au lieu de dire, Il est mort. Et dans l'Exode : *Ils se sont faits des Dieux d'or*, quoy qu'ils n'eussent fait qu'vn veau d'or, dont ils dirent : *Israël, ce sont là vos Dieux qui vous ont tiré de l'Egypte*, où l'on voit que le singulier est mis encore pour le plurier.

Matth. 2. 20.

Exod. 32. 31.

On peut bien neantmoins entendre plusieurs pechez dans ce peché vnique, *qui est entré dans le monde par vn seul homme, & a passé dans tous les hommes,* & à cause duquel on baptise les petits enfans, si on le veut diuiser en ses parties, & comme en ses membres. Car il y a eu de l'orgueil, en ce que l'homme a mieux aimé estre maistre de soy-mesme, que d'estre dominé de Dieu. Il y a eu vn sacrilege, parce qu'il n'a pas creu Dieu. Il y a eu de l'homicide, parce qu'il s'est precipité luy-mesme dans la mort. Il y a eu vne fornication spirituelle, parce que la pureté de l'esprit humain a esté corrompuë par la persuasion du serpent. Il y a eu vn larcin, parce qu'il a pris du fruit qui luy auoit esté defendu. Il y a eu de l'auarice, parce qu'il a desiré d'auoir plus que ce qui luy deuoit suffire. Et peut-estre qu'on peut trouuer encore d'autres pechez dans ce seul peché, si on le considere auec soin. CHA.XLV. *Rom.* 5. 13.

On dit aussi, & non peut-estre sans quelque apparence de raison, que les enfans participent aux pechez de leurs peres, non seulement des premiers hommes, mais mesme de ceux qui leur ont donné la vie. Car cét arrest de Dieu : *Ie puniray les enfans, à cause des pechez de leurs* CH. XLVI. *Exod.* 34. 7.

peres, les tient engagez auparauant qu'ils commencent à auoir part au nouueau Testament par le moyen de la renaissance. Et c'estoit ce Testament qui estoit prophetisé par Ezechiel, lors qu'il disoit :
Ezech. 18. 20 *Que les enfans ne porteroient pas la peine des pechez de leurs peres, & qu'on ne diroit plus desormais ce prouerbe parmy le peuple d'Israël, Les peres ont mangé le raisin encore verd, & les dents de leurs enfans en ont esté agacées.* Car chacun ne renaist que pour estre dégagé de tous les pechez auec lesquels il est né.

Et pour ce qui regarde les pechez que l'on commet apres en viuant mal, ils peuuent estre gueris par la penitence, comme nous voyons arriuer apres le Baptesme. Et ainsi, la renaissance n'a esté instituée, qu'à cause que la naissance est vicieuse & corrompuë, puis que celuy-mesme qui estoit né d'vn mariage legiti-
Psalm. 50. 7. me, ne laisse pas de dire : *I'ay esté conceu dans les iniquitez, & ma mere m'a nourry dans son ventre au milieu des pechez.* Il ne dit pas là, dans l'iniquité, ou dans le peché, quoy qu'il le pouuoit fort bien dire, mais il a mieux aimé dire, *Dans les iniquitez & dans les pechez* : parce qu'il se trouue plu-
Rom. 5. 12. sieurs pechez dans ce peché vnique, *qui a passé dans tous les hommes*, & qui est si grand,

qu'il a changé la nature humaine, & l'a reduite à la necessité de mourir. Et outre ces pechez, ceux des peres s'y rencontrent encore, lesquels bien qu'ils ne puissent pas changer la nature, obligent neantmoins les enfans, & les en rendent coupables & punissables, s'ils n'en sont deliurez par la grace gratuite, & par la misericorde de Dieu.

Mais icy touchant les pechez des ancestres, ausquels on succede de pere en fils, depuis Adam jusqu'au dernier dont on a receu la vie, on peut former cette question; sçauoir, si celuy qui naist d'eux, est enueloppé dans toutes les mauuaises actions qu'ils ont faites, & tous les pechez originels qui se sont multipliez parmy eux; en sorte que la condition de chacun d'eux soit dautant plus mauuaise, qu'ils viennent plus tard au monde. Ou si Dieu ne menace de punir les enfans à cause des pechez des peres, *iusqu'à la troisiesme & la quatriesme generation*, que parce qu'il n'étend pas plus loin ses chastimens & ses vengeances, touchant les pechez des ancestres, sa misericorde moderant sa colere, & la renfermant dans ces bornes, de peur que ceux ausquels il n'accorde pas la grace de la renaissance, ne fussent acca-

CH. XLVII.

Exod. 20. 5.

blez d'vn trop grand poids dans la damnation eternelle, s'ils estoient forcez de contracter originairement tous les pechez de leurs peres, qui les ont precedez depuis le commencement de la nature humaine,& de souffrir les peines qui leur estoient deuës. Certes, ie n'ose asseurer qu'on puisse, ou qu'on ne puisse trouuer vne autre decision de cette grande difficulté dans les Escritures saintes, en les lisant & les examinant auec soin. Ie croirois ne le pouuoir faire sans temerité.

CHAPITRE XIV.

Que nul ne peut estre deliuré du peché que le premier homme a respandu dans toute la nature humaine, que par vne renaissance diuine en IESVS-CHRIST, *qui nous fasse mourir au peché, tant originel, qu'actuel, & viure d'vne vie nouuelle, à laquelle le Baptesme oblige tous les Chrestiens, selon saint Paul. Conclusion des articles du Symbole, qui regardent* IESVS-CHRIST *& ses mysteres, & comme il viendra iuger les viuans & les morts.*

CHAP. XLVIII. IE diray seulement que ce premier & vnique peché, & qui a esté commis en vn lieu, & en vn estat si heureux, & qui a esté si grand, que toute la race des hommes a esté condamnée dans vn seul homme, comme dans l'origine & dans la racine; ne peut estre remis ny effacé que *par le seul Mediateur entre Dieu & les hommes, qui est* IESVS-CHRIST *homme*, lequel seul a pû naistre, & est né d'vne telle sorte, qu'il n'a point eu besoin de renaistre. 1. *Tim.* 2. 5.

CH. XLIX.

Car ceux qui receuoient le Baptesme de saint Iean, lequel IESVS-CHRIST a receu luy-mesme, ne renaissoient pas, mais par le ministere du Precurseur qui crioit: *Preparez le chemin au Seigneur*, ils estoient preparez & disposez à receuoir celuy dans lequel seul ils pouuoient renaistre. *Matth.* 3. 13. *Luc.* 3. 4. Le Baptesme de IESVS-CHRIST n'ayant pas esté seulement d'eau, comme celuy de saint Iean, *mais aussi du saint Esprit*, afin que tous ceux qui croiroient en IESVS-CHRIST peussent renaistre par cét Esprit, par lequel IESVS-CHRIST estant né, il n'a point eu besoin de renaistre. *Marc.* 1. 8. D'où vient que cette parole que le Pere dit sur son Fils, lors qu'il fut baptisé: *Ie vous ay engendré auiourd'huy*, ne marque pas tant ce jour particulier auquel il fut baptisé, que le jour de l'eternité immuable, pour nous marquer que cét homme estoit son Fils vnique. *Psalm.* 2. 7. *Hebr.* 1. 5. Car le jour qui ne commence point par la fin du jour precedent, & qui ne se termine point par le commencement du lendemain, est eternellement le jour d'aujourd'huy.

Il voulut donc estre baptisé d'eau par saint Iean, pour faire éclater la grandeur de son humilité, & non pour effacer quelque peché qu'il eust commis, le Baptesme n'ayant rien trouué en luy qu'il peust effacer, non plus que la mort n'a rien trouué en luy qu'elle deust punir. Et cela afin que le diable fust vaincu & terrassé, non par la violence de la force, mais par la verité de la justice; & qu'à cause qu'il l'auoit fait mourir injustement, sans qu'il l'eust merité par aucun crime, il perdist justement l'empire qu'il auoit acquis sur les hommes, par le merite des crimes qu'ils auoient commis. Et ainsi ce n'a pas esté par vne necessité accompagnée de misere, qu'il a receu l'vn & l'autre; sçauoir, le baptesme & la mort, selon l'ordre des desseins de Dieu, mais par vne volonté pleine de misericorde, afin qu'vn homme ostast le peché du monde, comme vn seul l'auoit introduit dans le monde, c'est à dire, dans toute la race des hommes.

CHAP. L. Il y a pourtant cette difference, que ce

premier n'a introduit qu'vn seul peché dans le monde, au lieu que l'autre n'a pas seulement osté ce peché vnique, mais encore tous les autres que les hommes auoient adjoustez à celuy-là. C'est pourquoy l'Apostre dit : *Le don n'est pas comme la condamnation, qui est venuë du peché d'vn seul. Car l'arrest qui a condamné tous les hommes a esté pour vn seul peché ; au lieu que la grace qui a iustifié tous les hommes, a effacé vn grand nombre de pechez.* Ce peché que l'on contracte par l'origine & par la naissance, engage tout seul dans la condamnation ; mais la grace justifie l'homme de plusieurs pechez, tant de celuy qu'il a tiré de la source commune de la nature de tous les hommes, que de ceux qu'il a commis luy-mesme, & qui luy sont propres. Rom. 5. 11.

CHAP. LI.

Mais ce qu'il dit vn peu apres : *Comme par le peché d'vn seul, la condamnation est tombée sur tous : de mesme par la iustice d'vn seul, la iustification est venuë sur tous*, monstre assez que personne ne naist d'Adam, qui ne soit sujet à la condamnation, & que personne ne peut estre deliuré de la condamnation, s'il n'est rené en IESUS-CHRIST.

CHAP. LII.

Et apres que l'Apostre a parlé de cette peine que tous les hommes ont encouruë par vn seul homme, & de la grace qu'ils ont receuë par vn seul homme, & qu'il en a dit ce qu'il croyoit suffire, au lieu où il en parle dans son Epistre, il releue en suitte hautement le mystere si grand du sacré Baptesme, en le regardant dans la Croix de IESVS-CHRIST, afin que nous sçachions que le Baptesme en IESVS-CHRIST, n'est autre chose que l'image de la mort de IESVS-CHRIST; & que la mort de IESVS-CHRIST crucifié, n'est que l'image de la remission des pechez, la mort ayant esté vraye en luy, comme la remission des pechez est vraye en nous, & la justification estant vraye en nous, comme la Resurrection a esté vraye en luy.

Rom. 6. 1. C'est pourquoy il adjouste : *Que dirons-nous donc? Demeurerons-nous dans le peché, afin que la grace abonde?* selon ce qu'il auoit dit
Rom. 5. 20. auparauant : *Qu'il y a eu abondance de grace, où il y auoit eu abondance de peché?* Et c'est pour cela qu'il se propose cette question à luy-mesme; sçauoir, S'il faut demeurer dans le peché pour obtenir cette abondance de grace. Mais il respond, *Que non*; Et adjouste : *Si nous sommes morts au peché, comment pouuons-nous viure dans le peché?* Et apres cela, pour monstrer que nous som-

mes morts au peché, il dit : *Ignorez-vous que tant que nous sommes qui auons esté baptisez en* IESVS-CHRIST, *auons esté baptisez en sa mort?* S'il paroist donc que nous sommes morts au peché, parce que nous sommes baptisez en la mort de IESVS-CHRIST; certainement les petits enfans qui sont baptisez en IESVS-CHRIST, meurent aussi au peché, parce qu'ils sont baptisez en sa mort.

Car il est dit sans excepter personne : *Tous tant que nous sommes qui auons esté baptisez en* IESVS-CHRIST, *auons esté baptisez pour mourir auec luy.* Ce qu'il dit, afin de monstrer que nous estions morts au peché. Et à quel peché les petits enfans meurent-ils en renaissant, sinon à celuy qu'ils ont contracté en naissant? C'est pour cela que ce qu'il dit en suitte, les regarde aussi : *Nous sommes enseuelis auec luy par le Baptesme pour mourir au peché, afin qu'ainsi que* IESVS-CHRIST *est ressuscité des morts par la gloire de son Pere, nous menions vne vie nouuelle. Car si nous luy ressemblons en mourant comme il est mort, nous luy ressemblerons aussi en ressuscitant comme il est ressuscité, sçachant que nostre vieil homme a esté crucifié auec luy, afin que nostre corps ne fust plus assuietty au peché, & que nous ne seruissions plus au peché.* Rom. 6. 3.

Car celuy qui est mort, est iustifié du peché. Que si nous sommes morts auec IESVS-CHRIST, *nous croyons que nous viurons auec luy, sur l'asseurance certaine que nous auons que* IESVS-CHRIST *estant ressuscité des morts, n'est plus suiet à mourir, & que la mort n'a plus d'empire sur luy. Car en ce qu'il est mort, il est mort vne seule fois au peché; & en ce qu'il vit, il vit pour Dieu. Representez-vous ainsi que vous estes morts au peché, & que vous viuez pour Dieu dans* IESVS-CHRIST.

Il auoit commencé à prouuer par là, que nous ne deuons pas demeurer dans le peché, afin que la grace abonde, & auoit dit : *Si nous sommes morts au peché, comment viurons-nous dans le peché?* Et pour monstrer que nous sommes morts au peché, il dit en suitte : *Ignorez-vous que tous tant que nous sommes qui auons esté baptisez en* IESVS-CHRIST, *auons esté baptisez en sa mort?* Et partant il conclud ce discours comme il l'auoit commencé. Car il parle d'vne telle sorte de la mort de IESVS-CHRIST, qu'il dit *que luy-mesme est mort aussi au peché.* A quel peché, sinon de la chair, en laquelle estoit non le peché, mais la ressemblance du peché, & qu'il appelle à cause de cela du nom de peché. Et partant, il dit à ceux qui sont baptisez en la

mort

mort de IESVS-CHRIST, en laquelle non ſeulement les perſonnes âgées, mais auſſi les petits enfans, ſont baptiſez : *Soyez donc ſemblables à* IESVS-CHRIST, *& comme il eſt mort au peché, conſiderez-vous auſsi comme morts au peché, & comme viuans pour Dieu en* IESVS-CHRIST. Ibid. v. 11.

CHAP. LIII. Tout ce qui s'eſt donc fait en la Croix de IESVS-CHRIST, en ſa ſepulture, en ſa Reſurrection le troiſieſme jour, en ſon Aſcenſion dans le Ciel, & en ſa ſeance à la droite de ſon Pere, s'eſt fait de telle ſorte, que ce ſont autant de figures de la vie Chreſtienne qu'on mene icy-bas, quoy que ce ne ſoient pas ſeulement des paroles qui ayent eſté dites myſtiquement, mais auſſi des choſes qui ſont reellement arriuées. Car à cauſe de ſa Croix, il a eſté dit : *Quant à ceux qui ſont à* IESVS-CHRIST, *ils ont crucifié leur chair auec leurs vices, & leurs paſsions.* Il a eſté dit à cauſe de ſa ſepulture : *Nous ſommes enſeuelis auec* IESVS-CHRIST *par le Bapteſme, pour mourir comme luy.* Et à cauſe de ſa Reſurrection : *Afin qu'ainſi que* IESVS-CHRIST *eſt reſſuſcité des morts par la gloire de ſon Pere, de meſme nous menions vne vie nouuelle.* A cauſe de ſon Aſcenſion dans le Ciel, & de ſa ſeance à la droite de ſon Pere : *Si vous eſtes reſſuſcitez auec* IESVS- Galat. 5. 24. Rom. 6. 4. Coloſſ. 3. 1.

CHRIST, *cherchez les choses qui sont en haut, où* IESVS-CHRIST *est assis à la droite de son Pere. Eleuez vos pensées & vostre cœur à ce qui est là haut dans le ciel, & non pas à ce qui est icy-bas sur la terre. Car vous estes morts, & vostre vie est cachée auec* IESVS-CHRIST *en Dieu.*

CHAP. LIV. Et quant à ce que nous reconnoissons, que IESVS-CHRIST doit venir du ciel
2. Tim. 4. 1. *pour iuger les viuans & les morts*; cela ne regarde pas la vie presente que nous menons, parce que ce ne sont pas des choses faites, mais qui ne se doiuent faire qu'à la fin du monde. Et ce que l'Apostre adjouste en suitte, regarde aussi ce dernier ad-
Coloss. 3. 4. uenement : *Lors que* IESVS-CHRIST *qui est vostre vie, viendra à paroistre, alors vous paroistrez auec luy en gloire.*

CHAP. LV. Or on peut expliquer en deux manieres ce que l'Escriture dit : Qu'il jugera les viuans & les morts; ou entendant par les viuans ceux qu'il trouuera en vie lors qu'il viendra, & qui viuront de la vie naturelle que nous menons, n'ayant point encore senty la mort; Et par les morts, ceux qui seront sortis, ou qui deuront sortir du corps, auant qu'il vienne : Ou bien entendant les justes par les viuans, & les injustes par les morts, puis que les justes doiuent aussi estre jugez, & que le jugement de Dieu qui est pris quelquefois en mauuaise part, comme en cét endroit; *Quant à ceux qui auront mal vescu, ils ressusciteront pour estre iugez*: est pris aussi quelquefois en bonne part, comme en ce verset du Pseaume: *Mon Dieu, sauuez-moy par vostre nom, & iugez-moy par vostre puissance.* Aussi est-ce par ce jugement, que IESVS-CHRIST fait la separation des bons d'auec les meschans, & que les bons qui doiuent estre deliurez du mal, & non pas perir auec les meschans, seront mis à part, & à la droite du Pere. C'estoit pour cela que le Prophete s'escrioit: *Iugez-moy, mon Dieu*; Et puis voulant comme expliquer ce qu'il auoit dit, il adjouste: *Separez ma cause d'auec celle des peuples infidelles.*

Ioan. 5. 29. *Psalm. 53. 3.* *Psalm. 42. 2.*

CHAPITRE XV.

De l'article du saint Esprit. Et de celuy de l'Eglise, & de la communion des Saints. Que l'Eglise comprend la compagnie de tous les Saints, tant du ciel que de la terre. Qu'il est difficile d'expliquer quelle est la nature des Anges.

APRES auoir parlé de IESVS-CHRIST nostre Seigneur, Fils vnique de CH. LVI.

Dieu, autant que cét abregé de nostre Confession de foy le desiroit, nous adjoustons que nous croyons de cette mesme sorte au saint Esprit, afin de comprendre tout ce qui regarde cette Trinité, qui est Dieu.

Apres cela, on fait commemoration de l'Eglise sainte. Ce qui monstre qu'apres auoir parlé du Createur, c'est à dire,
Galat. 4. 26. de cette souueraine Trinité, on doit parler de la creature raisonnable, qui appartient à la Hierusalem qui est libre. Car tout ce qui a esté dit de IESVS-CHRIST, homme, regarde cette mesme Trinité, à cause de l'vnité de la personne du Fils vnique de Dieu. Et ainsi l'ordre legitime de la Confession de foy demandoit, qu'apres auoir parlé de la Trinité, on parlast de l'Eglise, comme de la maison où Dieu
Psalm. 112. 3. habite, du Temple où il est adoré, & de la ville où il regne. Et il la faut considerer icy toute entiere, & non selon cette partie seulement, qui est dans la terre comme dans vn voyage & dans vn exil, qui louë le nom du Seigneur depuis le leuant jusques au couchant, & chante vn nouueau Cantique, apres auoir esté deliurée de son ancienne captiuité: mais aussi selon cette partie, qui est tousiours de-

meurée vnie & attachée à Dieu dans le ciel, depuis le moment de sa creation, & qui n'a rien esprouué de tout le mal où sa cheute l'auroit engagée.

Celle-là qui comprend les saints Anges, jouït en eux de la beatitude eternelle, & assiste autant qu'il est besoin, cette autre partie qui voyage dans la terre, parce que ces deux parties ne seront qu'vn tout dans la jouïssance commune de l'eternité, comme elles n'en font qu'vn maintenant dans le lien de la charité, qui n'a esté establie que pour seruir & adorer vn seul Dieu. C'est pour cela qu'elle ne veut pas, ny en son tout, ny en ses parties, estre seruie & adorée comme Dieu, ny estre estimée Dieu par aucuns de ceux qui appartiennent au temple de Dieu, qui est composé de Dieux, que le Dieu qui n'a point esté fait a fait Dieux.

Il s'ensuit de là, que si le saint Esprit estoit creature, & non pas Createur, il seroit certainement vne creature raisonnable, parce qu'il seroit la souueraine des creatures. Ce qui feroit que dans l'ordre & la regle de la foy, on ne le mettroit pas deuant l'Eglise, à cause que luy-mesme appartiendroit à l'Eglise selon cette partie d'elle qui est dans les cieux, & il

n'auroit pas vn temple, mais il seroit luy-mesme vn temple. Or il a vn temple, dont l'Apostre parle, lors qu'il dit:
2. Cor. 6. 19. *Ne sçauez-vous pas que vos corps sont le temple du saint Esprit, qui est en vous, & que vous auez receu de Dieu?* Et parlant d'eux en vn
Ibid. v. 15. autre lieu: *Ne sçauez-vous pas*, dit-il, *que vos corps sont les membres de* IESVS-CHRIST? Comment donc ne seroit-il pas Dieu, puis qu'il a vn temple? Et comment seroit-il moindre que IESVS-CHRIST, puis qu'il a ses membres pour temple? Car on ne peut pas dire, que le temple qu'il a, soit different du temple qu'a Dieu,
1. Cor. 3. 16. puis que le mesme Apostre dit: *Ne sçauez-vous pas que vous estes le temple de Dieu?*
2. Cor. 6. 16. Et pour le prouuer il adjouste: *Et que l'Esprit de Dieu habite en vous.*

Dieu donc habite dans son temple, non seulement le saint Esprit, mais aussi le Pere & le Fils, qui aussi parlant de son corps, par lequel il a esté fait le Chef de l'Eglise, composée des hommes, afin qu'il
Ioan. 2. 19. eust la superiorité sur tous, il dit: *Destruisez ce temple, & ie le rebastiray en trois iours.* Donc l'Eglise sainte l'Eglise vniuerselle, qui est dans le ciel & dans la terre, est le temple de Dieu, c'est à dire, de toute cette souueraine Trinité.

Mais que pouuons-nous asseurer de celle qui est dans le ciel, sinon qu'il n'y a personne qui soit pecheur, ny qui en soit tombé, ou qui en doiue tomber, depuis que Dieu ne pardonna pas aux Anges qui auoient peché, mais les enferma dans les prisons tenebreuses de l'Enfer, les reseruant pour estre punis au jour du Iugement. CHAP. LVII 1. Pet. 2. 4.

Mais de dire de quelle sorte cette heureuse & celeste Republique est gouuernée, quelle difference il y a entre les personnes, & qu'encore qu'ils soient tous appellez Anges, qui est leur nom commun & general (selon ce que nous lisons dans l'Epistre aux Hebreux : *Auquel des Anges Dieu a-t'il iamais dit, Asséez-vous à ma droitte* ; monstrant par là que tous vniuersellement sont appellez Anges) il ne laisse pas toutefois d'y auoir des Archanges ; Et si ces Archanges sont les mesmes que l'on appelle Vertus, & qu'il soit dit en ce sens : *Vous qui estes ses Anges, loüez-le tous. O vous, qui estes ses Vertus, loüez-le tous !* Comme si on disoit : O vous, qui estes ses Anges, loüez-le tous ! ô vous, qui estes ses Archanges, loüez-le tous ! Et quelle difference il y a entre ces quatre termes, sous lesquels il semble que l'A- CH. LVIII. Hebr. 1. 13. Psalm. 109. 1. Psal. 148. 2.

postre a voulu comprendre toute cette
Coloss. 1. 16. trouppe celeste, lors qu'il a dit: *Soit les Throsnes, soit les Dominations, soit les Principautez, soit les Puissances,* que ceux qui le peuuent, le disent, si toutefois ils peuuent prouuer ce qu'ils disent, mais pour moy j'auouë que j'ignore ces secrets. Ie ne suis pas mesme bien asseuré, si le Soleil, la Lune, & tous les Astres appartiennent à cette mesme Compagnie celeste, bien que quelques-vns croyent, que ce sont des corps lumineux, & non pas des creatures pourueuës d'esprit & d'intelligence.

CH. LIX. Ie laisse encore à expliquer à ceux qui le peuuent, dessous quels corps les Anges se sont apparus aux hommes, & se sont non seulement fait voir à eux, mais aussi toucher. Et comment d'vn autre costé par vne puissance spirituelle, & non par vn corps solide, ils presentent certaines images aux yeux de l'esprit, & non du corps, & disent quelque chose, non à l'oreille au dehors, mais au dedans & au fonds du cœur, où ils se mettent eux-mesmes, selon qu'il est escrit dans le liure
Zachar. 1. 3. des Prophetes: *Et l'Ange qui parloit dans moy m'a dit.* Car il ne dit pas, Qui parloit à moy; mais: *Qui parloit dans moy.* Et de plus, comme ils apparoissent en songe, & par-

lent comme ſi c'eſtoient des ſonges,ſelon ce qui eſt dans l'Euangile : *L'Ange du Seigneur luy apparut en ſonge, & luy dit.* Car toutes ces manieres ſelon leſquelles les Anges apparoiſſent, ſemblent monſtrer qu'ils n'ont pas des corps ſenſibles & palpables. Et elles forment vne queſtion tres-difficile,qui eſt de ſçauoir comment les Peres leur ont laué les pieds, & comment Iacob luitta auec l'Ange, en le touchant ſi ſenſiblement & ſi fortement. Ces queſtions où chacun apporte ſes conjectures, exercent vtilement les eſprits, pourueu qu'on les traitte auec moderation,& auec humilité, & qu'on ne ſe laiſſe pas aller à cette erreur de s'imaginer, qu'on ſçait ce qu'on ne ſçait pas. Auſſi qu'eſt-il beſoin de s'expoſer au hazard de ſe tromper, en affirmant,ou niant, ou definiſſant ces choſes, puis qu'on les peut ignorer ſans crime?

Matth. 1. 20.

Geneſ. 32. 26.

CHAPITRE XVI.

Difficile de diſcerner les apparitions des bons Anges d'auec celles des mauuais. Que quoy que le Fils de Dieu ne ſoit point mort pour les bons Anges, ils ont neantmoins part à ſa mort, en ce qu'elle a mis la paix entre le ciel

& la terre, & reparé les ruïnes des Anges.

CHAP. LX. IL est bien plus necessaire de sçauoir discerner & reconnoistre, lors que le
2. Cor. 11. 14. diable se transforme en Ange de lumiere, de peur qu'il ne nous seduise, & ne nous jette dans quelque peril. Car quand il ne fait que tromper les sens du corps, & qu'il ne destourne pas l'esprit de la bonne & de la veritable creance, selon laquelle chacun regle sa vie le plus justement qu'il peut, il n'y a nul peril pour ce qui regarde la Religion. Ou lors que feignant estre vn bon Ange, il fait & dit des choses que font & que disent les bons Anges, encore que nous le prenions pour bon, cette erreur n'est pas dangereuse à la foy Chrestienne, & ne nous desregle pas. Mais lors que par ces choses qui luy sont estrangeres, il commence à nous mener à celles qui luy sont propres : alors il est besoin d'apporter beaucoup de soin & de vigilance, pour le reconnoistre & ne le pas suiure.

Mais comment chacun des hommes est-il capable d'éuiter toutes ses tromperies qui donnent la mort, si Dieu ne le conduit & ne le defend? Et cette difficulté qui se rencontre en ce point, sert à l'homme pour luy oster l'esperance qu'il pourroit auoir en luy-mesme, ou en vn autre homme, & le faire esperer en Dieu seul, qui est l'vnique esperance de tous ses seruiteurs, n'y ayant nulle personne qui doute, qu'il ne nous soit plus vtile de mettre toute nostre confiance en Dieu.

Cette Eglise de Dieu qui contient les Anges & les Vertus, nous paroistra telle qu'elle est, lors que nous seront joints auec elle pour jamais, & pour jouïr ensemble de la beatitude eternelle. Et quant à celle qui est voyageuse dans la terre, elle nous est dautant plus connuë que nous sommes dans elle, & qu'elle est composée d'hommes comme nous. C'est elle qui a esté rachetée de tout peché par le sang de son Mediateur, qui n'a jamais eu aucun peché. Et c'est elle qui dit : *Si Dieu est pour nous, qui peut estre contre nous? Luy qui n'a point espargné son propre Fils, mais qui l'a liuré pour nous tous.* Car IESVS-CHRIST n'est pas mort pour les Anges, mais tout autant qu'il y a d'hommes rachetez & deliurez du mal, les Anges en profitent en quelque sorte, parce qu'ils se reconcilient en quelque sorte auec eux, apres l'inimitié & la diuision que les pechez

CHAP. LXI.

Rom. 8. 31.

ont mis entre les hommes & les bons Anges, & que par ce rachapt des hommes, la perte & la ruïne qui est arriuée dans l'ordre des Anges est reparée.

CHA. LXII. Et certes ces Anges bien-heureux estant enseignez de Dieu, dont ils contemplent eternellement la verité, qui est ce qui compose leur beatitude, ils sçauent quelle multitude d'hommes cette Ville sainte attend pour estre remplie. Et c'est pour cela que l'Apostre dit : *Afin qu'il restablit tout par* Iesvs-Christ, *tant ce qui est dans les cieux, que ce qui est sur la terre.* Car les choses qui sont dans les cieux sont reparées par luy, lors qu'on remplit des hommes ce qui est tombé des Anges. Et celles qui sont dans la terre se restablissent, lors que ces hommes qui sont predestinez à la vie eternelle, sont renouuellez, & sortent de la vieille corruption. Et c'est ainsi que par ce sacrifice vnique & particulier, dans lequel le Mediateur a esté immolé, lequel seul estoit figuré par le grand nombre des victimes de la Loy, que les choses celestes sont remises dans la paix auec les terrestres, & les terrestres auec les celestes. C'est ce que l'Apostre dit en ces termes : *Il a plû au Pere que toute la plenitude de la Diuinité ha-*

Ephes. 1. 10.

Coloss. 1. 19.

bitast dans luy, & que toutes choses fussent reconciliées en luy, & par luy, remettant dans la paix par le sang de sa Croix, tant les choses qui sont dans les cieux, que celles qui sont sur la terre les vnes auec les autres.

Cette paix, comme il est escrit, *surpasse toute intelligence*, & ne peut estre connuë de nous, que lors que nous serons arriuez où elle regne. Car comment est-ce que les choses celestes sont remises dans la paix, sinon au regard de nous, c'est à dire, quand elles sont d'accord auec nous; puis qu'il y a vne eternelle paix dans le ciel, entre ce Createur & toutes les creatures intellectuelles, *laquelle paix*, comme il a esté dit, *surpasse toute intelligence*, mais la nostre seule, & non pas celle de ceux qui voyent incessamment la face du Pere. CH. LXIII. *Philip.* 4. 7.

Quant à nous, quelque grand que puisse estre nostre esprit humain, nous ne connoissons rien qu'en partie, & nous ne voyons rien qu'obscurement, & comme dans vn miroir. Mais lors que nous serons égaux aux Anges de Dieu, nous le verrons comme eux face à face, & nous aurons vne aussi grande paix auec eux, qu'ils ont auec nous, parce que nous les aimerons autant qu'ils nous aiment. Et ainsi nous connoistrons la paix dont ils

1. Cor. 13. 12. *Luc.* 20 36.

jouïssent, dautant que la nostre sera aussi grande que la leur, & qu'alors elle ne surpassera pas nostre intelligence. Mais la paix que Dieu establira entre luy & eux, surpassera sans doute & nostre intelligence & la leur, pource que c'est la creature raisonnable qui est heureuse par luy, & non pas luy par elle. Et c'est en ce sens qu'il vaut mieux entendre ces paroles: *La paix de Dieu qui surpasse toute intelligence*, en n'exceptant pas mesme l'intelligence des Anges, puis qu'il dit, *Toute*; mais celle de Dieu seul, dont l'intelligence n'a garde d'estre surpassée par la paix qu'il donne, & qu'il possede luy-mesme.

CHAPITRE XVII.

De l'article de la remission des pechez. Qu'il y a diuerses sortes de pechez. Les veniels qui sont les pechez des enfans de Dieu, dont il faut sans cesse qu'ils luy demandent pardon: & les mortels qui s'appellent crimes, qui ont besoin d'vne plus grande penitence. Que les pechez ne se remettent que dans l'Eglise; & que cette remission nous deliure des peines de l'autre monde plustost que de celles de celuy-cy.

CH. LXIV. LEs Anges se reüinissent aussi dans la paix auec nous, lors que nos pechez nous sont remis. C'est pourquoy apres auoir parlé de l'Eglise sainte, on met dans l'ordre de la Confession de foy, la remission des pechez: parce que c'est par elle que l'Eglise qui est dans la terre subsiste, & que ce qui estoit perdu, *ne perit point, estant retrouué.* Car apres auoir receu le don du baptesme, qui a esté donné contre le peché originel, afin d'effacer par la renaissance, ce qui a esté contracté par la naissance, & qui ne laisse pas pourtant d'effacer tous les pechez actuels qu'il trouue dans l'homme, & que l'on commet en pensées, en paroles, & en actions: apres auoir, dis-je, receu cette grace par laquelle le renouuellement de l'homme commence, & qui efface tout le peché, tant celuy que nous apportons en naissant, que ceux que nous adjoustons par nostre propre malice; le reste de la vie d'vne personne qui a l'vsage de la raison, ne se passe point sans auoir besoin de la remission des pechez, quelque juste & quelque vertueuse qu'elle soit, dautant que les enfans de Dieu combattent tousjours auec la mort durant tout le cours de leur vie mortelle. Et encore que ce qui est dit d'eux soit tres-veritable: *Que tous ceux qui sont conduits & poussez par l'Es-*

Luc. 15. 24.

Rom. 8. 14.

prit de Dieu, sont enfans de Dieu, ils sont pourtant excitez de telle sorte par l'Esprit de Dieu, & s'auancent tellement vers Dieu comme ses enfans, qu'ils ne laissent pas d'estre emportez comme enfans des hommes par leur propre esprit, qui est chargé de la pesanteur du corps, d'estre agitez de mouuemens humains, & par cette agitation de se porter vers eux-mesmes, au lieu de ne se porter que vers Dieu seul, qui est ce qui les engage dans le peché.

Mais il y a de diuerses sortes de pechez, qu'il est important de distinguer. Car encore que tout crime soit peché, neantmoins tout peché n'est pas crime. Et nous disons que la vie des justes & des saints durant qu'ils demeurent en ce monde, se peut trouuer sans crime; mais

1. Ioan. 1. 8. *si nous disons, que nous n'auons point de peché*, comme dit le saint Apostre, *nous nous trompons nous-mesmes, & la verité n'est point en nous.*

CH. LXV. Et pour ce qui regarde la remission des crimes, quelques grands qu'ils soient, il ne faut pas dans l'Eglise où ils se remettent, desesperer de la misericorde de Dieu, pour ceux qui font vne penitence proportionnée à la qualité de leurs pechez.

pechez. Or dans l'exercice de la penitence, lors qu'on a commis vn tel crime, que celuy qui l'a commis est separé du corps de Iesvs-Christ, on ne doit pas tant considerer la mesure du temps, que celle de la douleur, *Dieu ne reiettant point vn cœur contrit & humilié.* Psal. 50. 19.

Mais parce que souuent la douleur qu'vne personne a conceuë, est cachée à vne autre, & qu'elle ne se rend pas visible par les paroles ou par quelque autre signe que ce soit, quoy qu'elle soit connuë de celuy à qui on dit, *Mes souspirs ne vous sont point cachez*; C'est auec raison que ceux qui president dans l'Eglise, ordonnent des temps de penitence, afin qu'on satisfasse aussi à l'Eglise, dans laquelle seule les pechez se remettent & non ailleurs; parce que c'est elle seule qui a receu le gage du saint Esprit, sans lequel nuls pechez ne se remettent d'vne remission qui fasse obtenir la vie eternelle. Psal. 37. 10. 2. Cor. 1. 22.

CH. LXVI.

Car la remission des pechez regarde principalement le jugement futur. Mais pour ce qui concerne cette vie, ce qui est escrit : *Qu'il y a vn ioug pesant sur les enfans d'Adam, depuis le iour qu'ils sont sortis du ventre de leur mere iusqu'à ce iour, où ils sont enseuelis dans le sein de la mere commune de tous les* Eccli. 40. 1.

hommes, est tellement vray, & va si loin, que nous voyons mesme que les petits enfans ne laissent pas d'estre assiegez & tourmentez de plusieurs maux differens, apres qu'ils ont esté baptisez ; afin que nous reconnoissions que tout ce qui se fait dans les Sacremens salutaires, regarde plus l'esperance des biens futurs, que la conseruation ou l'acquisition des biens presens.

Il semble aussi que plusieurs pechez sont pardonnez en ce monde, & ne sont punis d'aucuns supplices, mais la peine en est reseruée pour l'auenir. Car ce n'est pas en vain, que ce jour-là est appellé proprement le jour du jugement, lors que le Iuge des viuans & des morts viendra les juger. Mais d'autre part, il y en a quelques-vns qui sont punis dés ce monde, lesquels toutefois estant vne fois remis, ne nuiront point sans doute au siecle auenir. C'est pourquoy l'Apostre dit, parlant de quelques peines temporelles que Dieu enuoye aux pecheurs durant qu'ils sont en ce monde, afin que leurs pechez estant effacez en cette vie, ils ne soient point reseruez pour le dernier Iugement : *Si nous nous iugions nous-* 1. Cor. 11. 31.
mesmes, nous ne serions pas iugez par le Sei-

gneur, & lors qu'il nous iuge, nous sommes chastiez, afin de n'estre point condamnez auec ce monde.

CHAPITRE XVIII.

Il refute l'erreur de ceux qui croyoient, que les meschans Chrestiens ne seroient punis que par vn feu passager, abusant de ce que dit saint Paul, que ceux qui bastissent sur le fondement qui est CHRIST, *du bois, du foin, de la paille, seront sauuez; mais comme par le feu.*

IL y en a quelques-vns qui croyent, que ceux-mesmes qui viuent dans toutes sortes de crimes, lesquels ils n'effacent point par la penitence, ny ne rachetent par les aumosnes, mais y demeurent plongez perpetuellement jusqu'au dernier jour de leur vie, ne laisseront pas d'estre sauuez par le feu, pourueu qu'ils n'abandonnent point le nom de IESUS-CHRIST, qu'ils soient baptisez de son Baptesme dans l'Eglise, & qu'ils ne soient point retranchez d'auec elle, ny par schisme, ny par heresie. Ils confessent bien qu'ils seront punis long-temps selon la grandeur de leurs crimes; mais ils souf- CH. LXVII.

tiennent, que le feu qui les bruslera, ne sera pas eternel.

Quant à moy, ie tiens que ceux qui ont cette creance, & qui toutefois sont Catholiques, sont trompez par vne indulgence humaine; puis que si on consulte l'Escriture sainte, on trouuera qu'elle respond toute autre chose. I'ay fait vn liure sur cette question, qui est intitulé, De la foy & des œuures, où j'ay monstré par les Escritures saintes, autant que j'ay pû par l'assistance de Dieu, que l'on ne se sauue que par la foy, laquelle saint Paul a
Galat. 5. 6. marquée clairement, lors qu'il a dit: *Ni la circoncision, ni le prepuce ne seruent de rien en* IESVS-CHRIST, *mais rien ne sert que la foy, qui fait de bonnes actions par l'amour.* Que si elle en fait de mauuaises & non pas de bonnes, il est sans doute, *qu'elle est morte en elle-mesme,* selon l'Apostre saint Iacques: lequel dit encore;
Iac. 2. 17. *Que si quelqu'vn dit qu'il a la foy, sans qu'il ait de bonnes œuures, sa foy ne le pourra pas sauuer.*

Que si vn meschant homme se sauue par le feu, à cause de sa seule foy, & s'il faut entendre ainsi ce que l'Apostre saint
1. Cor. 3. 15. Paul dit: *Il sera sauué, mais toutefois comme par le feu*; il s'ensuiura que la foy pourra sauuer sans les œuures, & que ce qu'a dit

saint Iacques, qui a esté Apostre comme luy, sera faux. Et ce qu'il a dit luy-mesme; *Ne vous trompez pas, ni les impudiques, ni les idolatres, ni les adulteres, ni les effeminez, ni les abominables, ni les voleurs, ni les auares, ni les médisans, ni les yurognes, ni les rauisseurs ne possederont point le Royaume de Dieu*, se trouuera faux aussi. Car si ceux qui persistent dans ces crimes, ne laissent pas de se sauuer, à cause qu'ils croyent en IESVS-CHRIST, comment est-ce qu'ils ne seront pas dans le Royaume de Dieu? 1. Cor. 6. 9.

CH. LXVIII

Mais parce que ces paroles si claires des Apostres ne peuuent pas estre fausses, ce qui a esté dit obscurement de ceux *qui bastissent sur le fondement, qui est* IESVS-CHRIST, *non de l'or, de l'argent, ni des pierres precieuses, mais du bois, du foin, & de la paille*, qu'ils seront sauuez par le feu, à cause que le fondement qu'ils auront, empeschera qu'ils ne perissent, se doit entendre de telle sorte, qu'il ne se trouue pas contraire à ces passages si clairs. Et on peut prendre assez raisonnablement ce bois, ce foin, & cette paille, pour les desirs si peu reglez des choses du monde quoy que permises, que l'on ne les puisse perdre sans douleur & sans regret. Or lors que cette douleur brusle & consume, si 1. Cor. 3. 14.

Iesvs-Christ tient lieu de fondement dans le cœur, c'est à dire, si on ne luy prefere rien, & si cét homme qui est bruslé par cette douleur, aime mieux estre priué des choses qu'il aime auec violence, que de Iesvs-Christ, il se sauue par le feu.

Mais si lors que la tentation s'éleue, il aime mieux conseruer ces choses terrestres & temporelles, que Iesvs-Christ, il paroist qu'il ne l'auoit pas pour fondement; puis que ces choses ont eu la premiere place dans son cœur, & qu'il n'y a rien dans vn edifice qui soit premier que le fondement.

Car le feu, dont l'Apostre parle en cét endroit, doit estre entendu de telle sorte, que tous les deux passent au trauers de ses flammes, c'est à dire, tant celuy qui bastit de l'or, de l'argent, & des pierres precieuses sur ce fondement, que celuy qui y bastit du bois, du foin, & du chaume, puis qu'apres auoir dit cela, il adjou-
1. Cor. 3. 13. ste: *Que l'ouurage de chacun sera esprouué par le feu. Si l'ouurage de quelqu'vn qui a basty sur ce fondement, subsiste, & demeure entier, il en receura recompense, & celuy dont l'ouurage sera bruslé, en receura de la perte; Quant à luy neantmoins il se sauuera, mais toutefois comme par le*

feu. Il est donc clair que l'ouurage de tous les deux, & non seulement d'vn seul, sera esprouué par le feu.

Et certes le feu est la tentation des afflictions, duquel il est escrit en vn autre endroit : *Les vases du potier sont esprouuez dans la fournaise, & les hommes iustes dans la tentation des afflictions.* Ce feu durant cette vie, fait ce que l'Apostre a dit, s'il approche de deux fidelles, sçauoir d'vn *qui pense aux choses de Dieu, & de quelle sorte il peut plaire à Dieu*, c'est à dire de celuy qui bastit de l'or, de l'argent, & des pierres precieuses sur IESVS-CHRIST comme fondement, & d'vn autre qui pense aux choses du monde, & comment il plaira à sa femme, c'est à dire, de celuy qui ne bastit que du bois, du foin, & du chaume sur le mesme fondement. L'ouurage du premier n'est pas bruslé, parce qu'il n'a pas aimé les choses dont la perte cause de l'affliction & du regret; mais l'ouurage du second est bruslé, parce que les choses que l'on a possedées auec amour, ne se perdent point sans douleur. Mais neantmoins, parce que dans le choix de l'vne de ces deux conditions qui luy sont proposées, il a mieux aimé estre priué de ces biens temporels, que de IESVS-CHRIST, &

Eccli. 27. 6.

1. *Cor. 7. 32.*

que la crainte de les perdre, ne le porte pas à quitter Iesvs-Christ, quoy qu'il soit affligé de les perdre; il se sauue, mais toutefois comme par le feu: parce que la douleur de la perte des choses qu'il a aimées, le brusle bien; mais elle ne le renuerse, & ne le consume pas, estant appuyé sur vn fondement ferme & incorruptible.

CH. LXIX. Il n'est pas incroyable aussi, qu'il se fasse quelque chose de pareil apres cette vie, & on peut agiter cette question, soit que l'on puisse descouurir clairement ce que l'on en doit tenir, soit que la chose demeure obscure. Il y a, dis-je, sujet de croire, qu'il se trouue quelques fidelles qui sont sauuez dautant plus tard ou plustost par vn feu qui les purge, qu'ils ont plus ou moins aimé les biens perissables. Mais cela ne se doit pas entendre de ceux dont il est dit : *Qu'ils ne possederont point le Royaume de Dieu*, si ce n'est qu'ils (1. Cor. 6. 10.) fassent vne juste & raisonnable penitence, & qu'ainsi leurs crimes leur soient remis. Ie dis vne juste & raisonnable penitence, afin qu'ils ne soient pas steriles en aumosnes, ausquelles l'Escriture sainte defere tant, que le Seigneur a declaré qu'il en imputera seulement le fruit à ceux qui seront à sa droite, & qu'il ne reprochera que ce defaut à ceux qui seront à sa gauche, lors qu'il dira aux premiers : *Venez, vous que mon Pere a benis, venez posseder le Royaume de Dieu* ; Et aux derniers : *Allez maudits, dans les flammes eternelles.* Matth 25 34

CHAPITRE XIX.

Qu'il faut changer de vie, & quitter entierement les pechez mortels, pour en obtenir la remission. Mais que les veniels dont nul n'est exempt, s'effacent par la priere du Seigneur, & par les œuures de misericorde, dont la principale est de pardonner à ceux qui nous ont offensé.

ET certes on doit bien prendre garde de ne pas croire, que pour ce qui est de ces grands crimes, dont il est dit : *Que ceux qui les commettent, ne possederont point le Royaume de Dieu*, il n'y ait qu'à les commettre tous les jours, & à les racheter tous les jours par les aumosnes. Car il faut changer de vie, & embrasser la vertu. Il faut bien flechir Dieu par les aumosnes, afin qu'il nous pardonne les pechez passez; mais non pas s'en vouloir seruir, comme pour acheter de Dieu en quelque sorte, qu'il nous soit tousiours CH. LXX.

permis de les commettre impunément. Car il n'a donné à personne la licence de pecher, quoy qu'il efface par sa misericorde les pechez que l'on a commis, pourueu qu'on ne neglige point d'en faire vne satisfaction juste & raisonnable.

CH. LXXI. Mais quant aux fautes legeres & passageres que l'on commet tous les jours, & dont on n'est point exempt en cette vie, la priere que les fidelles disent tous les jours, sert de satisfaction pour ces pechez. Car c'est à ceux qui sont renez par l'eau & par l'Esprit saint, & deuenus enfans d'vn tel Pere, à dire : *Nostre Pere, qui estes dans les cieux.* Cette priere efface entierement ces petits pechez que l'on commet tous les jours. Elle efface aussi ceux par lesquels la vie des fidelles a esté corrompuë, mais qu'ils ont quittez en faisant penitence & en changeant de vie, si comme on dit auec verité, *Pardonnez-nous nos offenses,* y en ayant tousiours à pardonner; On dit aussi auec verité, *Comme nous pardonnons à ceux qui nous ont offensez,* c'est à dire, si on fait ce qu'on dit, y ayant mesme vne espece d'aumosne à pardonner, à celuy qui nous demande pardon.

Matth. 6. 12.

CH. LXXII. Et ainsi cette parole de nostre Seigneur : *Donnez l'aumosne, & vous serez purifiez en tout*, comprend toutes les actions d'vne bonne & d'vne salutaire misericorde. Or non seulement celuy qui donne à manger à ceux qui ont faim, & à boire à ceux qui ont soif, qui donne des habits à ceux qui sont nuds, qui loge ceux qui voyagent, qui retire chez soy comme dans vn asyle ceux qui sont poursuiuis, qui visite les malades, ou les prisonniers, qui rachete les captifs, qui soulage les foibles, qui conduit les aueugles, qui console les affligez, qui donne des remedes aux malades, qui remet dans le droit chemin ceux qui sont esgarez, qui donne conseil à ceux qui sont en peine de se resoudre ; & en vn mot, qui assiste les hommes en tout ce qui leur est necessaire ; non seulement, dis-je, celuy-là donne l'aumosne ; mais aussi celuy qui pardonne à vne personne qui l'a offensé ; & celuy-là mesme qui chastie ceux qui sont sous sa charge, en vsant de foüet, ou de quelque autre correction, ne laissant pas de luy pardonner dans son cœur l'offense qu'il luy a faite, ou de prier que Dieu luy pardonne ; & il ne donne pas seulement l'aumosne en ce qu'il pardonne, & prie ; mais mesme en ce qu'il cha-

Luc. 11. 41.

stie & punit, parce qu'il exerce vne action de misericorde. Car on fait beaucoup de biens aux hommes malgré eux, quand on regarde plustost ce qui leur est vtile, que ce qu'ils veulent; dautant qu'ils se trouuent estre ennemis d'eux-mesmes, & que leurs vrais amis sont ceux qu'ils croyent leurs ennemis, & à qui ils rendent par aueuglement le mal pour le bien, au lieu que le Chrestien ne doit pas mesme rendre le mal pour le mal. Il y a donc plusieurs especes d'aumosnes, lesquelles nous aydent à obtenir le pardon de nos pechez.

CH. LXXIII Mais il n'y en a point de plus grande, que celle par laquelle nous pardonnons du cœur les offenses que l'on nous a faites. Car il y a moins de vertu à vouloir du bien, ou mesme à en faire à celuy qui ne nous a point fait de mal: & c'est vne action d'vne bien plus haute & plus magnifique bonté d'aimer son ennemy mesme, & de vouloir tousiours du bien, & mesme d'en faire lors qu'on le peut à celuy qui nous veut du mal & qui nous en fait s'il peut.

C'est imiter l'exemple de IESVS-CHRIST qui estant en Croix a prié pour ses perse-

Matth. 5. 44. cuteurs, & nous dit dans l'Euangile: *Ai-*

mez vos ennemis, faites du bien à ceux qui vous haïssent, & priez pour ceux qui vous persecutent. Mais parce que l'execution de ce precepte n'appartient qu'aux parfaits enfans de Dieu, encore que chaque fidelle s'y doiue porter & éleuer son esprit à ce haut point de perfection, en priant Dieu, & en trauaillant dans soy-mesme, & en combattant contre soy-mesme. Neantmoins, parce qu'vn si grand bien ne se communique pas à vne si grande multitude de monde, que celle que nous voyons estre exaucée, lors qu'elle dit dans l'oraison du Seigneur : *Pardonnez-nous nos offenses, comme nous pardonnons à ceux qui nous ont offensé* : Il est sans doute, que les paroles de cette promesse s'accomplissent, si vn homme qui n'est pas encore tellement auancé dans la perfection qu'il aime son ennemy, ne refuse point de pardonner à celuy qui l'a offensé, & qui luy demande pardon, & luy pardonne du cœur, parce qu'il desire luy-mesme que Dieu luy pardonne, lors qu'il prie, & dit : *Comme nous pardonnons à ceux qui nous ont offensé*, c'est à dire : Pardonnez-nous nos offenses, puis que nous vous en demandons pardon, comme nous pardonnons à ceux qui nous ont

Matth. 6. 12.

offensé, lors qu'ils nous le demandent.

CH.LXXIV Or lors que celuy qui a offensé vn autre, le prie de luy pardonner, s'il est porté à cela par le regret qu'il a de luy auoir fait injure, il ne doit plus estre consideré comme ennemy, & il n'est pas fort difficile de l'aimer comme il l'estoit, lors qu'il estoit animé contre luy. Et quiconque ne pardonne pas du cœur à celuy qui l'en prie & qui se repent de sa faute, ne doit point esperer que Dieu luy pardonne ses pechez, puis que la Verité ne peut mentir. Et qui est celuy qui ait oüy lire l'Euangile, ou qui l'ait leuë, qui ignore qui

Ioan. 14. 6. est celuy qui a dit : *Ie suis la Verité mesme*; lequel apres auoir enseigné cette priere, a releué particulierement cette parole

*Matth.*6.14. qu'elle contient en disant : *Si vous pardonnez aux autres les offenses qu'ils commettent contre vous, vostre Pere celeste vous pardonnera celles que vous auez commises contre luy. Que si vous ne pardonnez point auxautres, vostre Pere ne vous pardonnera point aussi vos pechez?* Celuy qui ne se resueille pas au bruit d'vn si grand tonnerre, ne dort pas seulement, mais est mort; & neantmoins ce diuin Maistre peut mesme ressusciter les morts.

CHAPITRE XX.

Contre ceux qui abusoient de cette parole de IESUS-CHRIST, *Donnez l'aumosne, & vous serez purifiez en tout, pour se persuader que sans changer leur mauuaise vie, ils ne lairroient pas d'estre sauuez en faisant beaucoup d'aumosnes. Que la premiere œuure de misericorde, est d'auoir pitié de son ame.*

ET certes, ceux qui menent vne vie meschante & abominable, & ne se soucient pas de se corriger de leurs vices & de leurs crimes, ne laissant pas de faire souuent des aumosnes parmy toutes leurs abominations, se flattent en vain sur ce que nostre Seigneur a dit: *Faites l'aumosne, & vous serez purifiez en tout.* Car ils ne sçauent pas jusqu'où cette parole doit s'estendre. Et afin qu'ils le sçachent, qu'ils considerent à qui il parloit. Il est escrit dans l'Euangile: *Durant son discours vn Pharisien le pria de venir disner chez luy, & il y alla, & se mit à table. Alors le Pharisien commença à dire en soy-mesme, Pourquoy ne s'est-il point laué auant que de disner? Et nostre Seigneur luy dit: Vous autres Pharisiens, vous nettoyez le dehors de la coupe & du plat: mais*

CH. LXXV.

Luc. 11. 41.

Luc. 11. 37.

ce qui est au dedans de vous est plein de rapine & d'iniquité. Insensez que vous estes! Celuy qui a fait le dehors, n'a-t'il pas fait aussi le dedans? Mais apres tout, donnez l'aumosne, & vous serez purifiez en tout.

Deuons-nous entendre par là, que toutes choses doiuent estre pures aux Pharisiens, encore qu'ils ne croyent point en Iesvs-Christ, & qu'ils ne soient point renez de l'eau & de l'Esprit saint; pourueu seulement qu'ils donnent l'aumosne de la sorte qu'ils s'imaginent la deuoir donner, veu que tout homme est impur, s'il n'est purifié par la foy de Iesvs-
Act. 15. 10. Christ, de laquelle il est escrit: *Purifiant leurs cœurs par la foy*, & que saint Paul dit:
Tit. 1. 15. *Rien n'est pur à ceux qui sont impurs & infidelles, mais leur esprit & leurs consciences sont corrompuës.* Comment donc toutes choses seroient-elles pures aux Pharisiens, s'ils faisoient des aumosnes auant que d'estre fidelles? Et comment seroient-ils fidelles, s'ils ne vouloient pas croire en Iesvs-Christ, & renaistre par sa grace? Et neantmoins cette parole qu'ils ouïrent est veritable: *Donnez l'aumosne, & vous serez purifiez en tout.*

CHLXXVI Mais quiconque veut donner l'aumosne auec ordre & auec regle, doit commencer

cer par soy-mesme, & se la donner premierement. Car l'aumosne est vne œuure de misericorde, & il a esté dit auec beaucoup de verité : *Ayez pitié de vostre ame, en vous rendant agreable à Dieu.* Nous renaissons pour plaire à Dieu, à qui desplaist à bon droit l'impureté que nous auons contractée par nostre naissance. C'est là la premiere aumosne laquelle nous nous sommes donnez, pource que nous nous sommes cherchez nous-mesmes par la misericorde que Dieu nous a faite, reconnoissans la justice de son jugement, par lequel nous sommes deuenus miserables, duquel l'Apostre dit : *Le iugement est venu du crime d'vn seul, & tous les hommes ont esté condamnez :* Et luy rendans graces de son grand amour, dont le mesme Predicateur de la grace dit : *Dieu rend son amour illustre en nous, parce que lors que nous estions encore pecheurs,* IESVS-CHRIST *est mort pour nous*, afin que reconnoissans veritablement nostre misere, & aimans l'amour de Dieu, lequel luy-mesme a donné, nous menions vne vie juste & pieuse.

Eccli. 30. 24.

Rom. 5. 16.

Ibid. 8.

Les Pharisiens passoient sous silence cette justice, & cét amour de Dieu, & ne laissoient pas pourtant, outre les aumos-

Matth. 23. 23.

nes qu'ils faisoient, de donner encore la dixiesme partie des moindres herbes. Et ainsi ils ne donnoient pas l'aumosne en commençant par eux-mesmes, & en exerçant misericorde enuers eux-mesmes. C'est à cause de cét ordre de l'a-
Luc. 10. 27. mour, qu'il est dit: *Aimez vostre prochain comme vous-mesmes.* Les ayant donc repris
Matth. 25. 25 de ce qu'ils se lauoient au dehors, & qu'ils estoient pleins de rapine & d'iniquité au dedans, il leur marque vne certaine aumosne, laquelle l'homme doit premierement donner à soy-mesme en puri-
Luc. 11. 41. fiant le dedans; & leur dit: *Mais apres tout, donnez l'aumosne, & vous serez purifiez en tout.* Et en suitte de cela, afin d'expliquer l'auertissement qu'il donnoit, & de monstrer ce qu'ils negligeoient de faire, de peur qu'ils ne creussent qu'il ignoroit leurs aumosnes, il leur dit: *Mais malheur sur vous, Pharisiens!* Comme s'il disoit: Il est vray que ie vous ay exhorté à donner l'aumosne, afin qu'elle vous purifie en tout: *Mais malheur sur vous, qui donnez la dixiesme partie de la rhuë & des moindres herbes.* Car ie sçay toutes les aumosnes que vous faites, afin que vous ne pensiez pas que ce soit celles-là que ie vous enseigne, mais vous negligez la ju-

ſtice & l'amour de Dieu, qui eſt l'aumoſne par laquelle vous pourriez vous purifier de toute la corruption que vous auez au dedans, afin que vos corps que vous lauez fuſſent auſſi purs, c'eſt à dire, que vous fuſſiez purs en tout au dedans & au dehors, ſelon qu'il eſt eſcrit ailleurs : *Purifiez ce qui eſt au dedans, & ce qui eſt au dehors deuiendra pur.* Mais afin qu'il ne ſemblaſt pas qu'il euſt rejetté les aumoſnes qui ſe font des fruits de la terre, il adjouſte : ***Il faut faire ces choſes,*** (ſçauoir eſtre juſte, & aimer Dieu,) *& ne negliger pas celles-là,* c'eſt à dire, les aumoſnes des fruits de la terre. Matth. 23. 27

CHAP. LXXVII.

Que ceux-là donc ne ſe trompent pas, qui s'imaginent qu'en faiſant de grandes aumoſnes de leurs fruits, ou de leur argent, quelques grandes qu'ils les faſſent, ils achetent l'impunité de leurs crimes, quoy qu'ils demeurent touſiours dans leurs habitudes vicieuſes, ne les commettant pas ſeulement, mais les aimant de telle ſorte qu'ils deſireroient y demeurer touſiours impunément s'ils pouuoient. *Or celuy qui aime l'iniquité, hait ſon ame,* & qui hait ſon ame, n'eſt pas miſericordieux, mais cruel. Car en l'aimant ſelon le monde, il la hait ſelon Dieu. Si donc il vouloit luy donner l'aumoſne, par la- Pſalm. 10. 5. Ioan. 12. 25.

quelle toutes les choses luy seroient pures, il la hairoit selon le monde, & l'aimeroit selon Dieu. Or personne ne donne quelque aumosne que ce soit, s'il ne reçoit dequoy donner de celuy qui n'a besoin de rien, & c'est pourquoy il est dit:
Psalm. 58. 11. *Sa misericorde me preuiendra.*

CHAPITRE XXI.

Que c'est par le iugement de Dieu, & non par celuy des hommes qu'il faut iuger de la grandeur des pechez. Du desordre horrible qui fait que des pechez tres-grands ne paroissent rien, lors qu'ils sont deuenus communs.

CHAP. LXXVIII. QVANT à ce qui concerne les pechez, pour examiner quels sont les petits, & quels sont les grands, il ne faut pas les mesurer par les jugemens des hommes, mais par celuy de Dieu. Car nous voyons que les Apostres mesmes en ont permis quelques-vns, en les pardonnant. Tel est celuy dont le grand Apostre parle aux personnes mariées:
1. Cor. 7. 5. *Ne vous refusez point l'vn à l'autre l'vsage du mariage, si ce n'est d'vn commun consentement, & pour vn temps seulement, afin de l'employer à prier Dieu. Et apres retournez ensemble, de*

peur que Sathan ne vous tente à cause de vostre incontinence. Ou l'on pourroit penser, que ce ne seroit pas vn peché de s'approcher de sa femme pour assouuir la passion de la chair, & non pour auoir des enfans, ce qui est le bien du mariage : afin que ceux qui n'ont pas le don de continence, & qui sont foibles, éuitent par ce moyen le peché mortel, soit de la fornication, soit de l'adultere, ou de quelque autre impureté, qu'il est mesme honteux de nommer, & à laquelle la passion de la chair, & la tentation du Diable nous peuuent porter.

On pourroit croire, dis-je, qu'il n'y auroit point de peché en cela, s'il n'auoit adjousté : *Mais ie vous dis cela en vous le pardonnant, & non pas en vous l'ordonnant.* Or qui peut nier qu'vne chose, laquelle l'Apostre mesme tesmoigne, que l'on pardonne à ceux qui la font, ne soit vn peché ? Cette parole est semblable à celle où il dit : *Quand quelqu'vn d'entre vous a quelque affaire contre vn autre, a-t'il bien le courage d'aller en iugement deuant des meschans, au lieu d'aller deuant les saints ?* Et vn peu apres : *Si donc vous auez des contestations entre vous, pour les affaires humaines & ciuiles; prenez pour Iuges ceux qui sont les moindres dans l'Eglise. Ie le*

1. Cor. 6. 1.

dis à vostre honte. Se peut-il faire, qu'il n'y ait pas vn homme sage parmy vous, qui puisse iuger entre les freres? Mais vn frere a procés contre vn frere: & ce qui est encore pis, il plaide deuant les infidelles.

On pourroit croire en ce lieu, qu'il n'y a point de peché à plaider contre quelqu'vn; mais seulement de vouloir estre jugé hors de l'Eglise, s'il n'adjoustoit en suitte: *Vous estes desia coupables en ce que vous auez des procés entre vous.* Et afin que personne ne se peust excuser sur la justice de sa cause, il preuient ces pensées & ces excuses, & dit: *Que ne souffrez-vous plustost l'iniustice? Que ne souffrez-vous plustost qu'on vous oste ce qui vous appartient?* Ce qui reuient à cette parole de nostre Seigneur:
Matth. 5. 40. *Si quelqu'vn veut oster vostre robe, & vous mener en iugement, laissez-luy encore vostre manteau.* Et en vn autre endroit: *Ne redemandez point vostre bien à celuy qui vous l'a osté.*
Luc. 6. 30.
Et ainsi il a defendu à ses seruiteurs d'auoir des procés auec les autres hommes, pour les choses ciuiles & temporelles.

C'est de cette doctrine que l'Apostre a
1. Cor. 6. 7. pris ce qu'il dit: Qu'il y a du peché dans ces contestations. Neantmoins quand il souffre, que de ces sortes de differents soient reglez dans l'Eglise entre les freres

par le jugement des autres freres, & qu'il defend en termes formels & estonnans de le faire hors de l'Eglise : On voit clairement en ce lieu ce qu'il accorde & permet aux foibles par grace & par indulgence. C'est pour ces sortes de pechez, & pour d'autres, quoy que moindres, que ceux-là qui se commettent de parole & de pensée, suiuant la confession de l'Apostre saint Iacques qui dit, *Nous pechons tous en plusieurs choses*, qu'il faut que nous prions Dieu tous les jours & souuent, & que nous disions, *Pardonnez-nous nos offenses*; & que nous ne mentions point en disant ce qui suit, *Comme nous pardonnons à ceux qui nous ont offensé*.

Iac. 3. 2.

Matth. 6. 12.

CHAP. LXXIX.

Il y a de certains pechez que l'on croiroit tres-legers, si l'Escriture sainte ne nous enseignoit, qu'ils sont plus grands que nous ne les croyons. Qui est-ce qui croiroit, que *celuy qui appelle son frere fou, merite l'Enfer*, si la Verité ne le disoit ? Mais il apporte aussi-tost vn remede à cette playe, en adjoustant le precepte de se reconcilier auec son frere. Car il dit au mesme lieu : *Si vous presentez vostre offrande à l'autel ; & qu'estant là vous vous souueniez que vostre frere a quelque chose contre vous*, &c.

Matth. 5. 22.

Et qui croiroit que ce fust vn si grand peché d'obseruer les jours, les mois, les années, & les temps, comme font ceux qui veulent, ou ne veulent pas commencer quelque chose à certains jours, à certains mois, à certaines années; à cause que suiuant la vaine doctrine de quelques hommes, ils s'imaginent qu'il y a des temps heureux & malheureux, si nous ne pesions & ne considerions la grandeur de ce mal, par la crainte que l'Apostre nous en donne, lors qu'il dit: *Ie crains que ie n'aye peut-estre trauaillé en vain parmy vous.* *Galat. 4. 11.*

CH.LXXX. C'est de là qu'il arriue que les pechez, quelques grands & quelques abominables qu'ils soient, passent pour petits, ou mesme ne passent pas pour pechez, lors qu'ils sont tournez en coustume, jusques là mesme qu'il semble qu'on ne les doit pas cacher; mais qu'au contraire on les doit publier selon ce qui est escrit: *On louë le pecheur de ses passions, & on benit le meschant à cause de ses meschancetez.* *Psalm. 9. 24.* Cette iniquité est appellée *clameur*, dans l'Escriture sainte, ainsi que l'on voit dans le Prophete Isaïe, lors que parlant de la mauuaise vigne, il dit: *I'ay attendu qu'elle fust equitable dans ses actions, & elle a esté iniuste:* *Isai. 5. 7.*

au lieu de rendre iustice, elle n'a produit que des clameurs. C'est de là qu'il est dit dans la Genese : *La clameur de ceux de Sodome & de Gomorrhe s'est multipliée* ; parce que non seulement ces crimes detestables n'estoient point punis parmy eux, mais mesme ils les commettoient publiquement, comme s'ils eussent esté ordonnez par la loy. *Gen. 18. 20.*

Ainsi de nostre temps plusieurs crimes, bien que moindres que ceux-là, se sont tellement tournez en coustume publique, que non seulement nous n'osons pas excommunier vn laïque lors qu'il les a commis, mais non pas mesme dégrader vn Ecclesiastique. De sorte qu'interpretant il y a quelques années l'Epistre aux Galates, en ce mesme lieu où l'Apostre dit : *I'ay peur que ie n'aye trauaillé en vain parmy vous*, ie fus contraint de m'escrier ainsi : Malheur à cause des pechez des hommes! Nous n'auons en horreur que ceux qui sont extraordinaires : Et quant à ceux qui sont ordinaires & communs, pour le lauement desquels le sang du Fils de Dieu a esté respandu, quoy qu'ils soient si grands qu'ils ferment le Royaume du ciel à ceux qui les commettent : neantmoins à force de les *Galat. 4. 11.*

voir souuent, nous sommes contraints de les tolerer tous, & en les tolerant souuent d'en commettre quelques-vns. Et Dieu veüille que nous ne fassions pas tous ceux que nous ne pouuons empescher. Mais c'est à moy à prendre garde, que l'excés de la douleur ne m'ait point fait dire en cela quelque chose imprudemment.

CHAPITRE XXII.

Deux sources de tous les pechez, l'ignorance & l'infirmité. Que la grace seule les peut arrester : & que c'est aussi par elle que l'on fait penitence des pechez qu'on a commis. Du peché contre le saint Esprit qui ne se peut remettre.

CH.LXXXI IE diray maintenant ce que j'ay dit plusieurs fois en beaucoup d'autres endroits de mes Oeuures. Nous pechons en deux manieres. L'vne, en ne voyant pas encore ce que nous deuons faire. L'autre, en ne faisant pas ce que nous voyons bien que nous deuons faire. De ces deux defauts, l'vn est ignorance, & l'autre foiblesse. Il est bien raisonnable, que nous combattions contre ces deux maux; mais nous ſommes aſſeurez d'eſtre vaincus, ſi Dieu ne nous ayde, non ſeulement afin que nous voyons ce qu'il faut faire, mais auſſi afin que par la gueriſon de nos bleſſeures, l'amour de la juſtice ſurmonte en nous l'amour des choſes que nous deſirons d'auoir, ou que nous craignons de perdre, & qui nous font pecher volontairement par ce deſir & par cette crainte, n'eſtant pas alors ſeulement pecheurs, comme nous eſtions lors que nous pechions par ignorance, mais auſſi violateurs de la loy, lors que nous ne faiſons pas ce que nous ſçauons que l'on doit faire, ou que nous faiſons ce que nous ſçauons qu'on ne doit pas faire.

C'eſt pourquoy nous le deuons prier, non ſeulement afin qu'il nous pardonne ſi nous auons peché, ce qui nous fait dire: *Pardonnez-nous nos offenſes, comme nous pardonnons à ceux qui nous ont offenſé*; mais meſme afin qu'il nous conduiſe, de peur que nous ne pechions, ce qui nous fait dire: *Ne nous laiſſez pas ſuccomber dans la tentation.* Pour cela, diſ-je, nous deuons prier celuy à qui le Prophete dit dans le Pſeaume: *Le Seigneur eſt ma lumiere & mon ſalut*: afin que cette lumiere diſſipe noſtre ignorance, & ce ſalut ſouſtienne noſtre foibleſſe.

Matth. 6. 12.

Pſalm. 26. 1.

CHAP. LXXXII.

Car souuent la foiblesse empesche mesme de faire penitence, lors qu'il y a juste sujet de la faire selon la coustume de l'Eglise; dautant que la honte est vne certaine apprehension de desplaire aux hommes, lors que l'estime des hommes plaist dauantage que la justice, par laquelle chacun s'humilie dans la penitence. C'est pourquoy la misericorde de Dieu n'est pas seulement necessaire, lors qu'on fait penitence, mais aussi pour la faire. Autrement l'Apostre ne diroit pas
2.*Tim.*2.25. de quelques-vns, *Que Dieu leur donnera peut-estre la grace de faire penitence.* Et afin que saint Pierre pleurast amerement comme il fit, l'Euangile remarque que
Luc. 22.61. *nostre Seigneur le regarda.*

CHAP. LXXXIII.

Or celuy qui ne croyant pas que l'Eglise ait puissance de remettre les pechez, mesprise vne si grande grace, & vn si grand present de Dieu, & demeure dans cette opiniastreté d'esprit jusqu'à la fin de ses jours; il est coupable de ce peché
*Matth.*12.32. irremissible contre le saint Esprit, par qui IESVS-CHRIST remet les pechez. I'ay parlé en vn Liure particulier de cette question difficile, & l'ay esclaircie autant que j'ay pû.

CHAPITRE XXIII.

Article de la resurrection de la chair. Explication de quelques difficultez touchant la maniere, la forme, la grandeur en laquelle les corps ressusciteront. Que les corps des bienheureux seront exempts de toutes sortes de defauts; mais que les damnez ne reprendront les leurs que pour estre punis, entre lesquels il n'y en a point qui le seront moins que les enfans morts sans baptesme.

POVR ce qui regarde la derniere resurrection de la chair, qui ne consiste pas à reuiure, & à mourir de nouueau, comme il est arriué à quelques-vns, mais qui emporte auec elle la vie eternelle, estant semblable à celle de IESVS-CHRIST, ie ne voy pas comment j'en pourrois parler icy en peu de mots, & satisfaire à toutes les questions que l'on forme d'ordinaire sur ce sujet. Neantmoins, nul Chrestien ne doit douter en façon quelconque, que la chair de tous les hommes qui sont nez, & qui naistront, qui sont morts, & qui mourront, ne doiue ressusciter. CHAP. LXXXIV.

La premiere question qui se presente, CHAP. LXXXV.

est des enfans auortez, lesquels à la verité sont nez dans le ventre de leurs meres; mais non pas de telle sorte qu'ils puissent renaistre. Car si nous disons, que ceux qui estoient desia formez, ressusciteront; cela est assez supportable. Mais quant à ceux qui estoient encore tout à fait informes; qui est-ce qui ne se porte plustost à croire, qu'ils perissent comme les semences qui n'ont point esté conceuës?

Mais qui osera nier, quoy qu'il ne l'ose pas asseurer, que la resurrection fera, que tout ce qui manquera à la forme du corps, sera remply? Et qu'ainsi elle aura toute la perfection qu'elle deuoit acquerir auec le temps, comme elle n'aura point les vices qu'elle auoit contractez dans le temps; afin que la nature ne soit point priuée de l'ordre & de la beauté que le temps luy deuoit apporter, & qu'elle ne soit point défigurée par les imperfections, & les defauts que le temps luy a causez: mais que ce qui n'estoit pas encore accomply en toutes ses parties, reçoiue son dernier accomplissement; comme ce qui aura esté corrompu, sera restably.

CHAP. LXXXVI. Ce qui donne lieu à vne question curieuſe, qui peut eſtre agitée parmy les ſçauans; mais qui ne peut, ſelon mon jugement, eſtre reſoluë auec certitude par qui que ce ſoit; ſçauoir, quand l'homme commence à viure dans les entrailles de la mere, & s'il y a comme vne vie cachée qui ne paroiſſe pas encore par les mouuemens de la creature viuante. Car de nier, que les enfans qui naiſſent morts, que l'on coupe en pluſieurs pieces, & que l'on tire des ventres de leurs meres, de peur que s'ils y demeuroient eſtant morts, ils ne les fiſſent mourir; de nier, diſ-je, que ces enfans n'ayent veſcu, ce ſeroit vne extréme impudence. Or du moment que l'homme commence à viure, il eſt capable de mourir. Que s'il meurt, en quelque lieu que la mort le prenne, ie ne voy pas pourquoy il n'auroit point de part à la reſurrection des morts.

On ne ſçauroit nier auſſi, que les monſtres qui naiſſent & qui viuent, ne doiuent reſſuſciter, quelque toſt qu'ils meurent; & on ne dira pas toutefois, qu'ils doiuent reſſuſciter dans la forme imparfaite & vicieuſe qu'ils auoient, mais que les defauts de leur nature ſeront corrigez & reparez. Gardons-nous bien de croire, CHAP. LXXXVII.

que ce monstre qui auoit deux corps, & qui est né depuis quelques années dans l'Orient, selon le fidelle rapport de quelques-vns de nos freres qui l'ont veu, & le tesmoignage que Hierosme Prestre d'heureuse & sainte memoire en a laissé par escrit : gardons-nous, dis-je, de croire qu'il n'en doiue ressusciter qu'vn seul homme, mais qui ait tous les membres, & toutes les parties doubles, plustost que deux hommes tels qu'ils eussent esté, s'il fust né deux gemeaux. Et ainsi tous les enfans monstrueux & difformes, soit par l'excés, ou par le defaut de leur nature, reprendront la figure de la nature humaine par la resurrection ; en sorte que chaque ame vnique n'aura qu'vn corps ; que toutes les parties qui estoient jointes & attachées l'vne à l'autre, seront destachées ; & que tous auront en particulier les membres qu'ils doiuent auoir, selon l'ordre & la distinction qui compose l'integrité & la perfection du corps humain.

Epist. ad Vital.

CHAP. LXXXVIII.

Quant à la matiere terrestre de laquelle la chair humaine est formée, elle ne perit point à l'égard de Dieu. Mais quoy qu'elle ait esté reduite en poudre, ou en cendre ; quoy qu'elle se soit perduë dans le vague de l'air ; quoy qu'elle se soit changée

changée en la ſubſtance de quelques autres corps, ou meſme en quelqu'vn des elemens; quoy qu'elle ait ſeruy de nourriture aux animaux, ou aux hommes, & qu'elle ait paſſé en leur chair; elle ſe viendra rejoindre en vn moment à cette ame humaine qui l'a premierement animée pour en faire vn homme, & pour le faire croiſtre & le faire viure.

Car cette matiere terreſtre qui deuient vn corps mort, lors que l'ame ſe ſepare d'elle, ne ſera pas reparée, ny reſtablie de telle ſorte par la reſurrection; qu'encore que les choſes qui s'écoulent & qui ſe changent en pluſieurs autres eſpeces, & en diuerſes autres formes d'autres corps, doiuent retourner à celuy d'où elles ſont ſorties, il ſoit neceſſaire qu'elles retournent aux meſmes parties, & aux meſmes endroits du corps. Autrement, ſi elle rend à la teſte tous les cheueux que les ciſeaux leur ont tant de fois coupez, & aux ongles ce que l'on en a ſi ſouuent retranché, cette exceſſiue & indecente ſuperfluité rendroit le corps tellement difforme, que cela ſeruiroit aux infidelles à les confirmer dans leur incredulité touchant la reſurrection. CHAP. LXXXIX.

Mais comme ſi vne ſtatuë qui ſeroit

d'vn metal qui se peut dissoudre, deuenoit liquide par le feu, ou estoit reduite en poudre, ou remise en masse, & que l'artisan la voulust refaire de la mesme matiere, il n'importeroit pour sa perfection quelle partie de la matiere composeroit chaque membre de la statuë; & il suffiroit qu'elle reprist tout le metal dont elle estoit composée: Ainsi Dieu, cét Ouurier miraculeux & ineffable, formera nostre chair de nouueau de ce dont elle auoit esté formée, vsant en cette action d'vne promptitude, & d'vne vistesse merueilleuse & inexprimable. Et il n'importera point pour son restablissement, que les cheueux retournent aux cheueux, & les ongles aux ongles, ou que ce qui s'en estoit perdu, soit changé en chair, & passe en d'autres parties du corps; il suffira que l'ouurier aura soin par sa prouidence, qu'il n'y ait rien en toute la structure du corps qui soit de mauuaise grace.

CHAP. XC. Et ce n'est pas vne suitte necessaire, que la taille de ceux qui ressusciteront soit differente, à cause qu'elle l'estoit durant qu'ils viuoient, ny que ceux qui estoient gras ou maigres, reprennent leur graisse ou leur maigreur. Mais si le dessein du Createur est de conseruer dans chaque homme les traits & la figure qui luy estoient propres, & de le rendre ainsi semblable à luy-mesme, & different des autres; & pour ce qui est des autres biens du corps, d'establir entr'eux vne égalité toute entiere, la matiere sera tellement disposée en chaque personne, qu'il ne se perdra rien d'elle; & celuy qui a bien pû créer de rien tout ce qu'il a voulu produire, reparera tous ces manquemens & tous ces defauts. Que s'il y a vne inégalité raisonnable dans les corps de ceux qui ressusciteront, comme il y a dans les voix qui forment vn concert de Musique, la matiere du corps de chacun sera tellement composée, qu'elle rendra l'homme digne d'estre dans la compagnie des Anges, & ne representera rien aux sens qui soit disproportionné, ny des-agreable. Il n'y aura rien là qui ne soit dans l'ordre & dans la justesse où il doit estre, mais tout ce qui y sera, sera dans la bien-seance, parce que tout ce qui seroit contre la bien-seance ne se fera pas.

Les corps des saints ressusciteront donc sans aucun defaut, & sans aucune difformité, comme ils ressusciteront sans aucune corruption, sans aucune pesanteur, & sans aucune difficulté dans leurs CHAP. XCI mouuemens & leurs actions. Ils auront autant de facilité d'agir, comme ils auront de bon-heur. C'est pourquoy on les appelle spirituels, quoy qu'il soit certain que ce seront des corps, & non pas des esprits. Mais comme le corps de l'homme est appellé maintenant *vn corps animal*, lequel neantmoins est vn corps, & non pas vne ame: Ainsi alors le corps sera spirituel, & toutefois il sera corps, & non pas esprit. Et partant pour ce qui regarde *la corruption qui appesantit l'ame durant cette vie*, & les vices par lesquels *la chair se reuolte contre l'esprit*; il n'y aura point alors de chair, mais bien des corps, pource qu'il y a aussi des corps celestes.

1. Cor. 15. 44. — Sap. 9. 15. — Galat. 5. 17.

C'est pour cela que l'Apostre dit: *La chair & le sang ne possederont point le Royaume de Dieu*. Et comme pour expliquer ce qu'il a dit, il adjouste: *L'impureté ne possedera point la pureté incorruptible*. Il appelle icy *impureté*, ce qu'il a appellé auparauant, *la chair & le sang*, & *la pureté incorruptible*, ce qu'il a appellé auparauant, *le Royaume de Dieu*. Neantmoins la chair demeurera quant à la substance, le corps de IESVS-CHRIST estant appellé *chair*, depuis sa Resurrection mesme. Mais l'Apostre dit: *Qu'on seme vn corps animal & sensible, &*

1. Cor. 5. 50. — 1. Cor. 15. 44

qu'il ressuscitera vn corps spirituel: parce qu'alors il y aura vne si grande vnion entre la chair & l'esprit, (l'esprit viuifiant la chair qui luy sera sousmise, sans auoir besoin d'aucun soustien,) qu'il n'y aura rien en nous qui nous combatte, mais nous n'aurons point d'ennemis au dehors, & nous ne serons point ennemis de nous-mesmes au dedans.

CH. XCII.

Mais tous ceux qui ne sont point deliurez par *l'vnique Mediateur de Dieu & des hommes*, de cette masse de perdition qui a esté faite par le premier homme, ressusciteront chacun auec sa chair, mais pour estre punis auec le Diable & auec ses Anges. Et il n'est point besoin de se mettre en peine de sçauoir, si tous ceux d'entr'eux qui auront eu des membres defectueux & difformes, ressusciteront auec les defauts & les difformitez de leurs corps, n'y ayant point d'apparence de nous mettre en peine, pour descouurir l'estat incertain, soit de laideur, soit de beauté, de ceux dont la damnation sera certaine & eternelle. Et on ne doit point s'estonner comment leur corps sera incorruptible, s'il est capable de douleur; ou comment il sera corruptible, s'il ne peut mourir; puis qu'il n'y a point de ve-

1. Tim. 2. 5.

ritable vie, que lors qu'elle est accompagnée de felicité, ny de veritable incorruption, que lors que l'integrité du corps n'est corrompuë par aucune douleur. Mais lors qu'il n'est pas permis à vn miserable de mourir, on peut dire qu'en luy la mort mesme ne meurt point, & où vne douleur perpetuelle ne tuë pas, mais afflige & tourmente tousiours, la corruption mesme ne finit point. C'est
Apocal. 2.11. ce que l'Escriture appelle, *la mort seconde.*

CH. XCIII.

Mais ny la premiere mort, par laquelle l'ame est contrainte de quitter son corps; ny la seconde, par laquelle il n'est pas permis au corps qui est tourmenté de quitter son ame, ne fût point arriuée à l'homme, si personne n'eust peché. Et il est certain que ceux qui n'auront point adjousté de pechez actuels au peché originel qu'ils ont contractez par leur naissance, souffriront la plus douce peine de toutes, & que pour ceux qui en auront adjousté, chacun esprouuera vne damnation dautant plus douce, qu'il aura commis moins de pechez durant qu'il aura vescu dans le monde.

CHAPITRE XXIV.

Article de la vie eternelle, sur lequel il prend suiet de parler de la predestination. Que les bien-heureux reconnoistront dans la punition des reprouuez, combien ils sont redeuables à la misericorde de Dieu; & qu'ils y descouuriront ce grand secret, pourquoy Dieu qui fait tout ce qu'il veut, & dont la volonté n'est iamais empeschée par la volonté de l'homme, n'a pas voulu sauuer ceux qui le pouuoient estre s'il eust voulu.

AINSI les Anges & les hommes reprouuez demeurans dans la peine eternelle, ce sera alors que les saints connoistront plus parfaitement, quel bien la grace leur a apporté. Alors ce qui est escrit dans le Pseaume: *Ie chanteray les loüanges de vostre misericorde & de vostre iustice*, paroistra par des choses claires & visibles; pource que personne n'est deliuré que par vne misericorde gratuite, & non deuë, & personne n'est damné que par vne condamnation deuë. CH. XCIV. *Psal. 100. 1.*

Alors nous verrons à descouuert ce qui nous est caché maintenant; pourquoy de deux enfans dont Dieu deuoit CH. XCV.

prendre l'vn pour soy, & laisser l'autre par vn effet de sa justice; afin que celuy qu'il a daigné prendre reconnust ce qu'il auoit merité, & ce qu'il deuoit attendre de la justice de Dieu, si sa misericorde ne l'eust secouru: Pourquoy, dis-je, Dieu a pris l'vn plustost que l'autre, veu qu'ils estoient tous deux d'vne mesme condition: pourquoy Dieu n'a pas fait des miracles parmy des peuples qui eussent fait penitence, s'ils eussent veu ces miracles, & qu'il les a faits parmy d'autres qui deuoient ne point croire. Nostre Seigneur dit en termes formels dans l'Euangile: Matth. 11.21. *Malheur sur toy Corozaïn, malheur sur toy Bethsaïdé! parce que si les miracles qui ont esté faits parmy vous, eussent esté faits dans Tyr & dans Sidon, ils eussent fait penitence auec la cendre & le cilice.* Et on ne peut pas dire, qu'il y ait eu de l'injustice en Dieu de ne les auoir pas voulu sauuer, quoy qu'ils eussent pû estre sauuez s'il l'eust voulu.

Ce sera alors que l'on verra dans cette lumiere éclatante de la Sagesse, ce que les vertueux croyent maintenant auant qu'ils le connoissent, & le voyent à descouuert, combien la volonté de Dieu est certaine, immuable, & puissante: Combien il y a de choses qu'il peut, & qu'il ne veut pas : au lieu qu'il ne veut rien qu'il ne puisse: Et auec combien de verité, Dauid chante dans le Pseaume : *Nostre Dieu a fait tout ce qu'il a voulu dans le ciel & dans la terre.* Ce qui ne seroit pas veritable, s'il a voulu des choses qu'il n'a pas faites. Et (ce qui est encore plus indigne & plus honteux) s'il ne les a point faites, à cause que la volonté de l'homme a empesché que le tout-puissant ne fist ce qu'il vouloit. Il ne se fait donc que ce que le tout-puissant veut qu'il se fasse, ou en permettant qu'il se fasse, ou en le faisant luy-mesme.

Psal. 113. 11. & 134. 6.

CH. XCVI.

Et il ne faut point douter, que Dieu ne fasse bien en permettant tout le mal qui se fait dans le monde : parce qu'il ne le permet que par vn jugement juste. Et il est certain que tout ce qui est juste est bon. Encore donc que les choses mauuaises ne soient pas bonnes, entant qu'elles sont mauuaises ; il est bon toutefois, qu'il y ait non seulement de bonnes choses, mais aussi de mauuaises. Car si ce n'estoit vn bien, qu'il y ait aussi des maux ; celuy qui est souuerainement bon, ne permettroit pas qu'ils fussent, luy estant aussi aisé d'empescher d'estre ce qu'il ne veut pas qu'il soit, qu'il luy est aisé de faire ce qu'il veut. Si nous ne croyons cela, nous renuersons le commencement de nostre confession de foy, où nous declarons que nous croyons en Dieu le Pere tout-puissant. Puis qu'il n'est appellé tout-puissant auec verité, sinon parce qu'il peut tout ce qu'il veut, & que l'effet de la volonté du tout-puissant n'est point empesché par la volonté d'aucune creature.

CHAPITRE XXV.

Comment il faut entendre ce que dit saint Paul; Que Dieu veut que tous les hommes soient sauuez, veu que tous ne le soient pas. Refutation de ceux qui disent, que cela vient de ce que tous ne le veulent pas. Que c'est sousmettre la volonté de Dieu à celle de l'homme. Au lieu qu'il faut reconnoistre, que n'y ayant point de volonté si mauuaise que Dieu ne puisse facilement conuertir, il fait cette grace aux vns par vne misericorde toute gratuite, & ne la fait pas aux autres par vn iugement tres-iuste, en les laissant dans la masse de perdition.

CH.XCVII. C'EST pourquoy il faut sçauoir en quel sens l'Apostre, qui est tres-ve-
1.Tim.2.4. ritable en ses paroles, a dit de Dieu : *Qu'il*

veut que tous les hommes soient sauuez: puis que ne se sauuant pas tous, mais y en ayant beaucoup plus qui se perdent; il semble que ce que Dieu veut qui se fasse, ne se fait pas, la volonté de l'homme empeschant la volonté de Dieu.

Car quand on demande la raison, pourquoy tous les hommes ne sont pas sauuez; on respond d'ordinaire, parce qu'ils ne le veulent pas. Ce qui pourtant ne se peut dire des petits enfans, ne pouuant encore vouloir vne chose, ou ne la vouloir pas. Autrement, si nous croyons qu'il fallust attribuer à leur volonté ce qu'ils font par les mouuemens de leur enfance, nous dirions qu'ils sont sauuez malgré eux, puis qu'ils resistent autant qu'ils peuuent, lors qu'on les baptise. Mais nostre Seigneur parlant encore plus clairement à cette ville impie, luy dit dans l'Euangile: *Combien de fois ay-ie voulu assembler tes enfans, comme la poule assemble ses petits poussins sous ses aisles, & tu ne l'a pas voulu?* Comme si la volonté de Dieu auoit esté surmontée par la volonté de l'homme, & qu'vne creature si foible ne voulant pas qu'vne chose se fist, elle ait empesché que le tout-puissant ne pûst faire ce qu'il vouloit. Et où est cet- *Matth. 23. 37*

Psal. 113. 11. & 134. 46. te toute-puissance, par laquelle *il a fait tout ce qu'il a voulu dans le ciel & dans la terre,* si ayant voulu assembler les enfans de Ierusalem, il ne l'a pas fait? Disons plustost qu'elle n'a pas voulu qu'il assemblast ses enfans; mais que malgré elle, il a assemblé tous ceux qu'il a voulu; parce qu'il n'est pas dit de luy; que des choses qu'il a voulu, il a fait les vnes, & n'a pas fait les autres, mais qu'*il a fait tout ce qu'il a voulu.*

CH. XCVIII Qui peut donc estre si extrauagant & si impie, que de dire que Dieu ne puisse pas changer les mauuaises volontez des hommes, celles qu'il veut, quand il veut, & où il veut? Mais lors qu'il le fait, il le fait par sa misericorde. Et lors qu'il ne le fait pas, c'est par sa justice qu'il ne le fait *Rom. 9. 18.* pas: *Parce qu'il fait misericorde à qui bon luy semble, & endurcit qui bon luy semble.* Lors que l'Apostre disoit cette parole, il releuoit hautement la grace, en faueur de laquelle il auoit desia parlé de ces deux enfans jumeaux, *qui estoient dans le ventre de Rebecca, lesquels n'estant pas encore nez, & n'ayant fait encore ny bien ny mal, afin que le decret de Dieu demeurast ferme, & que son election eust son effet, il luy fut dit, non à cause des actions de l'vn des deux, mais à cause de la voca-*

tion de Dieu, que l'aisné seruiroit le cadet. Et pour confirmer cette verité, il rapporte encore vn autre passage d'vn Prophete qui dit: *I'ay aimé Iacob, & i'ay hay Esaü.* Et preuoyant quel trouble ces paroles seroient capables d'exciter dans l'esprit de ceux qui n'auroient pas assez de lumiere & d'intelligence, pour penetrer dans ce profond abysme de la grace, il adjouste: *Que dirons-nous donc? Y a-t'il quelque iniustice en Dieu? Eloignons de nous cette pensée.* Car il semble injuste en quelque sorte, que de deux personnes qui n'ont fait ny bien, ny mal, Dieu en aime l'vn, & haïsse l'autre.

Malach. 1. 2.

Que si dans ce passage l'Apostre auoit entendu les actions futures, ou bonnes de l'vn, ou mauuaises de l'autre, lesquelles Dieu connoissoit certainement par sa prescience, il ne diroit pas: *Non à cause des actions*; mais il diroit, à cause des actions futures, & il decideroit ainsi cette question, ou pour mieux dire, il n'auroit formé aucune question qui eust besoin d'estre decidée. Mais ayant respondu: *Eloignons de nous cette pensée*; sçauoir, qu'il y ait aucune injustice en Dieu, pour monstrer que cela se fait sans qu'on puisse accuser Dieu d'aucune injustice, il adjouste

Exod.33.19. ces mots : *Car il dit à Moyse, I'auray pitié de qui ie voudray auoir pitié, & ie feray misericorde à celuy à qui ie voudray faire misericorde.* Et qui est celuy, qui sans vne folle temerité, puisse accuser Dieu d'estre injuste, soit qu'il ordonne des supplices à celuy qui les merite, soit qu'il exerce sa misericorde enuers celuy qui ne le merite pas?

Rom. 9.16. Et enfin il conclud : *Cela ne dépend donc point de la volonté, ny de la course de l'homme, mais tout dépend de la misericorde de Dieu.* Et

Ephes. 2. 3. ainsi ces deux enfans jumeaux *naissoient enfans de colere*, non par des actions qu'ils eussent commises, & qui leur fussent propres, mais par le lien de la condamnation dans lequel l'origine qu'ils auoient tiré d'Adam les tenoit enueloppez. Mais celuy qui a dit : *I'auray pitié de celuy de qui ie voudray auoir pitié, & ie feray misericorde à celuy à qui ie voudray faire misericorde*, a aimé Iacob par vne misericorde gratuite, & a hay Esaü par vn juste jugement qu'il auoit merité. Et lequel tous les deux ayant merité ; l'vn a reconnu par l'autre, qu'il ne deuoit pas se glorifier de ses merites, de ce qu'estant dans la mesme cause, il n'a pas receu la mesme peine, mais seulement de l'abondance de la grace de Dieu; parce que *rien ne dépend de la volonté, ny de la course de l'homme, mais tout dépend de la misericorde de Dieu.* Car c'est par vn mystere tres-haut & tres-salutaire, que ceux qui sont clair-voyans, & qui ont bonne veuë, voyent cette verité marquée sur toute la face; & pour le dire ainsi, sur tout le visage de l'Escriture : *Que celuy qui se glorifie, ne doit se glorifier qu'au Seigneur.*

CH. XCIX.

Or apres que l'Apostre a releué hautement la misericorde de Dieu, en ce qu'il a dit : *Cela ne dépend donc pas de la volonté, ny de la course de l'homme, mais tout dépend de la misericorde de Dieu*; & apres qu'il a aussi releué hautement la justice de Dieu, parce qu'il n'est pas injuste enuers celuy à qui il ne fait pas misericorde, mais seulement luy rend justice; il adjouste aussitost : *Car l'Escriture dit à Pharaon, Ie t'ay fait naistre pour monstrer en toy ma puissance, & pour rendre mon nom celebre & illustre dans toute la terre.* Et apres auoir dit cela, il conclud son discours, en establissant de nouueau l'vn & l'autre, sçauoir la misericorde & la justice, & dit : *Dieu a donc pitié de qui il veut, & endurcit qui il luy plaist.* Il a pitié par vne grande bonté, & il endurcit sans injustice; de sorte que celuy qui est sauué, ne se peut glorifier de ses merites; & celuy qui est condamné, ne se peut

Exod. 2. 19.

Rom. 9.18.

plaindre de receuoir le chastiment qu'il a merité. La seule grace distingue ceux qui sont sauuez d'auec ceux qui sont perdus ayant esté tous ensemble enueloppez, dans la corruption vniuerselle, & dans la mesme masse de perdition.

Que si quelqu'vn entend cette parole si mal, qu'il dise, *Dieu n'a donc point suiet de se plaindre. Car qui peut resister à sa volonté?* Comme si les meschans & les vicieux ne meritoient aucun blasme, sous ombre que Dieu a pitié de qui il veut, & endurcit qui il luy plaist : N'ayons point de honte de luy respondre ce que nous voyons que l'Apostre luy a respondu : *O homme qui estes-vous, qui osez disputer contre Dieu? L'ouurage dit-il à l'ouurier qui l'a formé, Pourquoy m'auez-vous fait tel? Le potier n'a-t'il pas la liberté & le pouuoir de faire d'vne mesme masse d'argile, vn vase d'honneur, & vn autre d'ignominie?* (Rom. 9.20.)

Il y a des impertinens qui s'imaginent, que l'Apostre a manqué de responce en cét endroit, & que ne pouuant rendre de raison solide, il a voulu seulement reprimer l'audace de son aduersaire. Mais ces paroles, *O hommes qui estes-vous?* ont beaucoup d'autorité. Et en ces questions il r'appelle l'homme à la consideration de sa sa foiblesse, par vne parole qui veritablement est courte, mais qui contient en soy vne tres-grande & tres-puissante raison. Car si quelqu'vn ne comprend pas cela, comment est-ce qu'il osera disputer contre Dieu? Et s'il le comprend, il reconnoist que toute la race des hommes a esté condamnée dans sa source de rebellion & d'apostasie, par vn si juste jugement de Dieu, que quand il n'y en auroit pas vn qui fust sauué; on ne pourroit pas raisonnablement blasmer la justice de Dieu, & que ceux qui en ont esté sauuez, l'ont deu estre de telle sorte, que par le grand nombre de ceux qui ne le sont pas, & qui ont esté abandonnez à vne eternelle damnation, on vist ce que tout le monde auoit merité, & où la justice de Dieu, dont ceux-mesmes qui ont esté sauuez auoient merité d'esprouuer les chastimens, les auroit conduits aussi-bien que les autres, s'ils n'auoient esté secourus par sa misericorde, qu'ils n'auoient point meritée, afin de fermer la bouche à tous ceux qui voudroient se glorifier de leurs merites, & de porter *ceux qui se glorifient, à se glorifier seulement en Dieu.* 1. Cor. 1. 31.

CHAPITRE XXVI.

Que Dieu se sert bien des bons & des meschans. Que rien ne se fait dans le monde qu'il ne veüille, ou qu'il ne permette. Comment la volonté de l'homme doit estre conforme à celle de Dieu, qui est tousiours tres-iuste.

CHAP. C. *Psal.* 110. 2. CE sont là *les grands ouurages du Seigneur, qui sont reglez selon toutes ses volontez*, & si sagement reglez, que quand les Anges & les hommes eurent peché, c'est à dire, qu'ils eurent fait ce qu'eux, & non pas ce que Dieu auoit voulu, il n'a pas laissé d'accomplir ce qu'il a voulu par cette mesme volonté de la creature, par laquelle elle fit ce que le Createur ne vouloit pas : vsant bien des maux mesmes, comme estant souuerainement bon, pour la damnation de ceux qu'il a predestinez aux tourmens par l'arrest de sa justice, & pour le salut de ceux qu'il a predestinez à la grace par vn effet de sa bonté.

Quant à eux, ils ont fait ce que Dieu ne vouloit pas. Mais quant à la toute-puissance de Dieu, ils n'ont pû rien faire qu'il ne voulust pas, ayant fait ce qu'il vouloit par la chose mesme qu'ils ont faite contre sa volonté. Il paroist donc, *que les ouurages du Seigneur sont grands, & qu'ils sont reglez selon toutes ses volontez*, en ce que par vne admirable & ineffable maniere, ce qui se fait mesme contre sa volonté, ne se fait pas outre sa volonté; parce que cela ne se feroit pas, s'il ne le permettoit, & il ne le permet pas malgré luy, mais volontairement. Et estant souuerainement bon, il ne permettroit pas qu'il se fist du mal, si comme tout-puissant il ne pouuoit tirer le mal du bien.

Il arriue quelquefois que l'homme, quoy que poussé d'vne bonne volonté, veut quelque chose que Dieu ne veut pas, par vne volonté qui est infiniment & certainement meilleure que celle de l'homme, n'en pouuant jamais auoir de mauuaise. Comme si vn bon fils veut que son pere viue, & que Dieu par vne bonne volonté veüille qu'il meure. Il se peut faire aussi que l'homme veüille par vne volonté mauuaise, ce que Dieu veut par vne bonne. Comme si vn mauuais fils veut que son pere meure, & que Dieu le veüille aussi. Celuy-là, sçauoir le bon fils, veut ce que Dieu ne veut pas: Et celuy-cy qui est meschant, veut ce que CHAP. CI.

Dieu veut aussi ; & neantmoins l'affection de ce premier s'accorde plus auec la bonne volonté de Dieu, quoy qu'il veüille autre chose que luy, que l'inhumanité de ce dernier, quoy qu'il veüille la mesme chose que Dieu. Tant il importe de juger ce qui conuient à Dieu ou à l'homme de vouloir ; & à quel but chacun doit rapporter sa volonté, afin qu'elle soit approuuée, ou improuuée.

Car Dieu accomplit quelques-vnes de ses bonnes volontez, par les mauuaises volontez des hommes meschans. Comme c'a esté par la malice des Iuifs, & par la bonté du Pere, que IESVS-CHRIST a souffert la mort pour nous. Ce qui a esté vn si grand bien, que quand
Matth.16.23. l'Apostre saint Pierre tesmoigne, qu'il ne vouloit pas que cela se fist, IESVS-CHRIST qui estoit venu dans le monde pour mourir, l'appella son ennemy & Satan.

Et d'autre-part, combien paroissoit bonne la volonté des premiers Chre-
Act. 21. 12. stiens, qui ne vouloient pas que l'Apostre saint Paul s'en allast en Ierusalem, de peur qu'il n'y souffrist les cruelles persecutions que le Prophete Agabe luy auoit predites ? Et cependant Dieu vouloit qu'il souffrist toutes ces choses pour

annoncer la foy de IESVS-CHRIST, exerçant ainsi le martyr de IESVS-CHRIST. Et ainsi il n'accomplit pas sa bonne volonté, par la bonne volonté des Chrestiens, mais par les mauuaises des Iuifs. Neantmoins ceux qui ne vouloient pas ce qu'il vouloit, estoient bien plus vnis auec luy, que ceux qui par leur volonté ont fait ce qu'il vouloit; parce qu'ils ont fait la mesme chose qu'il vouloit, mais luy la vouloit par vne volonté bonne, & eux l'ont faite par vne mauuaise.

Mais telles que soient les volontez des Anges ou des hommes, des bons ou des meschans, soit qu'ils veüillent ce que Dieu veut, soit qu'ils veüillent toute autre chose; la volonté de Dieu qui est tout-puissant, est tousiours inuincible. Et elle ne peut jamais estre mauuaise, parce qu'elle est tousiours juste, lors mesme qu'elle enuoye & permet le mal: ce qui est juste ne pouuant estre mauuais. CHAP. CII.

Concluons donc, que Dieu tout-puissant ne fait rien injustement; soit que par sa misericorde il ait pitié de qui bon luy semble; soit que par sa justice il endurcisse qui il luy plaist; qu'il ne fait rien que volontairement, & qu'il fait tout ce qu'il veut.

CHAPITRE XXVII.

Que le vray sens de cette parole de saint Paul, Dieu veut que tous les hommes soient sauuez, n'est pas qu'il n'y ait aucun homme que Dieu ne veüille qui soit sauué; mais, Que tous ceux qui sont sauuez le sont, parce que Dieu le veut; Ou, Qu'il n'y a point de condition, de nation, d'âge, ny de sexe, dont Dieu ne veüille que quelques-vns soient sauuez; Ce que le Saint confirme par la suite du discours de l'Apostre.

CH. CIII. C'Est pourquoy lors que nous entendons, ou que nous lisons dans

1. Tim. 2. 4. l'Escriture sainte, *Qu'il veut que tous les hommes soient sauuez*, bien que nous soyons asseurez que tous les hommes ne sont pas sauuez, nous ne deuons rien oster toutefois à la toute-puissante volonté de Dieu; mais entendre ces termes, *Qu'il veut que tous les hommes soient sauuez*, comme s'il y auoit, Que nul homme n'est sauué, que ceux qu'il veut qui soient sauuez. Le sens n'estant pas, Qu'il n'y a personne qu'il ne veüille qui soit sauué; mais que nul n'est sauué, que celuy qu'il veut sauuer. Et c'est pour cela qu'il faut

le prier de le vouloir, estant infaillible qu'il arriuera s'il le veut. Car l'Apostre parloit de la priere en cét endroit. Et c'est ainsi que nous entendons ce qui est escrit dans l'Euangile : *Qu'il esclaire tous les hommes*, le sens n'estant pas, qu'il n'y a personne qu'il n'éclaire, mais que nul n'est éclairé que par luy. Ioan. 1. 9.

On peut encore expliquer en vn autre sens, *Qu'il veut que tous les hommes soient sauuez*, qui est, qu'il ne veut pas dire, Qu'il n'y a nul homme qu'il ne veüille estre sauué, puis qu'il n'a pas voulu faire des miracles parmy des peuples, desquels il dit luy-mesme : *Qu'ils eussent fait penitence, s'il les eust fait parmy eux*; mais que de toute la race des hommes, il en veut sauuer de toutes conditions, Roys, particuliers, nobles, ou non nobles, grands ou petits, sçauans ou ignorans, sains ou malades, ingenieux ou stupides, riches, pauures, ou mediocres, hommes, femmes, enfans, jeunes, âgez, ou vieux, de toutes langues, de toutes mœurs, de tous arts, de toutes professions, & quelque diuersité infinie qu'il y ait entr'eux de volontez, de consciences, & de quelque autre chose que ce puisse estre. Car y a-t'il quelque estat, & quelque qualité de laquelle Dieu ne Matth. 11. 21.

veüille sauuer des hommes dans toutes les nations par son Fils vnique nostre Seigneur, & qu'il ne le fasse; parce qu'en quoy que ce soit, la volonté du tout-puissant ne peut jamais estre vaine.

L'Apostre auoit ordonné que l'on priast pour toutes sortes de personnes, & il auoit adjousté particulierement pour les Roys, & pour ceux qui sont éleuez en dignité, que l'on pouuoit croire estre trop enuironnez du faste & de la gloire du monde, pour pouuoir embrasser l'humilité de la Religion Chrestienne. C'est
1. *Tim.* 2. 4. pourquoy ayant dit, *Que c'est vne chose agreable à Dieu nostre Sauueur*; sçauoir, *de prier pour ces personnes*; il adjouste pour oster toute occasion de desespoir: *Il veut que tous les hommes soient sauuez, & qu'ils viennent à la connoissance de la verité,* Dieu ayant voulu sauuer les grands par les prieres des petits. Ce que nous voyons desia auoir esté accomply. Nostre Seigneur s'est seruy dans l'Euangile de cette mesme façon de parler, lors qu'il dit aux Pharisiens:
Luc. 11. 41. *Vous donnez la dixme de la rhuë, & de toutes les herbes,* quoy que les Pharisiens ne donnassent pas les dixmes des herbes qui n'estoient pas à eux, & qu'ils n'eussent pas *toutes* les herbes qui naissent dans la

terre, & dans toutes sortes de païs. Comme donc *toutes les herbes*, signifient en cét endroit toutes sortes d'herbes; ainsi en cét autre *tous les hommes*, signifient toutes sortes d'hommes. Et cela peut-estre encore entendu de quelque autre façon que ce soit, pourueu que nous ne soyons pas obligez de croire, que Dieu tout-puissant ait voulu quelque chose qui n'ait point esté faite; puis que s'il est clair, comme la Verité le chante, *Qu'il a fait tout ce qu'il a voulu dans le ciel & dans la terre*, il s'ensuit indubitablement, qu'il n'a point voulu faire ce qu'il n'a point fait.

CHAPITRE XXVIII.

Du libre arbitre de l'homme dans l'estat d'innocence, dans celuy de la gloire, & dans celuy de la nature corrompuë. Que dans le premier il pouuoit vouloir le bien & le mal. Que dans le second il ne pourra vouloir le mal, & qu'il en sera dautant plus libre. Et que dans le troisiesme il ne sçauroit vouloir que le mal, si la grace de Dieu ne le deliure de la seruitude du peché. Que cette seruitude nous a fait auoir besoin d'vn Mediateur, & qu'il a fallu qu'vn Dieu humilié soit venu guerir l'homme superbe.

CHAP.CIV. C'Est pourquoy Dieu auroit voulu conseruer l'homme dans l'estat de salut & de grace où il l'auoit mis en le creant, & apres vn temps ordonné, lors qu'il auroit engendré des enfans, le conduire tout droit sans le faire passer par la mort dans vn sejour plus heureux, où non seulement il ne pourroit commettre aucun peché, mais où il n'auroit pas mesme la volonté de pecher, s'il eust sceu par sa prescience diuine, que l'homme deust continuer perpetuellement dans la volonté de demeurer sans peché, qui estoit l'estat auquel il auoit esté creé. Mais parce qu'il auoit preueu que l'homme abuseroit de sa liberté, c'est à dire qu'il pecheroit, il aima mieux disposer sa volonté à cela, afin qu'il tirast du bien de celuy-mesme qui feroit du mal; & qu'ainsi la bonne volonté du tout-puissant ne fust pas destruite, mais accomplie par la mauuaise volonté de l'homme.

CHAP. CV. Et certes il falloit que l'homme fust tel d'abord, qu'il pûst vouloir le bien & le mal, & qu'il fust recompensé s'il faisoit le bien, & puny s'il faisoit le mal. Mais apres il se trouuera en tel estat, qu'il ne pourra plus vouloir le mal, & neantmoins il ne perdra pas la liberté de sa volonté. Au contraire ſa volonté ſera d'autant plus libre, qu'elle ne pourra plus eſtre eſclaue du peché. Car ny on ne doit point blaſmer la volonté, ny on ne doit pas dire qu'il n'y ait point de volonté, ou qu'elle n'eſt pas libre, lors que nous voulons d'vne telle ſorte eſtre heureux, que non ſeulement nous ne voulons point eſtre miſerables, mais meſme que nous ne pouuons le vouloir en façon quelconque. Comme donc noſtre ame a maintenant cette impreſſion de ne vouloir pas eſtre malheureuſe : ainſi alors elle aura touſiours celle de ne vouloir point pecher. Mais il a eſté à propos de garder l'ordre, par lequel Dieu a voulu monſtrer combien la creature raiſonnable eſt bonne, lors meſme qu'elle eſt ſeulement en cet eſtat qu'elle peut ne point pecher, quoy qu'elle ſoit meilleure, lors qu'elle eſt en tel eſtat, qu'elle ne peut point pecher. Comme l'eſtat auquel on pouuoit ne point mourir, ne laiſſoit pas d'eſtre vn eſtat d'immortalité, mais le dernier & le moins excellent ; le premier & le plus noble eſtant celuy auquel on ne pourra plus mourir.

CHAP. CVI.

La nature humaine a perdu cette premiere immortalité par la liberté de ſa volonté ; & elle receura cette ſeconde par la grace: au lieu que si elle n'eust point peché, elle l'eust receuë par son merite, quoy qu'il ne pûst mesme alors y auoir de merite sans la grace: parce qu'encore que le peché dépendist de la seule liberté de la volonté, neantmoins la seule liberté de la volonté ne suffisoit pas pour conseruer la justice, si elle n'estoit aydée de l'assistance de Dieu par la participation du bien immuable.

Car comme il est en la puissance de l'homme de mourir quand il le veut, n'y ayant personne qui ne se puisse tuer, au moins en ne mangeant pas, pour ne rien dire des autres manieres, & qu'il ne luy suffit pas de vouloir conseruer sa vie pour la conseruer, mais a besoin de nourriture, & des autres choses necessaires à la vie : Ainsi dans le Paradis terrestre, l'homme estoit capable de se tuer par sa seule volonté, en abandonnant la justice; mais pour conseruer sa vie juste & innocente, ce luy estoit peu de le vouloir, si celuy qui l'auoit creé ne l'assistoit par sa grace. Mais apres cette cheute & cette ruïne, la misericorde de Dieu est plus grande; parce que la liberté de la volonté a besoin d'estre deliurée de la seruitude, estant dominée par le peché & par la mort. Et elle n'est point du tout deliurée par elle-mesme, mais par la seule grace de Dieu qui consiste en la foy de IESVS-CHRIST, le Seigneur preparant la volonté, comme dit l'Escriture, & cette volonté receuant les autres dons de Dieu, par lesquels on paruient au don eternel.

C'est pourquoy l'Apostre appelle la vie eternelle mesme, qui certainement est la recompense des bonnes œuures, Grace de Dieu. *La mort*, dit-il, *est la solde & la recompense du peché, & la vie eternelle est vne grace de Dieu par* IESVS-CHRIST *nostre Seigneur.* La solde est la recompense deuë pour les actions de la guerre, & on la rend, & on ne la donne pas. Et pour cela il dit : *La mort est la solde du peché* : pour monstrer que ce n'a pas esté sans raison que la mort a suiuy le peché, & qu'elle luy estoit deuë. *Mais la grace n'est point grace, si elle n'est gratuite.* CHAP. CVII Rom. 6. 23. Rom. 11. 6.

Il faut donc sçauoir, que mesme les bonnes actions de l'homme sont des dons de Dieu, pour lesquels lors que l'on rend la vie eternelle, que rend-on sinon vne grace pour vne autre grace ? L'homme a donc esté creé juste & innocent. Et d'vne telle maniere qu'il pouuoit demeurer dans cette innocence, non toutefois sans l'ayde de Dieu, & se corrompre par la liberté de sa volonté. Et quelque choix qu'il fist de l'vne de ces deux choses, la volonté de Dieu se deuoit tousiours faire, ou par luy, ou de luy. Et parce qu'il a aimé mieux faire la sienne propre, que celle de Dieu, Dieu a fait de luy tout ce qu'il a voulu, ayant fait de cette masse de perdition qui procede de son origine, des vases d'honneur, & d'autres d'ignominie; ceux-là par sa misericorde, ceux-cy par sa justice, afin que personne ne se glorifie en l'homme, ny par consequent en soy-mesme.

Rom. 9. 2.

CH. CVIII.

1. Tim. 2. 5.

Car nous ne serions pas deliurez par le seul *Mediateur de Dieu & des hommes, qui est* IESVS-CHRIST *homme,* s'il n'auoit esté aussi Dieu. Lors qu'Adam, sçauoir l'homme juste & innocent a esté creé, il n'estoit pas besoin de Mediateur. Mais apres que les pechez ont éloigné de Dieu toute la race des hommes, il a fallu que nous ayons esté reconciliez auec Dieu par le Mediateur, qui seul est né, a vescu, & est mort sans peché, par laquelle reconciliation nous peussions paruenir à la vie eternelle apres la resurrection de la chair, afin que l'orgueil de l'homme fust corrigé & guery par l'humilité d'vn Dieu; que l'homme reconnust combien il s'estoit éloigné de Dieu, puis qu'il ne reuenoit que par vn Dieu incarné ; que l'exemple d'vn Dieu homme apprist l'obeïssance à l'homme des-obeïssant ; & que le fils vnique prenant la forme du seruiteur, & se reuestant de la nature humaine qui n'auoit rien merité auparauant, la source de la grace fust ouuerte ; que la resurrection de la chair qui a esté promise aux hommes rachetez, leur fust monstrée en la personne du Redempteur mesme ; & que le diable fust vaincu par la mesme nature qu'il se resiouïssoit d'auoir trompée, sans pourtant que l'homme se glorifiast, de peur qu'il ne retombast dans son premier orgueil. Et pour toutes les autres raisons, que ceux qui s'auancent dans la connoissance des choses saintes, peuuent penser & dire sur le sujet de ce grand mystere du Mediateur, ou penser seulement s'ils ne les peuuent exprimer.

CHAPITRE XXIX.

Des ames separées de leurs corps. Quelles sont celles à qui les prieres de l'Eglise peuuent seruir. Et qu'apres le dernier Iugement, il n'y aura plus rien que d'eternel, soit pour la beatitude, soit pour la misere.

CH. CIX. MAis durant tout le temps qui se trouuera entre la mort d'vn homme, & la resurrection derniere, les ames sont retenuës dans des lieux secrets & cachez, selon que chacune d'elle est digne ou de repos, ou de peine, & selon qu'elle a vescu durant qu'elle estoit au monde.

CHAP. CX. Et on ne doit pas nier, que les ames des morts ne soient soulagées par la pieté des viuans, lors qu'on offre pour elles le sacrifice du Mediateur, ou que l'on fait pour elles quelques aumosnes dans l'Eglise. Mais cela ne sert qu'à ceux qui durant leur vie ont merité par leurs actions, que ces choses leur peussent estre vtiles apres qu'ils seroient sortis du monde. Car il y a vne certaine sorte de vie qui n'est pas si bonne, ny si vertueuse, qu'elle n'ait point besoin de ce secours apres la mort; & qui n'est pas aussi si mauuaise, que ces choses ne luy puissent seruir apres la mort. Mais il y en a vne qui est si abondante en bonnes œuures, qu'elle n'a point besoin de cette assistance : Comme il y en a vne qui est si pleine de corruption, qu'elle ne peut estre soulagée par ces choses apres la mort. C'est pourquoy c'est en cette vie que chacun acquiert ce qui le le fait meriter, ou d'estre soulagé, ou d'estre surchargé apres cette vie. Au reste que personne n'espere pouuoir obtenir de Dieu apres sa mort, ce qu'il a negligé d'acquerir durant qu'il estoit au monde.

Ces choses donc que l'Eglise a accoustumé de pratiquer pour le soulagement des morts, ne sont point contraires à cette parole de l'Apostre qui dit : *Nous comparoistrons tous deuant le tribunal de* IESVS-CHRIST, *afin que chacun reçoiue ou recompense, ou chastiment, selon le bien ou le mal qu'il aura fait lors qu'il viuoit sur la terre* : parce que chacun acquiert par la vie qu'il meine estant sur la terre, le merite dont il a besoin, afin que ces sacrifices & ces aumosnes luy seruent apres sa mort. Car ils ne seruent pas à tous. Et pourquoy ne seruent-ils pas à tous, sinon à cause de la differente vie que chacun a menée pendant qu'il viuoit dans le monde? 2. Cor. 5. 10.

Lors donc que l'on offre les sacrifices, ou de l'Autel, ou des aumosnes pour tous les morts qui ont esté baptisez, ce sont des actions de graces pour ceux qui ont esté extrémement bons : Ce sont des intercessions pour ceux qui n'ont pas esté grands pecheurs : Et quant à ceux qui ont esté fort meschans, quoy que toutes ces choses ne leur apportent aucun soulagement estant morts, elles apportent quelque consolation aux viuans. Et à ceux à qui elles seruent, elles leur seruent, ou pour leur procurer vn pardon tout entier, ou pour rendre leurs tourmens plus supportables.

CHAP. CXI Mais apres la resurrection & l'accomplissement du Iugement vniuersel, les deux villes prendront fin, celle de IESVS-CHRIST, & celle du Diable : celle des bons, & celle des meschans : l'vne & l'autre toutefois des Anges & des hommes. Ceux-là ne pourront auoir la volonté de pecher : ceux-cy ne pourront plus auoir la puissance d'executer leur mauuaise volonté : & il n'y aura plus de mort à attendre pour les vns & pour les autres. Car ceux-là viuront veritablement & heureusement dans la vie eternelle ; & ceux-cy demeureront malheureux dans la mort eternelle sans pouuoir mourir, parce que les vns & les autres ne cesseront jamais d'estre. Mais parmy ceux qui joüiront de la beatitude, l'vn sera plus heureux que l'autre, comme parmy ceux qui seront dans la misere, l'vn souffrira moins que l'autre.

CH. CXII. C'est donc en vain que quelques-vns,

& que plusieurs mesme touchez d'vne tendresse & d'vne compassion humaine, ont pitié des peines eternelles des damnez, & des supplices qu'ils doiuent endurer à jamais & sans relasche, & suiuant ce mouuement, ne veulent pas croire que leurs tourmens doiuent durer tousiours, non en combattant directement l'Escriture sainte, mais en addoucissant selon leur sentiment ses paroles qui semblent dures & rigoureuses, & tournant en vn sens plus doux & plus fauorable, les choses qu'ils croyent qu'elle a dites auec plus d'exaggeration pour faire peur, que de verité pour instruire.

Dieu n'oubliera point, disent-ils, *de faire misericorde, & n'arrestera pas sa clemence dans sa colere.* Ces paroles sont d'vn S. Prophete, mais il est indubitable, qu'elles s'entendent de ceux qui sont appellez, *les vases de misericorde* : parce qu'eux-mesmes ne sont pas deliurez de la misere par leur propre merite, mais par la misericorde de Dieu. Et quand ils croiroient que cela fust dit de toutes sortes de personnes, il n'est pas necessaire pour cela, qu'ils s'imaginent que l'on verra vn jour finir la damnation de ceux dont il est dit : *Quant à ceux-cy, ils iront au supplice eternel* : de peur que l'on ne

Psal. 76. 10.

Matth. 25. 46

croye par ce moyen-là, que l'on verra finir aussi quelque jour la felicité de ceux dont il est dit au contraire des autres : *Les iustes s'en iront posseder la vie eternelle.* Mais tout ce qu'ils pourroient croire au plus, seroit que les peines des damnez s'adoucissent en certain temps : ce qui n'empes-
Ioan. 3. 36. cheroit pas que ce que dit l'Euangile ne fust vray, que la colere de Dieu doit tousiours demeurer sur eux, c'est à dire qu'ils demeureront tousiours damnez : car c'est la damnation qui est appellée la colere de Dieu, & non pas le trouble de l'Esprit diuin : Et ainsi il ne retiendra pas mesme sa misericorde dans sa colere, c'est à dire durant que sa colere durera, non en finissant les supplices qui seront eternels, mais en adoucissant quelquefois par interualle la rigueur extréme des tourmens. Car le Pseaume ne dit pas, Pour finir sa colere, ou, apres sa colere, mais *dans sa colere* : Or quand elle seroit seule, & quelque petite qu'on se la puisse figurer, neantmoins c'est vne si grande misere d'estre priué du Royaume de Dieu, d'estre banny de la ville de Dieu, d'estre éloigné de la vie de Dieu, d'estre
Psal. 30. 20. priué *de cette grande abondance de douceur & de grace que Dieu a cachée pour ceux qui le crai-*

gnent, & qu'il a preparée pour ceux qui esperent en luy, que quelques horribles & cruels tourmens que nous sçachions, nul d'eux ne peut égaler cette peine si elle doit estre eternelle, & que ces tourmens deussent finir vn jour, quoy qu'apres plusieurs siecles seulement.

Il n'y aura donc jamais de fin à cette mort eternelle des damnez, c'est à dire, à cét éloignement de la vie de Dieu, & elle sera commune à tous, quelque opinion que les hommes qui suiuent des mouuemens humains, puissent auoir de la diuersité des peines de l'Enfer, de l'adoucissement, & de l'intermission des douleurs, comme la vie eternelle sera commune à tous les saints, quoy que la gloire dont ils jouïront tous ensemble, soit plus éclatante pour les vns que pour les autres. CH. CXIII.

CHAPITRE XXX.

Apres auoir expliqué ce qui regarde la Foy, il passe à l'Esperance. Il dit que les Chrestiens ne la doiuent auoir qu'en Dieu seul. Et que tout ce que nous esperons est compris dans la priere du Seigneur.

DE cette confession de foy qui est contenuë en peu de mots dans le CH. CXIV.

Symbole, & qui estant considerée selon l'escorce & la surface, est le lait des enfans, & estant traittée spirituellement & à fond, est la nourriture des forts, naist la bonne esperance des fidelles, qui est accompagnée de l'amour saint. Mais de toutes les choses que la foy nous oblige de croire, il n'y en a point qui regardent l'esperance, que celles qui sont contenuës
Ierem 17. 5. dans la priere du Seigneur. *Car maudit est celuy,* dit l'Escriture, *qui met son esperance dans l'homme*; Et par consequent, celuy qui met son esperance en soy-mesme est engagé dans cette malediction. C'est pourquoy nous ne deuons demander qu'à Dieu tout le bien que nous esperons de faire, & toute la recompense que nous esperons receuoir pour nos bonnes actions.

CH. CXV. Il semble que dans l'Euangile selon saint Matthieu, la priere du Seigneur contient sept demandes : dans trois desquelles on demande les choses eternelles, & dans les quatre qui restent, des choses temporelles, lesquelles toutefois sont necessaires pour acquerir les eternelles.
Matth. 6. 9. Car ce que nous disons, *Que vostre nom soit sanctifié; Que vostre regne arriue; Que vostre volonté se fasse dans la terre comme dans le ciel,* ce que quelques-vns entendent auec as-

ſez de raiſon, de l'eſprit, & du corps, ce ſont toutes choſes qui ne doiuent jamais finir, qui commençant en cette vie, s'augmentent en nous à meſure que nous nous auançons dans la vertu, & que nous poſſederons eternellement, lors qu'elles ſeront arriuées au point de leur plus grande perfection, ce que nous ne deuons eſperer qu'en l'autre vie.

Mais quant à ce que nous diſons : *Donnez-nous aujourd'huy noſtre pain quotidien : Pardonnez-nous nos offenſes, comme nous pardonnons à ceux qui nous ont offenſé : Et ne nous laiſſez point ſuccomber dans la tentation ; mais deliurez-nous du mal* ; qui eſt celuy qui ne voye que toutes ces choſes regardent les beſoins, & la neceſſité de la vie preſente ? Ainſi ce ſera dans la vie eternelle où nous eſperons d'eſtre à jamais, que la ſanctification du nom de Dieu, ſon regne, & ſa volonté, tant en ce qui regarde noſtre eſprit que noſtre corps, demeureront parfaitement & eternellement. Mais quant au pain que nous demandons, il a eſté appellé quotidien, parce qu'il eſt neceſſaire en cette vie, autant que l'ame & le corps en ont beſoin, ſoit qu'on l'entende ſpirituellement, ou corporellement, ſoit qu'on l'entende en l'vne & en l'autre ſorte.

C'est pareillement icy qu'est la remission des pechez que nous demandons, puis que c'est icy qu'ils se commettent. C'est icy que sont les tentations qui nous attirent par des attraits, ou qui nous poussent auec violence dans le peché. Et enfin c'est icy qu'est le mal, dont nous souhaittons d'estre deliurez, au lieu qu'en l'autre vie il n'y a rien de toutes ces choses.

CH. CXVI. Mais saint Luc ne rapporte dans la priere du Seigneur que cinq demandes, & non pas sept. Ce n'est pas pourtant qu'il y ait difference entre ce qu'il dit, & ce que saint Matthieu a escrit : mais c'est qu'il nous a voulu marquer par sa breueté, de quelle sorte on doit entendre ces sept demandes. Car le nom de Dieu est sanctifié dans l'esprit, & le regne de Dieu arriuera dans la resurrection de la chair. Saint Luc ayant donc monstré que la troisiesme demande est en quelque sorte vne repetition des deux premieres, il la fait mieux entendre en la passant sous silence. Apres cela il en adjouste trois, du pain quotidien, de la remission des pechez, & de la fuïte des tentations. Et quant à ce que saint Matthieu a mis à la fin, *Mais deliurez-nous du mal*, Saint Luc ne l'a pas mis pour nous faire entendre que cette demande se rapporte à la precedente, qui est de la tentation. Et c'est pourquoy aussi nostre Seigneur dit dans saint Matthieu, *Mais deliurez-nous*; & non pas, *Et deliurez-nous*; monstrant par là que c'est comme vne mesme demande : comme s'il disoit: Ne nous traittez pas ainsi; mais ainsi : afin que chacun sçache qu'il est deliuré du mal, en ce qu'il ne succombe point dans la tentation.

CHAPITRE XXXI.

De la Charité. Que l'on ne peut iuger si vn homme est bon, que par ce qu'il aime. Que si Dieu ne respand son amour dans nostre cœur, la loy ne fait que des pecheurs. Quatre estats de l'homme : auant la loy : sous la loy : sous la grace : & dans la paix.

POVR ce qui regarde l'amour & la charité, que l'Apostre dit *estre plus grande que la foy & l'esperance* : plus elle est grande en qui que ce soit, plus celuy en qui elle est, est bon. Car quand on demande si quelqu'vn est homme de bien, on ne demande pas ce qu'il croit, ou ce qu'il espere, mais ce qu'il aime; estant certain que celuy qui aime ce qu'il doit aimer, croit ce qu'il doit croire, & espere ce qu'il

CH.CXVII.
1. Cor. 13. 13.

doit esperer : Mais celuy qui n'aime point, croit en vain, encore que les choses qu'il croit soient veritables; & il espere aussi en vain, encore que les choses qu'il espere, appartiennent à la vraye felicité; si ce n'est qu'il croye, & qu'il espere, qu'en demandant à Dieu la grace d'aimer ce qu'il doit aimer, il peut l'obtenir de luy.

Car encore qu'il ne puisse esperer sans amour, il se peut faire pourtant qu'il n'aime pas ce sans quoy il ne peut paruenir à ce qu'il espere. Comme s'il espere la vie eternelle, quoy qu'il ne la possede pas, & qu'il n'aime pas la vertu, sans laquelle personne ne peut paruenir à cette felicité.

Quant à la foy, celle-là est la foy de IESVS-CHRIST, laquelle l'Apostre releue
Galat. 5. 5. & recommande, *qui agit par l'amour*, & qui
Matth. 7. 7. manquant de quelque chose dans cét amour, le demande pour le receuoir, le cherche pour le trouuer, & frappe à la porte afin qu'on luy ouure. Car la foy obtient ce que la loy ordonne, & sans le
Rom. 5. 5. don de Dieu, c'est à dire, sans *le saint Esprit, par lequel l'amour se respand dans nos cœurs*, la loy peut bien commander, mais non pas ayder; au contraire ce qu'elle fait, c'est qu'elle rend l'homme preuarica-

teur, en luy oſtant le pouuoir de s'excuſer ſur ſon ignorance : Et la raiſon eſt que la cupidité charnelle, qui n'eſt autre choſe que l'amour vicieux de la creature, regne neceſſairement dans l'ame, où l'amour de Dieu ne ſe trouue pas.

CHAP. CXVIII.

Lors que l'on vit ſelon la chair dans les plus profondes tenebres de l'ignorance, ſans que la raiſon y reſiſte en aucune ſorte, c'eſt là le premier eſtat de l'homme.

Apres cela, lors qu'il a connu le peché par le moyen de la loy, voulant viure ſelon la loy, il eſt vaincu & ſurmonté, ſi l'Eſprit de Dieu ne l'aſſiſte pas encore, & pechant auec connoiſſance il ſe rend eſclaue du peché ; *parce qne nous deuenons eſclaues de celuy qui nous a vaincus*, & la connoiſſance des preceptes fait que le peché allume toutes les paſſions dans l'homme, & adjouſtant aux autres crimes celuy du violement de la loy, qui en eſt comme le comble, on voit l'accompliſſement de cette parole de l'Eſcriture, *La loy eſt ſuruenuë afin que le peché ſe multipliaſt* : C'eſt là le ſecond eſtat de l'homme.

2. Pet. 2. 19.

Rom. 5. 20.

Que ſi Dieu regarde l'homme de telle ſorte, qu'il l'ayde pour accomplir ce que

luy-mesme commande, & que l'homme
Galat. 5. 17. ait commencé *d'estre poussé de l'Esprit de Dieu*, on se reuolte contre la chair par vn plus puissant effort de l'amour diuin : Et cela de telle sorte, que bien qu'il y ait encore dans l'homme quelque chose qui repugne à l'homme, n'estant pas encore
Habac. 2. 4. tout guery de sa foiblesse, *le iuste ne laisse pas de viure par la foy*, & de viure justement, en ce qu'il ne se laisse point aller à ses mauuais desirs, l'amour de la justice demeurant victorieux dans son ame. C'est là le troisiesme estat de l'homme qui est remply de bonne esperance.

Que s'il s'auance dans la vertu, par vne perseuerance sainte, il reste la derniere paix, qui sera accomplie apres cette vie dans le repos de l'esprit, & à la fin du monde dans la resurrection de la chair.

La premiere de ces quatre differences est auant la loy : la seconde sous la loy : la troisiesme sous la grace: & la quatriesme dans la paix parfaite & entiere. Le peuple de Dieu a esté conduit de cette sorte dans les interualles & la succession des temps,
Sap. 11. 21. selon qu'il a plû à Dieu, *lequel dispose tout en nombre, poids & mesure*. Car il a esté d'abord
Ioan. 1. 10. auant la loy : puis sous *la loy qui a esté donnée par Moyse* : apres cela sous la grace, qui a

esté descouuerte & publiée par le premier aduenement du Mediateur. Et cette grace n'a point manqué à ceux à qui il estoit à propos qu'elle fust départie, quoy qu'elle fust voilée & cachée selon la condition du temps : parce que nul des anciens justes n'a pû estre sauué que par la foy en IESVS-CHRIST : Et que s'il ne leur eust esté connu, son Incarnation n'eust pû nous estre annoncée par leur entremise, tantost plus clairement, & tantost plus obscurement.

Or en quelque de ces diuers âges, que la grace de la renaissance diuine trouue vne personne, tous ses pechez passez luy sont remis, & le crime qui auoit esté contracté en naissant, s'efface en renaissant. Et cette verité, que *l'Esprit souffle où il luy plaist*, est si forte ; que quelques-vns ne sentent point le joug de la loy selon cette seruitude legale, mais ont auec ce precepte, la grace de Dieu qui les ayde & qui les soustient. CH. CXIX. *Ioan. 3. 8.*

Auparauant que l'homme soit capable des preceptes, il vit necessairement selon la chair. Mais s'il a receu le sacrement de la renaissance, la mort ne luy nuira point, s'il meurt en cét estat là ; IESVS-CHRIST estant mort, & estant ressuscité, afin de CH. CXX. *Rom. 14. 6.*

regner sur les viuans & sur les morts : Et l'empire de la mort n'ayant point de puissance sur ceux pour qui est mort celuy qui estoit libre parmy les morts.

CHAPITRE XXXII.

Que tous les commandemens de Dieu, & les conseils Euangeliques se rapportent à la charité. Que tout ce qui ne se fait point par ce mouuement d'amour, mais par la crainte de la peine, ou par quelque intention charnelle, ne se fait point comme il faut. Conclusion du Liure.

CH. CXXI. TOvs les commandemens de Dieu se rapportent donc à l'amour, duquel l'Apostre dit : *L'amour est la fin du precepte, mais l'amour qui sort d'vn cœur pur, d'vne bonne conscience, & d'vne foy sincere.* Et ainsi l'amour est la fin de tous les preceptes, c'est à dire, tous les preceptes se rapportent à l'amour. Et ce que l'on fait, ou par la crainte de la peine, ou par quelque intention charnelle, & qu'on ne rapporte point à cét *amour, que l'Esprit saint respand dans nos cœurs*, il semble que l'on fait ce qu'on doit faire, mais on ne le fait pas en la maniere qu'on le doit faire. Car cét amour, est l'amour de Dieu & du prochain. Et toute la loy & tous les Prophe-

1. *Tim.* 1. 5.

Rom. 5. 5.

Mat. 22. 40.

tes ne consistent qu'en l'accomplissement de ces deux preceptes. Adjoustez-y l'Euangile, adjoustez-y les Apostres, ces deux paroles, *L'amour est la fin du precepte*, & *Dieu est amour*, en estant tirées.

Toutes les choses donc que Dieu nous commande, entre lesquelles celle-cy se trouue, *Ne commettez point d'impudicité*; & toutes celles qui ne sont point commandées, mais qui nous sont proposées comme vn conseil salutaire, tel qu'est celle-cy, *Il est bon à l'homme de ne toucher aucune femme*, se font justement, & comme il faut, lors qu'on les rapporte à l'amour de Dieu, & à celuy du prochain à cause de Dieu, & en ce siecle, & au siecle auenir: à l'amour de Dieu, que nous n'aimons maintenant que par la foy, & que nous aimerons alors par la veuë; & à l'amour du prochain que nous n'aimons aussi maintenant que par la foy: Car tous tant que nous sommes d'hommes, nous ne connoissons pas les cœurs des hommes. Mais alors *le Seigneur éclairera l'obscurité des tenebres, & descouurira les plus secrettes pensées des cœurs. Et alors chacun receura sa loüange de Dieu*: parce que le prochain loüera & aimera dans le prochain ce que Dieu mesme mettra au jour, pour empescher qu'il ne demeure caché.

Matth. 5. 27.

1. Cor. 7. 1.

1. Cor. 4. 5.

Or la concupiscence diminuë en nous, à mesure que l'amour diuin y croist, jusqu'à ce qu'il vienne à vne telle grandeur, qu'il
Ioan. 15. 13. ne puisse estre plus grand. *Car personne ne sçauroit auoir icy vn plus grand amour, que celuy qui le porte à mourir pour ceux qu'il aime.* Mais qui peut exprimer combien il y aura d'amour, où il n'y aura plus de concupiscence, non pas mesme à vaincre & à surmonter, où il y aura vne parfaite santé, & où la mort n'aura plus de force ny de pouuoir?

CH. CXXII. Mais il est temps d'acheuer ce Liure, lequel vous pourrez, mon cher Laurent, ou appeller vn Manuel, ou le tenir pour tel, selon qu'il vous plaira d'en juger. Quant à moy, j'ay crû que ie ne deuois pas mespriser le saint desir que vous tesmoignez de vouloir estre instruit des veritez de Iesvs-Christ. Et ainsi l'opinion auantageuse que j'ay euë de vostre vie, l'esperance & la confiance que la grace de nostre Redempteur m'a donnée, & l'amour particulier que ie vous porte, comme à l'vn de ses membres, m'ont porté à composer ce Liure que ie vous addresse, où j'ay traitté comme j'ay pû, de la foy, de l'esperance, & de l'amour, & lequel ie souhaitte qu'il vous soit aussi vtile comme il est long.

FIN.

BEATI AVGVSTINI
ENCHIRIDION
DE FIDE, SPE, ET CHARITATE.

AD LAVRENTIVM Vrbis Romæ Primicerium.

Ad ſex MSS. Exemplaria emendatum.

M DC. XLVIII.

Variæ lectiones & castigationes ex Antiquis Codicibus.

HVNC Librum S. Augustini ad duo Manuscripta Exemplaria se contulisse testantur Doctissimi Academiæ Louaniensis Theologi: Nos ad sex præterea optimæ notæ: quorum quatuor seruat famosissima sancti Victoris Bibliotheca, duo nobilissimum sancti Germani Cœnobium.

Ex quatuor Victorianis tria sunt in maiori codice exarata: primum antiquissimum & ab hinc vt aiunt septingentis annis scriptum, sed aliquot capitibus mutilum, à fine scilicet cap. 38. vsque ad medium cap. 64. Alterum paulominus antiquum: postremum recentius quod quadringentorum circiter annorum esse dicitur. Vnicum vero in paruo codice: Quæ nos semper hoc ordine recensebimus. At omnium Vetutissimum est alterum S. Germani, sed quod etiam magna sui parte truncatum est, nimirum à cap. 57. vsque ad 77.

Louaniensium editionem, ann. 1586. Parisijs excusam cum his codicibus contuli, hæcque præcipui momenti occurrerunt quæ hic notarem.

Cap. 1. Sicut autem *vsque ad* Hominis autem, *à suis MSS. abesse testantur Lou. Absunt etiam ab vtroque Germ. & à* 1. *&* 2. *Vict. sunt tamen in* 3.

Cap. 4. Vel quid in ratione cum fides sit sola non conueniat. 1. *Vict. negationem omittit. Antiquissimum Germ.* Vel quid in religione cum fides sit sola non veniat. *Vnde apparet in hoc loco iam pridem aliquid fuisse turbatum. Reponendum censerem.* Vel quid in ratione cum fide si sit sola non conueniat. *Locus obscurus.*

Cap. 1[illegible] cum caro sit ipsa substantia' profecto aliquod bonum est cui accidunt ista mala. *In altero Germ. Cumque caro sit ipsa substantia profecto aliquod* bonum est cui accidunt, &c. *non male. Sed melius Antiquiss. Germ.* Cum caro sit ipsa substantia profecto aliquod bonum cui accidunt, &c. *sine verbo* est, *quod etiam abest à* 2. *&* 3. *V. extat vero in* 1. *sed additum & supra lineam.*

Cap. 12. & ad hoc tam magnum bonum corruptio non perueniet. *In vno G.* incorruptione perueniet. *In* 1. *Vict.* incorruptione perueniet vel corruptio non peruenerit, *in ipso contextu. Legendum omnino vt sensus postulat & hæc ipsa varietas indicat*, corruptione perueniet.

Ibid. Nec ipsa corruptio remanebit, vbi nulla esse possit subsistente natura. *Optime omnia* 6. *MSS.* nulla vbi esse possit, &c. *nisi quod* ibi *pro* vbi *in* 1. *Vict.*

Cap. 13. Malum est hominem hominem esse, aut quod bonum est iniquum esse. *In vno G. &* 1. 2. *&* 3. *V.* Malum est hominem esse, aut bonum est iniquum esse. *In* 4. *V. eodem sensu.* Quisquis ergo dicit, malum esse hominem aut bonum esse iniquum.

Cap. 18. Haud vero tantum nocet, qui viatorem, &c. *Multum hic variant codices.* 2. *V. id ipsum habet. Vnus G.* Aut vero tantum non nocet. *Alter,* An vero tantum nocet. *Sed omnino legendum quod hic exhibent* 1. 3. *&* 4. *V.* Aut vero tantum nocet.

Cap. 19. Nullo modo fallitur. *Luce clarius est legendum esse,* nullo malo fallitur, *quod etiam probe viderunt Lou. & omnia MSS. prius legunt, præter vnicum, 2. nempe Vict. quod veram lectionem retinuit,* nullo malo fallitur.

Cap. 21. In quibusdam autem rebus, &c. *Antiquissimum Germ.* In quibus autem rebus, &c. *quæ vera lectio est, licet repugnent reliqua omnia MSS. Sed per incuriam antiqua lectio,* in quibusdam, *in hac editione retenta est.*

Cap. 22. Non ideo mendacium, *vsque ad* Phirimum quidem, *omittunt sex MSS. sicut & duo Lou. & certe Glossema esse videtur.*

Cap. 24. vel vana etiam lætitia ventilatur. *Particulam* vel *quæ ab antiquis editionibus aberat ex suis MSS. Louanienses addiderunt, sed illam sensus respuit, si locus attente consideretur, abestque à 4. MSS. 2. 3. & 4. V. atque vno Germ.*

Cap. 31. Sed renouationem animæ in corde Propheta postulat. *Expunximus hæc vt quæ omnino glossam sapiant, absintque à 2. MSS. Lou. vtroque G. 1. & 4. Vict. sunt tamen in 2. & 3.*

Cap. 62. in ipso complacuit omnem plenitudinem [diuinitatis] inhabitare. *Quidam codices habent vocem* diuinitatis, *quidam non habent: Quæ varietas orta videtur ex eo quod Apostoli Exemplaria Latina olim etiam hic variarint. Sed hæc vox abest à Græco, & Syr. & à Romanis correctoribus expuncta est.*

Cap. 73. Faciasque cum possis illius memor exempli qui in cruce pendens pro suis exorat persecutoribus, suosque admonuit dicens: Diligite, &c. *Ita etiam 2. & 3. Vict. At duo MSS.*

Louan. Vnum Germ. & 4. Vict. Faciasque quod possis audiens dicentem Iesum : Diligite, &c.

Cap. 75. Videte vt etiam id quod intus est mundum fiat. *Absunt hæc à quibusdam codicibus , alij retinent. Et certe hæc verba non sunt apud Lucam , licet eorum sensus reperiatur apud Matth.* 23. 26.

Cap. 76. Secumque prius misericordiam facientes, sicut isti eas dandas putant. *Hæc vltima verba ,* sicut isti eas dandas putant, *ex superiori capite male huc translata sunt. Itaque merito Erasmus hæc verba vt spuria hoc signo* θ *notauerat , & absunt à quatuor MSS. Vict. & ab vno Germ.*

Cap. 80. quæ non poterimus prohibere faciamus. *legendum.* potuerimus. *sic enim habetur in Expos. Epist. ad Gal. vnde hic locus desumptus est. quam lectionem etiam hic exhibet* 1. 2. & 4. *Vict.*

Cap. 90. Et hominem reddat [æqualem] angelicis cœtibus. *Abest vox ,* œqualem, *ab omnibus sex MSS.*

Cap. 95. Nec vtique Deus injuste noluit, saluos fieri, cum possent vtique salui esse si vellent. *Sensum postulare* si vellet *luce clarius est. Vnde Louanienses licet omni Codicum autoritate destituti in margine apposuerunt ,* fort. vellet. *Nunc vero accedit Antiquissimorum Codicum autoritas , cum ex sex quos consuluimus quinque ijque optimi & antiquissimi habeant,* si vellet : *Vnicus ,* si vellent, *sed recentior , quem tertium S. Victor. appellauimus, & qui sæpius quam reliqui à veritate aberret.*

Cap. 101. Nam Deus quasdam voluntates vtique bonas ita implet, &c. *abest vox ,* ita, *ab*

Antiquiss. Edit. ab vtroque Germ. & à 1. *Vict.*

Cap. 103. Præceperat enim Apostolus, vt oraretur pro singulis hominibus. *Duo MSS. Louan.* pro omnibus hominibus, *& ita sex Parisiens.*

Cap. 105. quod etiam peccare possit. *Duo MSS. Louan. Vtrumque Germ.* 1. 2. *&* 3. *Vict.* non peccare. *Optime. Et ita consequenter legendum in altero membro iuxta vtrumque Germ.* in qua posset etiam non mori.

Cap. 121. Minuetur autem cupiditas, *&c. Melius* minuitur *vt est in Antiquiss. Ger. & in* 4. *Vict.*

Ibid. charitate crescente, donec veniat hic ad tantam magnitudinem qua maior esse non possit. Maiorem enim Charitatem, nemo habet quam vt animam quis ponat pro amicis suis. Ibi autem qui explicet, &c. *In antiquiss. Germ.* donec veniat ad tantam, &c. *sine particula* hic, *quæ ab hoc membro prorsus abesse debet, sed in sequens videtur reijcienda, vt respondeat particulæ* ibi *postremi membri.* Maiorem enim hic charitatem, &c. Ibi autem, &c.

Multa etiam alia loca correcta sunt, sed quæ errata Typographica fuisse videntur etiam Edit. Parisiens. Ann. 1586. *Vt in cap.* 20. *cap.* 21. *cap.* 27. *cap.* 28. *cap.* 30. *cap.* 52. *cap.* 61. *cap.* 75. *cap.* 86. *cap.* 89. *cap.* 107. *cap.* 108. *cap.* 112.

BEATI AVGVSTINI ENCHIRIDION,

DE *FIDE, SPE, ET CHARITATE,* AD LAVRENTIVM VRBIS ROMÆ PRIMICERIVM.

Argumentum huius libri ex Retract. lib. 2. cap. 63.

SCRIPSI etiam librum *De fide, spe, & charitate,* cùm à me ad quem scriptus est postulasset, vt aliquod opusculum haberet meum de suis manibus non recessurum: quod genus Græci enchiridion vocant. Vbi satis diligenter mihi videor esse complexus, quomodo sit colendus Deus, quam sapientiam esse hominis vtique veram diuina scriptura definit. Hic liber sic incipit:

CAPVT PRIMVM.

Deum fide, spe, & charitate colendum: Quod in hoc libro breuiter explicandum sibi proponit.

DICI non potest, dilectissime fili Laurenti, quantum tua eruditione delecter, quantúmque te cupiam esse sapientem, non ex eorum numero de quibus dicitur, *Vbi sapiens, vbi scriba, vbi conquisitor huius sæculi? Nonne stultam fecit Deus sapientiam huius mundi?* Sed ex eorum numero de quibus dictum est: *Multitudo sapientium sanitas est orbis terrarum.* Et quales vult Apostolus fieri, quibus dicit, *Volo autem vos sapientes quidem esse in bono, simplices autem in malo.* [Sicut autem nemo à seipso esse potest, ita etiam nemo à seipso sapiens esse potest, sed ab illo illustrante, de quo scriptum est, *Omnis sapientia à Deo est.*]

CAPVT I.
1. Cor. 1. 20.
Sap. 6. 26.
Rom. 16. 19.
Absunt hæc MSS.
Eccles. 1. 1.

CAP. II.

Hominis autem ſapientia pietas eſt. Habes hoc in libro ſancti Iob: nam ibi legitur, quòd ipſa ſapientia dixerit homini, *Ecce pietas eſt ſapientia.* Si autem quæras quam dixerit eo loco pietatem, diſtinctiùs in Græco reperies θεοσέβειαν, qui eſt Dei cultus. Dicitur enim Græcè pietas & aliter, id eſt εὐσέβεια, quo nomine ſignificatur bonus cultus, quamuis & hoc præcipuè referatur ad colendum Deum. Sed nihil eſt commodius illo nomine, quo euidenter Dei cultus expreſſus eſt, cùm quid eſſet hominis ſapientia diceretur. Quæriſne aliquid dici breuius, qui petis à me vt breuiter magna dicantur? An hoc ipſum tibi fortaſſe deſideras breuiter aperiri, atque in ſermonem colligi breuem, quonam modo ſit colendus Deus?

Iob 28, 28.

CAP. III.

Deum coli, fide, ſpe, & charitate.

Hic ſi reſpondero, fide, ſpe, charitate colendum Deum, profectò dicturus es, breuiùs hoc dictum eſſe quam velis, ac deinde petiturus ea tibi breuiter explicari, quæ ad ſingula tria iſta pertineant, quid credendum ſcilicet, quid ſperandum, quid amandum ſit. Quod cùm fecero, ibi erunt omnia illa quæ in Epiſtola tua quærendo poſuiſti. Cuius exemplum ſi eſt penes te, facile eſt vt ea reuoluas & relegas: ſi autem non eſt, commemorante me recolas.

CAP. IV.

Vis enim tibi, vt ſcribis, librum à me fieri, quem Enchiridion (vt dicunt) habeas, & de tuis manibus non recedat: continens poſtulata, id eſt, quid ſequendum maximè, quid propter diuerſas principaliter hæreſes ſit fugiendum: inquantum ratio pro religione contendat, vel quid in ratione * cùm fides ſit ſola, non conueniat: quid primum, quid vltimum teneatur: quæ totius definitionis ſumma ſit: quod certum propriumque fidei catholicæ fundamentum. Hæc autem omnia quæ requiris proculdubiò ſcies, diligenter ſciendo quid credi, quid ſperari debeat, quid amari: hæc enim maximè, imò verò ſola in religione ſequenda ſunt. His qui contradicit, aut omnino à Chriſti nomine alienus eſt, aut hæreticus. Hæc ſunt defendenda ratione, vel à ſenſibus corporis inchoata, vel ab intelligentia mentis inuenta. Quæ autem nec corporeo ſenſu experti ſumus, nec mente aſſequi valuimus aut valemus, eis ſine vlla dubitatione credenda ſunt teſtibus à quibus ea quæ diuina vocari iam

* *fortè:* cum fide, ſi ſit ſola.

meruit Scriptura confecta est: qui ea siue per corpus, siue per animum diuinitùs adiuti, vel videre, vel etiam præuidere potuerunt.

Cum autem initio fidei *quæ per dilectionem operatur*, imbuta mens fuerit, tendit bene viuendo etiam ad speciem peruenire vbi est sanctis & perfectis cordibus nota ineffabilis pulchritudo, cuius plena visio est summa felicitas. Hoc est nimirum quod requiris, quid primum, quid vltimum teneatur: inchoari fide, perfici specie. Hæc etiam totius definitionis est summa. Certum verò propriumque fidei catholicæ fundamentum, Christus est: *Fundamentum enim aliud*, ait Apostolus, *nemo potest ponere præter id quod positum est, quod est Christus Iesus*. Neque hoc ideò negandum est proprium fundamentum esse fidei catholicæ quia putari potest aliquibus hæreticis hoc nobiscum esse commune. Si enim diligenter quæ ad Christum pertinent cogitantur, nomine tenus inuenitur Christus apud quoslibet hæreticos, qui se Christianos vocari volunt, re verò ipsa non est apud eos. Quod ostendere nimis longum est, quoniam commemorandæ sunt omnes hæreses siue quæ fuerunt, siue quæ sunt, siue quæ poterunt esse sub vocabulo Christiano, & quàm sit hoc verum per singulas quasque monstrandum est. Quæ disputatio tam multorum est voluminum, vt etiam infinita videatur.

CAP. V. *Galat. 5. 6.* *1. Cor. 3. 1.*

Tu autem enchiridion à nobis postulas, id est quod manibus possit astringi, non quod armaria possit onerare. Vt igitur ad illa tria redeamus per quæ diximus colendum Deum, fidem, spem, charitatem, facile est vt dicatur quid credendum, quid sperandum, quid amandum sit. Sed quemadmodum aduersus eorum qui diuersa sentiunt calumnias defendatur, operosioris vberiorisque doctrinæ est. Quæ vt habeatur non breui enchiridio manus debet impleri, sed grandi studio pectus accendi. CAP. VI.

CAPVT II.

Symbolum & orationem Dominicam cuncta complecti. Generalis fidei, spei, charitatisque explicatio.

NAM ecce tibi est symbolum & Dominica oratio; quid breuius auditur aut legitur? quid faci- CAP. VII.

lius memoriæ commendatur? Quia enim de peccato graui miseria premebatur genus humanum, & diuina indigebat misericordia, gratiæ Dei tempus Propheta

Ioel. 2. 32. præuidens ait, *Et erit, Omnis quicunque inuocauerit nomen Domini, saluus erit*; propter hoc Dominica oratio. Sed Apostolus cum ad ipsam gratiam commendandam hoc propheticum commemorasset testimonium,

Rom. 10. 14. continuò subiecit: *Quomodo autem inuocabunt in quem non crediderunt*? propter hoc symbolum. In his duobus tria illa intuere: Fides credit, spes, & charitas orant. Sed sine fide esse non possunt, ac per hoc & fides orat. Propterea quippe dictum est, *Quomodo inuocabunt, in quem non crediderunt*?

CAP. VIII. Quid autem sperari potest quod non creditur? Porrò etiam aliquid quod non speratur, credi potest. Quis namque fidelium pœnas non credit impiorum, nec sperat tamen? Et quisquis ea imminere sibi credit ac fugaci motu animi exhorret, rectius timere dicitur quam sperare. Quæ duo Lucanus distinguens ait,

Liceat sperare timenti.

Non autem ab alio poëta quamuis meliore propriè dictum est,

Hunc ego si potui tantum sperare dolorem.

Denique nonnulli in arte grammatica verbi huius vtuntur exemplo ad ostendendam impropriam dictionem, & aiunt: Sperare dixit, pro timere. Est itaque fides & malarum rerum & bonarum: quia & bona creduntur & mala, & hoc fide bona, non mala. Est etiam fides & præteritarum rerum, & præsentium & futurarum. Credimus enim mortuum Christum, quod iam præteriit. Credimus sedere ad dexteram patris, quod nunc est. Credimus venturum ad iudicandum viuos & mortuos, quod futurum est. Item fides & suarum rerum est & alienarum. Nam & se quisque credit aliquando esse cœpisse, nec fuisse vtique sempiternum, & alia atque alia: nec solum de aliis hominibus multa, quæ ad religionem pertinent, verumetiam de angelis credimus. Spes autem non nisi bonarum rerum est, nec nisi futurarum, & ad eum pertinentium qui earum spem gerere perhibetur. Quæ cum ita sint, propter has causas distinguenda erit fides à spe: sicut vocabulo, ita & rationabili differentia.

Nam quod attinet ad non videre, siue quæ creduntur, siue quæ sperantur, fidei speique commune est. In epistola quippe ad Hebræos, qua teste vsi sunt illustres catholicæ regulæ defensores, fides esse dicta est *conuictio rerum quæ non videntur.* Quamuis quando se quisque non verbis, non testibus, non denique vllis argumentis, sed præsentium rerum euidentiæ dicit credidisse, hoc est, fidem accommodasse, non ita videtur absurdum, vt recte reprehendatur in verbo, eique dicatur, Vidisti, ergo non credidisti. Vnde putari potest non esse consequens, vt non videatur res quæcumque creditur: sed meliùs hanc appellamus fidem quam diuina eloquia docuerunt, earum scilicet rerum quæ non videntur. De spe quoque ait Apostolus, *Spes quæ videtur, non est spes. Quod enim videt quis, quid sperat? Si autem quod non videmus speramus, per patientiam expectamus.* Cùm ergo bona nobis futura esse creduntur, nihil aliud quam sperantur. Iam de amore quid dicam, sine quo fides nihil prodest? Spes verò sine amore esse non potest. Denique vt ait apostolus Iacobus, *Et dæmones credunt, & contremiscunt:* nec tamen sperant vel amant, sed potiùs quod speramus & amamus credendo venturum esse formidant. Propter quod apostolus Paulus, *fidem quæ per dilectionem operatur,* approbat atque commendat, quæ vtique sine spe esse non potest. Proinde nec amor sine spe est, nec sine amore spes, neque vtrumque sine fide.

Hebr. 11. 1. *Rom. 8. 24.* *Iac. 2, 19.*

CAPVT III.

Explicare orditur quid sit credendum, seruato symboli ordine. Rerum naturam non esse anxie perscrutandam: satis esse Christiano si credat à summa Trinitate omnia esse, eaque bona, neque malum aliud esse, nisi boni priuationem.

CVM ergo quæritur, quid credendum sit quod ad religionem pertineat, non rerum natura ita rimanda est, quemadmodum ab eis quos physicos Græci vocant: nec metuendum est, quemadmodum ab eisdem, ne aliquid de vi & numero elementorum, de motu atque ordine & defectibus siderum, de figura cæli, de generibus & naturis animalium, fruticum, CAP. IX.

lapidum, fontium, fluminum, montium, de spatiis locorum & temporum, de signis imminentium tempestatum, & alia sexcenta de iis rebus quas illi vel inuenerunt vel inuenisse se existimant, Christianus ignoret: quia nec ipsi omnia repererunt tanto excellentes ingenio, flagrantes studio, abundantes otio, & quædam humana coniectura inuestigantes, quædam verò historica experientia perscrutantes, & in eis quæ se inuenisse gloriantur, plura opinantes potiùs quam scientes. Satis est Christiano rerum creatarum causam, siue cælestium, siue terrestrium, siue visibilium, siue inuisibilium, non nisi bonitatem credere creatoris, qui vnus & verus est Deus nullamque esse naturam quæ non aut ipse sit, aut ab ipso: eumque esse trinitatem, patrem scilicet & filium à patre genitum: & spiritum sanctum ab eodem patre procedentem: sed vnum eundemque spiritum & patris & filij.

CAP. X. Ab hac summa æqualiter & immutabiliter bona trinitate creata sunt omnia, & nec summè nec æqualiter nec immutabiliter bona, sed tamen bona etiam singula. Simul verò vniuersa valde bona, quia ex omnibus consistit vniuersitatis admirabilis pulchritudo.

CAP. XI. In qua etiam illud quod malum dicitur, bene ordinatum & loco suo positum, eminentiùs commendat bona, vt magis placeant & laudabiliora sint dum comparantur malis. Neque enim Deus omnipotens, quod etiam infideles fatentur, rerum cui summa potestas, cum summè bonus sit, vllo modo sineret mali esse aliquid in operibus suis nisi vsque adeò esset omnipotens & bonus, vt benefaceret etiam de malo. Quid est autem aliud quod malum dicitur, nisi priuatio boni? Nam sicut corporibus animalium nihil est aliud morbis & vulneribus affici, quàm sanitate priuari: (neque enim id agitur cum adhibetur curatio, vt mala ista quæ inerant, id est morbi ac vulnera recedant hinc, & alibi sint, sed vtique vt non sint: non enim vlla substantia, sed carnalis substantiæ vitium est vulnus aut morbus: cum caro sit ipsa substantia, profectò aliquod bonum est, cui accidunt ista mala, id est, priuationes eius boni, quod dicitur sanitas:) ita etiam & animorum quæcunque sunt vitia, naturalium sunt priuationes bonorum. Quæ cum sanantur, non aliquò transferuntur, sed ea quæ ibi erant, nusquam erunt, quando in illa sanitate non erunt.

Caput IV.

Creaturæ omnes bonæ, sed non summe bonæ ideoque corruptibiles. Quomodo intelligendum quod ait Christus, non potest arbor bona malos fructus facere.

Natvræ igitur omnes, quoniam naturarum prorsus omnium summè conditor bonus est, bonæ sunt. Sed quia non sicut earum conditor summè atque incommutabiliter bonæ sunt, ideò in eis & minui bonum & augeri potest. Sed bonum minui malum est, quamuis quantumcunque minuatur remaneat aliquid necesse est, si adhuc natura est vnde natura sit: neque enim si qualiscunque aut quantulacunque natura est, consumi bonum quod natura est, nisi & ipsa consumatur, potest. Meritò quippe natura incorrupta laudatur. Porrò si & incorruptibilis sit, quæ corrumpi omnino non possit, multò est proculdubiò laudabilior. Cum verò corrumpitur, ideò malum est eius corruptio, quia eam qualicunque priuat bono: nam si nullo bono priuat, non nocet: nocet autem adimendo bonum. Quamdiu itaque natura corrumpitur, inest ei bonum quo priuetur: ac per hoc si naturæ aliquid remanebit quod iam corrumpi nequeat, profectò natura incorruptibilis erit, & ad hoc tam magnum bonum corruptione perueniet. At si corrumpi non desinet, nec bonum vtique habere desinet, quo eam possit priuare corruptio. Quam si penitùs totamque consumpserit, ideò nullum bonum inerit, quia natura nulla erit. Quocirca bonum consumere non potest corruptio, nisi consumendo naturam. Omnis ergo natura bonum est, magnum si corrumpi non potest, paruum si potest: negari tamen bonum esse nisi stultè atque imperitè prorsus non potest. Quæ si corruptione consumitur, nec ipsa corruptio remanebit, nulla vbi esse possit subsistente natura. Cap. XII.

Ac per hoc nullum est quod dicitur malum, si nullum sit bonum: sed bonum omni malo carens, integrum bonum est. Cui verò inest malum, vitiatum vel vitiosum bonum est: nec malum vnquam potest esse Cap. XIII.

vllum, vbi bonum est nullum Vnde res mira conficitur, vt quia omnis natura, inquantum natura est, bonum est: nihil aliud dici videatur, cum vitiosa natura mala esse natura dicitur, nisi malum esse quod bonum est: nec malum esse, nisi quod bonum est, quia omnis natura bonum est: nec res aliqua mala esset, si res ipsa quæ mala est, natura non esset. Non igitur potest esse malum, nisi aliquod bonum. Quod cum dici videatur absurdè, connexio tamen ratiocinationis huius velut ineuitabiliter nos compellit hoc dicere. Et cauendum est ne incidamus in illam sententiam propheticam, vbi legitur, *Væ ijs qui dicunt quòd bonum est malum, & quòd malum est bonum: qui dicunt dulce amarum, & amarum dulce: qui dicunt tenebras lucem, & lucem tenebras.* Et tamen Dominus ait, *Malus homo de malo thesauro cordis sui profert mala.* Quid est autem malus homo, nisi mala natura: quia homo, natura est? Porrò si homo aliquod bonum est, quia natura est, quid est malus homo, nisi malum bonum? Tamen cùm duo ista discernimus, inuenimus nec ideò malum quia homo est, nec ideò bonum quia iniquus est: sed bonum quia homo, malum quia iniquus. Quisquis igitur dicit, malum est, hominem esse, aut bonum est, iniquum esse, ipse incidit in propheticam illam sententiam, *Væ ijs qui dicunt quòd bonum est malum, & quòd malum est bonum.* Opus enim Dei culpat quod est homo, & vitium hominis laudat quod est iniquitas. Omnis itaque natura etiamsi vitiosa est, inquantum natura est, bona est: inquantum vitiosa est, mala est.

Esa. 5. 20.

Matth. 12. 35.

Esa. 5. 20.

CAP. XIV.

Quapropter in iis contrariis, quæ mala & bona vocantur, illa dialecticorum regula deficit, qua dicunt, Nulli rei duo simul inesse contraria. Nullus enim aër simul est & tenebrosus & lucidus: nullus cibus aut potus simul dulcis est & amarus: nullum corpus simul vbi album, ibi & nigrum: nullum simul vbi deforme, ibi & formosum. Et hoc in multis ac penè in omnibus contrariis reperitur, vt in vna re simul esse non possint. Cùm autem bona & mala nullus ambigat esse contraria, non solùm simul esse possunt, sed etiam mala omnino sine bonis, & nisi in bonis esse non possunt, quamuis bona sine malis esse possint. Potest enim homo vel angelus non esse iniustus: iniustus autem non potest esse nisi homo vel angelus : & bonum, quod homo, bonum, quod angelus : malum, quod iniustus. Et hæc duo contraria ita simul sunt, vt si bonum non esset, in quo malum esset, prorsus nec malum esse potuisset : quia non modò vbi consisteret, sed vnde oriretur corruptio non haberet, nisi esset quod corrumperetur : quod nisi bonum esset, nec corrumperetur : quoniam nihil est aliud corruptio, quam boni exterminatio. Ex bonis igitur mala orta sunt, & nisi in aliquibus bonis non sunt : nec erat aliàs vnde oriretur vlla mali natura : nam si esset, inquantum natura esset, profectò bona esset : & aut incorruptibilis natura magnum esset bonum, aut etiam natura corruptibilis nullo modo esset, nisi aliquod bonum, quod bonum corrumpendo posset ei nocere corruptio.

Sed cùm mala ex bonis orta esse dicimus, non putetur hoc Dominicæ sententiæ refragari, qua dicit, *Non potest arbor bona fructus malos facere. Non potest enim*, sicut veritas dicit, *colligi vua de spinis*, quia non potest vua nasci de spinis. Sed ex bona terra & vites nasci posse videmus & spinas. Et eodem modo tanquam arbor mala fructus bonos, id est, opera bona, non potest facere voluntas mala. Sed ex bona hominis natura oriri voluntas & bona potest & mala. Nec fuit prorsus vnde primitus oriretur voluntas mala, nisi ex angeli & hominis natura bona. Quod & ipse Dominus eodem loco, vbi de arbore & fructibus loquebatur, apertissimè ostendit. Ait enim : *Aut facite arborem bonam & fructum eius bonum, aut facite arborem malam & fructum eius malum* : satis admonens ex arbore quidem bona malos, aut ex mala bonos nasci fructus non posse : ex ipsa tamen terra, cui loquebatur, vtramque arborem oriri posse.

Cap. XV. — *Matth. 7. 18.* — *Matth. 12. 33.*

Capvt V.

Scientiam ignorantiæ atque errori merito præferri. Plurima tamen esse quæ ignorare parum intersit, vt sunt naturæ arcana.

Qvæ cùm ita sint, quando nobis Maronis ille versus placet, Cap. XVI.

Felix qui potuit rerum cognoscere causas : *Georg. 2.*

non nobis videatur ad felicitatem consequendam pertinere, si sciamus caussas magnarum in mundo corporalium motionum, quæ abditissimis naturæ sinibus occuluntur,

Vnde tremor terris, qua vi maria alta tumescant,
Obicibus ruptis, rursusque in se ipsa residant.

& cætera huiusmodi: sed bonarum & malarum rerum caussas nosse debemus. Et id hactenus quatenus eas homini in hac vita erroribus ærumnisque plenissima, ad eosdem errores & ærumnas euadendas nosse conceditur. Ad illam quippe felicitatem tendendum est, vbi nulla quatiamur ærumna, nullo errore fallamur: nam si caussæ corporalium motionum noscendæ nobis essent, nullas magis nosse quam nostræ valetudinis deberemus. Cùm verò eis ignoratis, medicos quærimus, quis non videat quod de secretis cæli & terræ nos latet, quanta sit patientia nesciendum.

CAP. XVII. Quamuis enim error quanta possumus cura cauendus sit, non solum in maioribus, verum etiam in minoribus rebus, nec nisi rerum ignorantia possit errari: non est tamen consequens, vt continuò erret quisquis aliquid nescit, sed quisquis se existimat scire quod nescit: pro vero quippe approbat falsum, quod est erroris proprium. Verumtamen in qua re quisque erret, interest plurimum. Nam in vna eademque re & nescienti sciens, & erranti non errans, recta ratione præponitur. In diuersis autem rebus, id est, cum iste sciat alia, ille alia: & iste vtiliora, ille minus vtilia, vel etiam noxia: quis non in eis quæ ille scit, ei præferat nescientem? sunt enim quædam quæ nescire quam scire scit melius. Itemque nonnullis errare profuit aliquando, sed in via pedum, non in via morum. Nam nobisipsis accidit, vt in quodam biuio falleremur, & non iremus per eum locum vbi operiens transitum nostrum Donatistarum manus armata subsederat: atque ita factum est, vt eò quò tendebamus, per deuium circuitum veniremus: cognitisque insidiis illorum, nos gratularemur errasse, atque inde gratias ageremus Deo. Quis ergo viatorem sic errantem sic non erranti latroni præponere dubitauerit? Et fortasse ideo apud illum summũ poëtam loquens quidam miser amator:

Ecloga 8. *Vt vidi*, inquit, *vt perÿ, vt me malus abstulit error,* quoniam est & error bonus, qui non solùm nihil obsit, verùm etiam prosit aliquid Sed diligentius considerata veritate, cùm nihil sit aliud errare, quam verum putare quod falsum est, falsumque quod verum est: vel certum habere pro incerto, incertúmve pro certo, siue falsum, siue sit verum: idque tam sit in animo deforme atque indecens, quam pulchrum ac decorum esse sentimus, vel in loquendo, vel in assentiendo *est est, non non:* profectò & ob hoc ipsum est vita ista misera qua viuimus, quod ei nonnunquam vt non amittatur, error est necessarius Absit vt talis sit illa vita, vbi est animæ nostræ ipsa veritas vita, vbi nemo fallit, fallitur nemo. Hic autem homines fallunt atque falluntur, miserioresque sunt, cùm mentiendo fallunt, quam cùm mentientibus credendo falluntur. Vsque adeò tamen rationalis natura refugit falsitatem, & quantum potest deuitat errorem, vt falli nolint etiam quicunque amant fallere. Non enim sibi qui mentitur videtur errare, sed alium in errorem mittere credentem sibi: & in ea quidem re non errat quam mendacio contegit, si nouit ipse quid verum sit: sed in hoc fallitur, quod putat sibi suum non obesse mendacium, cùm magis facienti quàm patienti obsit omne peccatum.

Matth. 5. 37.

CAPVT VI.

Mendacium semper esse peccatum. Non mentiri, sed errare qui falsa pro veris habet: eosque errores alios alijs perniciosiores esse.

VERVM difficillima & latebrosissima hîc gignitur quæstio, de qua iam grandem librum cum respondendi necessitas nos vrgeret, absoluimus: Vtrum ad officium hominis iusti pertineat aliquando mentiri. Nonnulli enim eousque progrediuntur, vt & peierare, & de rebus ad Dei cultum pertinentibus, ac de ipsa Dei natura falsum aliquid dicere nonnunquam bonum piumque opus esse contendant. Mihi autem videtur peccatum esse quidem omne mendacium, sed multum interesse quo animo & quibus de rebus quisque mentiatur. Non enim sic peccat ille qui consulendi, quomodo ille qui nocendi voluntate mentitur.

CAP. XVIII.

Aut verò tantum nocet qui viatorem mentiendo in diuersum iter mittit quantum is qui viam vitæ, mendacio fallente deprauat. Nemo sanè mentiens iudicandus est, qui dicit falsum quod putat verum: quoniam quantum in ipso est, non fallit ipse, sed fallitur. Non itaque mendacij, sed aliquando temeritatis arguendus est, qui falsa incautiùs credita pro veris habet. Potiusque econtrariò, quantum in ipso est, mentitur ille qui dicit verum, quod putat falsum. Quantum enim ad animum eius attinet, quia non quod sentit hoc dicit, non verum dicit, quamuis verum inueniatur esse quod dicit: nec vllo modo liber est à mendacio, qui ore nesciens verum loquitur, sciens autem voluntate mentitur. Non consideratis itaque rebus ipsis de quibus aliquid dicitur, sed sola intentione dicentis, melior est qui nesciens falsum dicit, quoniam id verum putat, quàm qui mentiendi animum sciens gerit, nesciens verum esse quod dicit. Ille namque aliud non habet in animo, aliud in verbo: huic verò qualecunque per seipsum sit quod ab eo dicitur, aliud tamen clausum in pectore, aliud in lingua promptum est: quod malum est proprium mentientis. In ipsarum autem quæ dicuntur consideratione rerum tantum interest, qua in re quisque fallatur siue mentiatur, vt cum falli quam mentiri minus sit malum, quantum pertinet ad hominis voluntatem, tamen longè tolerabilius sit in his quæ à religione sunt seiuncta mentiri, quam in iis sine quorum fide vel notitia Deus coli non potest, falli. Quod vt illustretur exemplis, intueamur quale sit, si quispiam dum mentitur, viuere nunciat aliquem mortuum: & alius dum fallitur, credat iterum Christum post quamlibet longa tempora moriturum: nónne illo modo mentiri, quàm isto modo falli incomparabiliter præstat: multoque minoris mali est, in illum errorem aliquem inducere, quàm in istum ab aliquo induci?

CAP. XIX. In quibusdam ergo rebus magno, in quibusdam paruo, in quibusdam nullo malo, in quibusdam etiam nonnullo bono fallimur. Nam magno malo fallitur homo, cum hoc non credit quod ad vitam ducit æternam: vel hoc credit quod ad mortem ducit æternam. Paruo autem malo fallitur, qui falsum pro vero approbando, incidit in aliquas molestias temporales, quibus tamen adhibita fidelis patientia conuertit eas in vsum bonum. Veluti si quisquam bonum hominem putando qui malus est, aliquid ab eo patiatur mali. Qui verò malum hominem ita bonum credit, vt nihil ab eo patiatur mali, nullo malo fallitur: nec in eum cadit illa prophetica detestatio: *Væ ijs qui dicunt quod malum est bonum.* De ipsis enim rebus quibus homines mali sunt, non de hominibus dictum intelligendum est. Vnde qui adulterium dicit bonum, rectè arguitur illa voce prophetica. Qui verò ipsum hominem dicit bonum, quem putat castum, & nescit adulterum, non in doctrina rerum bonarum & malarum, sed in occultis humanorum fallitur morum: vocans hominem bonum, in quo putat esse, quod esse non dubitat bonum, & dicens malum adulterum, & bonum castum: sed hunc bonum dicens nesciendo adulterum esse, illum malum, nesciendo castum. Porrò si per errorem euadit quisque perniciem, sicut superiùs dixi nobis in itinere contigisse, etiam aliquid boni homini errore confertur. Sed cùm dico in quibusdam rebus nullo malo aliquem, vel nonnullo etiam bono falli: non ipsum errorem dico nullum malum vel nonnullum bonum: sed malum quò non venitur, vel bonum quò venitur errando, id est ex ipso errore quid non eueniat, vel quid proueniat: nam ipse per seipsum error aut magnum in re magna, aut paruum in re parua, tamen semper est malum. Quis enim nisi errans malum neget approbare falsa pro veris, aut improbare vera pro falsis, aut habere incerta pro certis, vel certa pro incertis. Sed aliud est, bonum hominem putare qui malus est, quod est erroris: & aliud est, ex hoc malo aliud malum non pati, si nihil noceat homo malus, qui est putatus bonus. Itemque aliud est, ipsam viam putare, quæ non est ipsa, & aliud est, ex hoc erroris malo aliquid boni consequi, velut est ab insidiis malorum hominum liberari.

Esa. 5. 20.

Capvt VII.

Non omnes errores esse peccata. Refutatio Academicorum qui vt error caueatur, omnia pro incertis habenda contendunt. Iterum peccatum esse quodcunque mendacium.

CAP. XX. NEscio sanè vtrùm etiam eiusmodi errores, cum homo de malo homine bene sentit, qualis sit nesciens: aut pro eis quæ per sensus corporis capimus, occurrunt similia, quæ spiritu tanquam corpore, aut corpore, tanquam spiritu sentiuntur: quale putabat esse apostolus Petrus, quando existimabat se visum videre, repentè de claustris & vinculis per angelum liberatus: aut in ipsis rebus corporeis lene putatur esse quod asperum est, aut dulce quod amarum est, aut bene olere quod putidum est, aut tonare cum rheda transit, aut illum esse hominem cùm alius sit, quando duo sibi simillimi sunt, quod in geminis sæpe contingit: vnde ait ille,

Act. 12. 9.

Aeneid. 10.

gratusque parentibus error:

& cætera talia etiam peccata dicenda sint. Nec quæstio nodosissima, quæ homines acutissimos Academicos torsit, nunc mihi enodanda suscepta est, vtrum aliquid debeat sapiens approbare, ne incidat in errorem, si pro veris approbauerit falsa, cum omnia (sicut affirmant) vel occulta sint, vel incerta. Vnde tria confeci volumina in initio conuersionis meæ, ne impedimento nobis essent, quæ tanquam in ostio contradicebant. Et vtique fuerat remouenda inueniendæ desperatio veritatis, quæ illorum videtur argumentationibus roborari. Apud illos ergo error omnis putatur esse peccatum, quod vitari non posse contendunt, nisi omnis suspendatur assensio. Errare quippe dicunt eum quisquis assentitur incertis: nihilque certum esse in hominum visu, propter indiscretam similitudinem falsi, etiam si quod videtur, fortè sit verum, acutissimis quidem, sed impudentissimis conflictationibus disputant. Apud nos autem, *iustus ex fide viuit.* At si tollatur assentio, & fides tollitur: quia sine assentione nihil creditur. Et sunt vera quamuis non videantur, quæ nisi credantur, ad vitam beatam, quæ non nisi æterna est, non potest perueniri. Cum istis verò vtrum loqui debeamus ignoro, qui non solum victuros in æternum, sed in præsentia se viuere nesciunt: imò nescire se dicunt quod nescire non possunt. Neque enim quisquam sinitur nescire se viuere, quandoquidem si non

Abac. 2. 4.

viuit, non potest aliquid scire vel nescire: quoniam non solum scire, verum etiam nescire non nisi viuentis est. Sed videlicet non assentiendo quod viuant, cauere sibi videntur errorem, cum etiam errando conuincantur viuere: quoniam non potest qui non viuit errare. Sicut ergo nos viuere non solum verum, sed etiam certum est: ita vera & certa sunt multa, quibus non assentiri, absit vt sapientia potius quam dementia nominanda sit.

Cap. XXI.

In quibusdam autem rebus nihil interest ad capessendum Dei regnum, vtrum credantur, an non: vel vtrum vera siue sint siue putentur, an falsa. In his errare, id est, aliud pro alio putare, non arbitrandum est esse peccatum: aut si est, minimum esse atque leuissimum. Postremò qualecunque illud & quantumcunque sit, ad illam viam non pertinet, qua imus ad Deum: quæ via fides est Christi, *quæ per dilectionem operatur.* (Galat. 5. 6.) Neque enim ab hac via deuiabat in geminis filiis gratus ille parentibus error: aut ab hac via deuiabat apostolus Petrus, quando se existimans visum videre, (Act. 12. 9.) aliud pro alio sic putabat, vt à corporum imaginibus in quibus se esse arbitrabatur, vera, in quibus erat, corpora non dignosceret, nisi cum ab illo angelus, per quem fuerat liberatus, abscessit: aut ab hac via deuiabat Iacob patriarcha, quando viuentem filium à bestia credebat occisum. (Genes. 37. 33.) In his atque huiusmodi falsitatibus salua fide, quæ in Deum nobis est, fallimur, & via non relicta, quæ ad illum nos ducit, erramus: qui errores etiam si peccata non sunt, tamen in malis huius vitæ deputandi sunt, quæ ita subiecta est vanitati, vt approbentur hic falsa pro veris, respuantur vera pro falsis, teneantur incerta pro certis. Quamuis enim hæc ab ea fide absint, per quam ad veram certamque atque æternam beatitudinem tendimus: ab ea tamen miseria non absunt, in qua adhuc sumus. Nullo modo quippe falleremur in aliquo vel animi vel corporis sensu, si iam vera illa atque perfecta felicitate frueremur.

Cap. XXII. Omne mendacium peccatum.

Porro autem omne mendacium ideo dicendum est esse peccatum, quia homo non solum quando scit ipse quid verum sit, sed etiam si quando errat & fallitur sicut homo, hoc debet loqui quod animo gerit: siue illud verum sit, siue putetur & non sit. Omnis autem qui mentitur, contra id quod animo sentit loquitur, voluntate fallendi. Et vtique verba propterea sunt instituta, non per quæ se inuicem homines fallant, sed per quæ in alterius quisque notitiam cogitationes suas perferat. Verbis igitur vti ad fallaciam, non ad quod instituta sunt, peccatum est. Nec ideo vllum mendacium putandum est non esse peccatum, quia possumus aliquando alicui prodesse mentiendo. Possumus enim & furando aliquando alicui prodesse, si pauper cui palam datur, sentit commodum, & diues cui clam tollitur, non sentit incommodum: nec ideo tale furtum quisquam dixerit non esse peccatum. Possumus & adulterando prodesse, si aliqua, nisi ad hoc ei consentiatur, appareat amando moritura, & si vixerit pœnitendo purganda: nec ideo peccatum tale negabitur adulterium. Si autem meritò nobis placet castitas, quid quæso offendit veritas, vt propter alienam vtilitatem illa non violetur adulterando, & violetur ista

Hæc absunt à MSS. mentiendo? [Non ideo mendacium poterit aliquando laudari, quia nonnunquam pro salute quorundam mentimur. Peccatum ergo est, sed veniale, quod beneuolentia excusat, & ideo fallacia damnat] Plurimum quidem ad bonum profecisse homines, qui non nisi pro salute hominis mentiuntur, non est negandum: sed in eorum tali profectu meritò laudatur, vel etiam temporaliter remuneratur beneuolentia, non fallacia quæ vt ignoscatur satis est, non vt etiam prædicetur, maximè in hæredibus testamenti noui,

Matth. 5. 37. quibus dicitur, *Sit in ore vestro est est, non non: quod enim amplius est, à malo est.* Propter quod malum, quia subrepere in hac mortalitate non desinit, etiam ipsi cohæredes Christi dicunt, *Dimitte nobis debita nostra.*

CAPVT VIII.

Bonarum rerum causam non esse nisi bonitatem Dei: malarum vero ab immutabili bono deficientem boni mutabilis voluntatem. Prius Angeli, hominis postea.

CAP. XXIII. His itaque pro huius breuitatis necessitate tractatis, quoniam causæ cognoscendæ sunt rerum bonarum & malarum, quantum viæ satis est quæ nos perducat

perducat ad regnum, vbi erit vita sine morte, sine errore veritas, sine perturbatione felicitas: nequaquam dubitare debemus rerum quæ ad nos pertinent bonarum causam non esse nisi bonitatem Dei: malarum verò ab immutabili bono deficientem boni mutabilis voluntatem, prius angeli, hominis postea.

Hoc primum est creaturæ rationalis malum, id est prima priuatio boni: deinde etiam iam nolentibus subintrauit ignorantia rerum agendarum, & concupiscentia noxiarum, quibus comites subinferuntur error & dolor: quæ duo mala quando imminentia sentiuntur, ea fugitantis animi motus vocatur metus. Porrò animus cum adipiscitur concupita, quamuis perniciosa vel inania, quoniam id errore non sentit, vel delectatione morbida vincitur, vana etiam lætitia ventilatur. Ex his morborum non vbertatis, sed indigentiæ tanquam fontibus omnis miseria naturæ rationalis emanat. CAP. XXIV.

Quæ tamen natura in malis suis non potuit amittere beatitudinis appetitum. Verum hæc communia mala sunt & hominum & angelorum pro sua malitia Dei iustitia damnatorum. Sed homo habet & pœnam propriam, qua etiam corporis morte punitus est. Mortis quippe supplicium Dominus ei comminatus fuerat, si peccaret: sic eum munerans libero arbitrio, vt tamen regeret imperio, terreret exitio, atque in paradisi felicitate tanquam in vmbra vitæ, vnde iustitia custodita in meliora conscenderet, collocauit. CAP. XXV. Primi peccati pœnæ egregie describuntur. *Genes. 2. 17.*

Hinc post peccatum exul effectus, stirpem quoque suam, quam peccando in se tanquam in radice vitiauerat, pœna mortis & damnatione obstrinxit: vt quicquid prolis ex illo & simul damnata per quam peccauerat coniuge, per carnalem concupiscentiam, in qua inobedientiæ pœna similis retributa est, nasceretur, traheret originale peccatum, quo traheretur per errores doloresque diuersos ad illud extremum cum desertoribus angelis vitiatoribus & possessoribus & consortibus suis sine fine supplicium. *Sic per vnum hominem peccatum intrauit in mundum & per peccatum mors: & ita in omnes homines pertransiit, in quo omnes peccauerunt.* Mundum quippe appellauit eo loco Apostolus vniuersum genus humanum. CAP. XXVI. *Rom. 5. 12.*

CAP. XXVII Ita ergo res se habebant? Iacebat in malis, vel etiam voluebatur, & de malis in mala præcipitabatur totius humani generis massa damnata: & adiuncta parti eorum qui peccauerant angelorum, luebat impiæ desertionis dignissimas pœnas. Ad iram quippe Dei pertinet iustam, quidquid cæca & indomita concupiscentia faciunt libenter mali, & quicquid manifestis opertisque pœnis patiuntur inuiti: non sanè creatoris desistente bonitate, & malis angelis subministrare vitam, viuacemque potentiam, quæ subministratio si auferatur, interibunt: & hominum quamuis de propagine vitiata damnataque nascentium formare semina & animare, & ordinare membra per temporum ætates, per locorum spatia, vegetare sensus, alimenta donare. Melius enim iudicauit de malis bene facere, quam mala nulla esse permittere. Et si quidem in melius hominum reformationem nullam prorsus esse voluisset, sicut impiorum nulla est angelorum, nonne meritò fieret, vt natura quæ Deum deseruit, quæ præceptum sui creatoris, quod custodire facillimè posset, sua malè vtens potestate calcauit atque transgressa est, quæ sui in se creatoris imaginem ab eius lumine contumaciter auersa violauit, quæ salubrem seruitutem ab eius legibus malè libero abrupit arbitrio, vniuersa in æternum desereretur ab eo, & pro suo merito pœnam penderet sempiternam? Planè ita faceret, si tantum iustus non etiam misericors esset, suamque indebitam misericordiam multo euidentiùs in indignorum potius liberatione monstraret.

CAPVT IX.

Casus Angelorum, in quorum locum succedunt homines, quos à perditione sola Dei gratia liberat, cum nemo iam bonum velle aut operari possit, nisi in quo Deus operetur & velle & operari: Adeoque non sit volentis, neque currentis, sed miserentis Dei.

CA. XXVIII. ANGELIS igitur aliquibus impia superbia deserentibus Deum, & in huius aëris imam caliginem de superna cælesti habitatione deiectis, residuus numerus angelorum in æterna cum Deo beatitudine & sanctitate permansit. Neque enim ex vno angelo lapso atque damnato cæteri propagati sunt, vt eos, sicut homines originale malum, obnoxiæ successionis vinculis obligaret, atque vniuersos traheret ad debitas pœnas: sed eo qui diabolus factus est, cum sociis impietatis elato, & in ipsa cum eis elatione prostrato, cæteri pia obedientia Domino cohæserunt, accipientes etiam quod illi non habuerunt, certam scientiam, qua essent de sua sempiterna & nunquam casura stabilitate securi.

CAP. XXIX.

Placuit itaque vniuersitatis creatori atque moderatori Deo, vt quoniam non tota multitudo angelorum Deum deserendo perierat, ea quæ perierat, in perpetua perditione remaneret: quæ autem cum Deo illa deserente persliterat, de sua certissimè cognita semper futura felicitate secura gauderet: alia verò creatura rationalis, quæ in hominibus erat, quoniam peccatis atque suppliciis, & originalibus & propriis tota perierat, ex eius parte reparata quod angelicæ societati ruina illa diabolica minuerat, suppleret. Hoc enim promissum est resurgentibus sanctis, *quod erunt æquales angelis Dei*. Itaque superna illa Hierusalem mater nostra ciuitas Dei, nulla ciuium suorum numerositate fraudabitur, sed vberiore etiam copia fortasse regnabit. Neque enim numerum aut sanctorum hominum, aut immundorum dæmonum nouimus, in quorum locum succedentes filij sanctæ matris ecclesiæ quæ sterilis apparebat in terris, in ea pace de qua illi ceciderunt, sine vllo temporis termino permanebunt. Sed illorum ciuium numerus, siue qui est, siue qui futurus est, in contemplatione est eius artificis, *qui vocat ea quæ non sunt, tanquam ea quæ sunt, atque in mensura & numero & pondere cuncta disponit.*

Luc. 20. 36.

22. De ciuit. Dei, cap. 1.

Rom. 4. 17.
Sap. 11. 21.

CAP. XXX.
Merita, gratia, liberum arbitrium.

Verum hæc par generis humani, cui liberationem Deus regnumque promisit æternum, nunquid meritis operum suorum reparari potest? Absit. Quid enim boni operari potest perditus, nisi quantum fuerit à perditione liberatus? Numquid libero voluntatis arbitrio? Et hoc absit: nam libero arbitrio malè vtens homo, & se perdidit & ipsum. Sicut enim qui se occidit, vtique viuendo se occidit, sed se occidendo non viuit, nec seipsum potest resuscitare cum occiderit: ita cum libero peccaretur arbitrio, victore peccato amissum est & liberum arbitrium: *à quo enim quis de-*

2. Pet. 2. 19. *uictus est, huic & seruus addictus est.* Petri certè apostoli est ista sententia. Quæ cum vera sit, qualis quæso potest serui addicti esse libertas, nisi quando eum peccare delectat? Liberaliter enim seruit, qui sui domini voluntatem libenter facit. Ac per hoc ad peccandum liber est, qui peccati seruus est. Vnde ad iustè faciendum liber non erit, nisi à peccato liberatus, esse iustitiæ cœperit seruus. Ipsa est vera libertas propter recti facti lætitiam, simul & pia seruitus propter præcepti obedientiam. Sed ista libertas ad benefaciendum vnde erit homini addicto & vendito, nisi redimat ille cuius

Ioan. 8. 36. illa vox est, *Si vos filius liberauerit, tunc verè liberi eritis?* Quod antequam fieri in homine incipiat, quomodo quisquam de libero arbitrio in bono gloriatur opere, qui nondum liber est ad operandum bene, nisi se vana superbia inflatus extollat, quam cohibet Apo-

Ephes. 2. 8. stolus dicens: *Gratia salui facti estis per fidem?*

CAP. XXXI.

Et ne ipsam saltem fidem sic sibi homines arrogarent, vt non intelligerent diuinitus esse donatam, sicut

1. Cor. 7. 25. idem apostolus alio loco dicit, se vt fidelis esset misericordiam consecutum: hîc quoque adiunxit atque ait: *Et hoc non ex vobis, sed Dei donum est, non ex operibus, ne fortè quis extollatur.* Et ne putarentur fidelibus bona opera defutura, rursus adiecit: *Ipsius enim sumus figmentum creati in Christo Iesu in operibus bonis quæ præparauit Deus, vt in illis ambulemus.* Tunc ergo efficimur verè liberi, cum Deus nos fingit, id est, format, & creat non vt homines, quod iam fecit, sed vt boni homines simus, quod nunc gratia sua facit: vt simus

Galat. 6. 15. *in Christo Iesu noua creatura*, secundum quod dictum

Psalm. 50. 12. est: *Cor mundum crea in me Deus.* Neque enim cor eius quantum pertinet ad naturam cordis humani, non iam creauerat Deus.

CA. XXXII. Bona voluntas à Deo.

Item ne quisquam etsi non de operibus, de ipso glorietur libero arbitrio voluntatis, tanquam ab ipso incipiat meritum, cui tanquam debitum reddatur præmium bene operandi ipsa libertas, audiat eundem

Philip. 2. 13. gratiæ præconem dicentem: *Deus est enim qui operatur in vobis & velle & operari pro bona voluntate.* Et alio

Rom. 9. 16. loco: *Igitur non volentis neque currentis, sed miserentis est Dei.* Cum proculdubiò si homo eius ætatis est vt ratione iam vtatur, non possit credere, sperare, diligere nisi velit, nec peruenire *ad palmam superne vocationis Dei*, nisi voluntate cucurrerit. Quomodo ergo *non volentis neque currentis, sed miserentis est Dei*, nisi quia & ipsa *voluntas*, sicut scriptum est, *à Deo præparatur?* *Prouerb. 8. 35. sec. 70.* Alioquin si propterea dictum est, *non volentis neque currentis, sed miserentis est Dei:* quia ex vtroque fit, id est ex voluntate hominis, & misericordia Dei: vt sic dictum accipiamus, *Non volentis, neque currentis, sed miserentis est Dei:* tanquam diceretur, non sufficit sola voluntas hominis, si non sit etiam misericordia Dei: Non ergo sufficit sola misericordia Dei, si non sit etiam voluntas hominis: ac per hoc si rectè dictum est, *non volentis hominis, sed miserentis est Dei*, quia id voluntas hominis sola non implet, cur non & econtrariò rectè dicitur, non miserentis est Dei, sed volentis est hominis, quia id misericordia Dei sola non implet? Porrò si nullus Christianus dicere audebit, non miserentis est Dei, sed volentis est hominis, ne Apostolo apertissimè contradicat: restat vt propterea rectè dictum intelligatur, non volentis neque currentis, sed miserentis est Dei, vt totum Deo detur, qui hominis voluntatem bonam & præparat adiuuandam, & adiuuat præparatam. Præcedit enim bona voluntas hominis multa Dei dona, sed non omnia: quæ autem non præcedit ipsa, in eis est & ipsa. Nam vtrumque legitur in sanctis eloquiis: *Et misericordia eius præueniet me, & misericordia eius subsequetur me.* *Psalm. 58. 11. Psalm. 22. 6.* Nolentem præuenit vt velit, volentem subsequitur ne frustra velit. Cur enim admonemur orare pro inimicis nostris vtique nolentibus piè viuere, nisi Deus in illis operetur vt velint? Item cur admonemur petere vt accipiamus, nisi vt ab illo fiat quod volumus à quo factum est vt velimus? Oramus ergo pro inimicis nostris vt misericordia Dei præueniat eos, sicut præuenit & nos: oramus autem pro nobis, vt misericordia eius subsequatur nos.

CAPVT X.

De symboli articulis qui ad Christi personam spectant. Cum omnes homines peccato obnoxij essent, necessarium fuisse mediatorem per quem Deo reconciliarentur.

eumque esse Iesum Christum, Deum simul & hominem.

Ca.XXXIII TENEBATVR itaque iusta damnatione genus humanum, & omnes erant iræ filij, de qua ira scri-
Psalm. 89. 9. ptum est: *Quoniam omnes dies nostri defecerunt, & in ira tua defecimus. Anni nostri sicut aranea meditabuntur.*
Iob 14. 1. de qua ira dicit etiam Iob: *Homo enim natus ex muliere,*
Ioan 3. 36. *re, breuis vitæ & plenus iræ.* de qua ira dicit etiam Dominus Iesus: *Qui credit in filium, habet vitam æternam: qui autem non credit in filium, non habet vitam æternam, sed ira Dei manet super eum.* Non ait veniet, sed manet super eum: cum hac quippe omnis homo nascitur.
Ephes. 2. 3. propter quod dicit Apostolus: *Fuimus enim & nos natura filij iræ, sicut & cæteri.* In hac ira cùm essent homines per originale peccatum, & tantò grauius & perniciosius, quantò maiora vel plura insuper addiderunt,
Heb. 8. 6. & 9. 11. necessarius erat mediator, hoc est reconciliator, qui hanc iram sacrificij singularis, cuius erant vmbræ omnia sacrificia legis & prophetarum, oblatione placaret
Rom. 5. 10. vnde dicit Apostolus: *Si enim cùm inimici essemus, reconciliati sumus Deo per mortem filij eius, multo magis reconciliati nunc in sanguine eius salui erimus ab*
Quomodo dicatur Deus irasci. *ira per ipsum.* Cum autem Deus irasci dicitur, non eius significatur perturbatio qualis est in animo irascentis hominis: sed ex humanis motibus translato vocabulo, vindicta eius, quæ non nisi iusta est, iræ nomen accepit. Quod ergo per mediatorem reconciliamur Deo, & accipimus Spiritum sanctum, vt ex inimicis efficia-
Rom. 8. 14. mur filij: *quotquot enim spiritu Dei aguntur, hi filij sunt Dei*: hæc est *gratia Dei per Iesum Christum Dominum nostrum.*

Ca.XXXIV De quo mediatore longum est, vt quanta dignum est, tanta dicantur, quamuis ab homine dignè dici non possint. Quis enim hoc solum congruentibus explicet verbis, quod *verbum caro factum est, & habitauit in nobis*, vt crederemus in Dei patris omnipotentis vnicum filium natum de Spiritu sancto & Maria virgine? Ita quippe verbum caro factum est, à diuinitate carne suscepta, non in carnem diuinitate mutata. Carnem porrò hic hominem debemus accipere, à parte totum si-
Rom. 3. 20. gnificante locutione, sicut dictum est: *Quoniam ex operibus legis non iustificabitur omnis caro*, id est omnis

homo. Nam nihil naturæ humanæ in illa susceptione fas est dicere defuisse, sed naturæ ab omni peccati nexu omnimodo liberæ: non qualis de vtroque sexu nascitur per concupiscentiam carnis cum obligatione delicti, cuius reatus per regenerationem diluitur: sed qualem de virgine nasci oportebat, quam fides matris non libido conceperat. Quòd si vel per nascentem corrumperetur eius integritas, non iam ille de virgine nasceretur: eumque falso, quod absit, de virgine Maria natum tota confiteretur ecclesia, quæ imitans eius matrem quotidie parit membra eius, & virgo est. Lege, si placet, de virginitate sanctæ Mariæ meas litteras missis ad illustrem virum, quem cum honore ac dilectione nomino Volusianum. *Epist. 3.*

Cap. XXXV. Christus Deus & homo.

Proinde Christus Iesus Dei filius est, & Deus & homo est. Deus ante omnia sæcula, homo in nostro sæculo. Deus quia Dei verbum, *Deus enim erat verbum*: homo autem quia in vnitatem personæ accessit verbo anima rationalis & caro. Quocirca inquantum Deus est, *ipse & pater vnum sunt*: inquantum autem homo, *pater maior est illo*. Cùm enim esset vnicus Dei filius, non gratia, sed natura, vt esset etiam plenus gratia, factus est & hominis filius: idemq; ipse vtrumque ex vtroque vnus Christus: quia *cùm in forma Dei esset, non rapinam arbitratus est*, quod natura erat, id est, *esse æqualis Deo: exinaniuit autem se, formam serui accipiens*, non amittens vel minuens formam Dei. Ac per hoc & minor est factus, & mansit æqualis, vtrumque vnus, sicut dictum: sed aliud propter verbum, aliud propter hominem. Propter enim verbum æqualis patri, propter hominem minor. Vnus Dei filius, idemque hominis filius: vnus hominis filius, idemque Dei filius: non duo filij Dei, Deus & homo, sed vnus Dei filius: Deus sine initio, homo à certo initio, Dominus noster Iesus Christus.

Ioan. 10. 30. *Ioan. 14. 28.* *Philip. 2. 6.*

Caput XI.

In humana Christi natura Dei gratiam euidenter apparuisse, cum eam ad tantam dignitatem meritis vllis euectam fuisse nulla ratione dici queat.

Ca. XXXVI

Hic omnino granditer & euidenter Dei gratia commendatur. Quid enim natura humana in

homine Christo meruit, vt in vnitatem personæ vnici filij Dei singulariter esset assumpta? Quæ bona voluntas, cuius boni propositi studium, quæ bona opera præcessere, quibus mereretur ille homo, vt vna fieret persona cum Deo? Numquid antea fuit homo, & hoc ei singulare beneficium præstitum est, vt singulariter promereretur Deum? Nempe ex quo homo esse cœpit, non aliud cœpit esse homo quam Dei filius: & hoc vnicus, & propter Deum verbum, quod illo suscepto *caro factum est*, vtique Deus: vt quemadmodum est vna persona quilibet homo, anima scilicet rationalis & caro, ita sit Christus vna persona, verbum & homo. Vnde naturæ humanæ tanta gloria nullis præcedentibus meritis sine dubitatione gratuita: nisi quia magna hîc & sola Dei gratia fideliter & sobriè considerantibus euidenter ostenditur: vt intelligant homines per eandem gratiam se iustificari à peccatis, per quam factum est vt homo Christus nullum habere posset peccatum? Sic & eius matrem angelus salutauit, quando
Luc. 1. 28. ei futurum annuntiauit hunc partum: *Aue* (inquit) *gratia plena* & paulo pòst: *Inuenisti* (ait) *gratiam apud Deum.* Et hæc quidem gratia plena, & inuenisse gratiam apud Deum dicitur, vt Domini sui, imò Domini omnium mater esset. De ipso autem Ioannes Euangelista cum dixisset, *Et verbum caro factum est, & habitauit in nobis,* & *vidimus* (inquit) *gloriam eius quasi vnigeniti à patre, plenum gratiæ & veritatis.* Quod ait, *Verbum caro factum est*: hoc est plenum gratiæ: quod ait, *Gloriam vnigeniti à patre*: hoc est, plenum veritatis. Veritas quippe ipsa, vnigenitus Dei filius non gratia, sed natura, gratia suscepit hominem tanta vnitate personæ, vt idem ipse etiam esset hominis filius.

C. XXXVII. Idem namque Iesus Christus filius Dei vnigenitus, idem vnicus Dominus noster, natus est de spiritu sancto & Maria virgine. Et vtique Spiritus sanctus Dei donum est, quod quidem & ipsum est æquale donanti. Et ideo Deus est etiam Spiritus sanctus, patre filioque non minor. Ex hoc ergo quòd de Spiritu sancto est secundùm hominem natiuitas Christi, quid aliud quàm ipsa gratia demonstratur? Cùm enim virgo quæsiuisset ab angelo, quomodo id fieret quod ei nunciabat, quando quidem illa virum non cognosceret: respondit angelus, *Spiritus sanctus superueniet in te, & virtus altissimi obumbrabit tibi: ideoque & quod nascetur ex te sanctum, vocabitur filius Dei.* Et Ioseph cùm vellet eam dimittere, suspicatus adulteram quam sciebat non de se grauidam, tale responsum ab angelo accepit: *Noli timere accipere Mariam coniugem tuam: quod enim in ea natum est, de Spiritu sancto est*: id est, quod tu esse de alio viro suspicaris, de Spiritu sancto est. Luc. 1. 35. Math. 1. 20.

Caput XII.

Christus de Spiritu sancto natus dicitur ad gratiam insinuandam, non tamen Filius est Spiritus sancti: sed vtrique substantia diuinâ scilicet atque humanâ Filius est Dei Patris.

Hvnqvid tamen ideo dicturi sumus patrem hominis Christi esse Spiritum sanctum, vt Deus pater verbum genuerit, Spiritus sanctus hominem, ex qua vtraq; substantia Christus vnus esset, & Dei patris filius secundum verbum, & Spiritus sancti filius secundum hominem: quod quasi eum Spiritus sanctus tanquam pater eius de matre virgine genuisset? Quis hoc dicere audebit? Nec opus est ostendere disputando quanta alia sequantur absurda, cum hoc ipsum iam ita sit absurdum, vt nullæ fideles aures id valeant sustinere. Proinde sicut confitemur, Dominus noster Iesus Christus, qui de Deo Deus, homo autem natus est de Spiritu sancto & Maria virgine, vtraque substantia diuina scilicet atque humana, filius est vnicus Dei patris omnipotentis, de quo procedit Spiritus sanctus. Quomodo ergo dicimus Christum natum de Spiritu sancto, si non eum genuit Spiritus sanctus? An quia fecit eum? quoniam Dominus noster Iesus Christus inquantum Deus est, *omnia per ipsum facta sunt*: inquantum autem homo est, & ipse factus est, sicut Apostolus dicit: *Factus est ex semine Dauid secundum carnem.* Sed cum illam creaturam quam virgo concepit & peperit, quamuis ad solam personam filij pertinentem, tota Trinitas fecerit, neque enim separabilia sunt opera Trinitatis, cur in ea facienda solus Spiritus sanctus nominatus est? An & quando vnus trium in aliquo opere nominatur, vniuersa operari Trinitas intel- C.XXXVIII Ioan. 1. 3. Rom. 1. 3.

ligitur? Ita verò eſt, & exemplis doceri poteſt, Sed non eſt in hoc diutiùs immorandum. Illud enim mouet quomodo dictum ſit, *Natus de Spiritu ſancto*, cum filius nullomodo ſit Spiritus ſancti. Neque enim quia mundum iſtum fecit Deus, dici eum fas eſt Dei filium, aut eum natum de Deo, ſed factum, vel creatum, vel conditum, vel inſtitutum ab illo, vel ſi quid huiuſmodi rectè poſſumus dicere. Hunc ergo cùm conſiteamur natum de Spiritu ſancto & Maria virgine, quomodo non ſit filius Spiritus ſancti, & ſit filius virginis Mariæ, cum & de illo & de illa ſit natus, explicare difficile eſt. Proculdubio quippe non ſic de illo vt de patre: ſic autem de illa vt de matre natus eſt.

Matth. 1. 20.

C. XXXIX. Non igitur concedendum eſt quicquid de aliqua re naſcitur, continuò eiuſdem rei filium nuncupandum. Vt enim omittam alia: aliter de homine naſci filium, aliter capillum, pediculum vel lumbricum, quorum nihil eſt filius. Vt ergo hæc omittam, quoniam tantæ rei deformiter comparantur, certè qui naſcuntur ex aqua & Spiritu ſancto, non aquæ filios eos ritè dixerit quiſpiam, ſed planè dicuntur filij Dei patris & matris eccleſiæ Sic ergo de Spiritu ſancto natus eſt filius Dei Patris non Spiritus ſancti. Nam & illud quod de capillo & de cæteris diximus, ad hoc tantum valet vt admoneamur, non omne quod de aliquo naſcitur, etiam filium eius de quo naſcitur poſſe dici Sicut non omnes qui dicuntur alicuius filij, conſequens eſt vt de illo etiam nati eſſe dicantur, ſicut ſunt qui adoptantur. Dicuntur etiam filij gehennæ, non ex illa nati, ſed in illam præparati, ſicut filij regni qui præparantur in regnum.

CAP. XL. Cum itaque de aliquo naſcatur aliquid etiam non eo modo vt ſit filius, nec rurſus omnis qui dicitur filius, de illo ſit natus cuius dicitur filius: profectò modus iſte, quo natus eſt Chriſtus de Spiritu ſancto non ſicut filius: & de Maria virgine ſicut filius, inſinuat nobis gratiam Dei: qua homo nullis præcedentibus meritis, in ipſo exordio naturæ ſuæ quo eſſe cœpit, verbo Dei copularetur in tantam perſonæ vnitatem, vt idem ipſe eſſet filius Dei, qui filius hominis, & filius hominis qui filius Dei: ac ſic in naturæ humanæ ſuſceptione fieret quodammodo ipſa gratia illi homiri naturalis, quæ nullum peccatum possit admittere. Quæ gratia propterea per Spiritum sanctum fuerat significanda, quia ipse propriè sic est Deus, vt dicatur etiam *Dei donum.* Vnde sufficienter loqui perlongum esset: si tamen id fieri potest, valdè prolixæ disputationis est. *Ioan. 4. 10. Act. 8. 20.*

Capvt XIII.

Christus sine libidine conceptus expers omnino peccati fuit, sed peccatum pro nobis factus est hoc est hostia pro peccato. De peccato originis vtrum vnicum sit an plura.

Cap. XLI.

NVLLA igitur voluptate carnalis concupiscentiæ seminatus siue conceptus est, & ideò nullum peccatum originaliter trahens, Dei quoque gratiâ verbo patris vnigenito, non gratiâ filio, sed naturâ, in vnitate personæ modo mirabili & ineffabili adiunctus & concretus, & ideò *nullum peccatum* & ipse committens, tamen propter *similitudinem carnis peccati*, in qua venerat, dictus est & ipse peccatum, sacrificandus ad diluenda peccata. In veteri quippe lege peccata vocabantur sacrificia pro peccatis. Quod verè iste factus est, cuius erant vmbræ illa. Hinc Apostolus cum dixisset, *Obsecramus pro Christo reconciliari Deo:* continuò subiunxit atque ait: *Eum qui non nouerat peccatum, pro nobis peccatum fecit, vt nos simus iustitia Dei in ipso.* Non ait, vt in quibusdam mendosis codicibus legitur, Is qui non nouerat peccatum, pro nobis peccatum fecit: tanquam pro nobis Christus ipse peccauerit: sed ait, *Eum qui non nouerat peccatum*, id est, Christum pro nobis peccatum fecit Deus, cui reconciliandi sumus: hoc est sacrificium pro peccatis, per quod reconciliari valeremus. Ipse ergo peccatum, vt nos iustitia: nec nostra, sed Dei sumus: nec in nobis, sed in ipso: sicut ipse peccatum non suum, sed nostrum: nec in se, sed in nobis constitutum, *similitudine carnis peccati*, in qua crucifixus est, demonstrauit: vt quoniam peccatum ei non inerat, ita quodammodo peccato moreretur dum moritur carne, in qua erat similitudo peccati, & cùm secundū vetustatem peccati nunquam ipse vixisset, nostram ex morte veteri, qua in peccato mortui fueramus reuiuiscentem vitam noua sua resurrectione signaret.

1. Pet. 2. 22. Rom. 8. 3. Oseæ 4. 2. Cor. 5. 2. Cor. 5. 21. Rom. 8. 3.

CAP. XLII. Baptismo.

Ipsum est quod in nobis celebratur, magnum baptismatis Sacramentum, vt quicunque ad istam pertinent gratiam, moriantur peccato sicut ipse peccato mortuus dicitur: quia mortuus est carni, hoc est peccati similitudini: & viuant de lauacro renascendo, sicut ipse de sepulchro resurgendo, quamlibet corporis ætatem gerant.

CAP. XLIII.

A paruulo enim recens nato vsque ad decrepitum senem, sicut nullus prohibendus est à baptismo, ita nullus est qui non peccato moriatur in baptismo: sed paruuli tantum originali, maiores autem etiam iis omnibus moriuntur peccatis, quæcunque malè viuendo addiderunt ad illud quod nascendo traxerunt.

CAP. XLIV.

Sed ideo etiam ipsi peccato mori plerunque dicuntur, cum proculdubiò non vni, sed multis peccatis omnibusque moriantur, quæcunque iam propria commiserunt, vel cogitatione, vel locutione, vel opere: quia etiam per singularem numerum pluralis numerus significari solet, sicut ait ille:

Æneid. 2. *Vterumque armato milite complent:*

quamuis hoc multis militibus fecerint. Et in nostris literis legitur: *Ora ergo ad Dominum, vt auferat à nobis serpentem.* (Num. 21. 7.) Non ait serpentes, quos patiebatur populus * vt hoc diceret, & innumerabilia talia. Cum verò & illud originale vnum plurali numero significatur, quando dicimus in peccatorum remissionem baptizari paruulos, nec dicimus in remissionem peccati: illa est contraria locutio, qua per pluralem locutionem significatur numerus singularis. Sicut de Herode mortuo in Euangelio dictum est: *Mortui sunt enim qui quærebant animam pueri.* (Matth. 2. 20.) Non dictum est mortuus est. Et in Exodo: *Fecerunt*, inquit, *sibi deos aureos:* (Exod. 32. 31.) cùm vnum vitulum fecerint tantum, de quo dixerunt: *Hi sunt dij tui Israel, qui eduxerunt te de terra Ægypti.* Et hic ponentes pluralem pro singulari.

* fort. cum

CAP. XLV. Primo peccato plura comprehendi.

Quamuis & in illo peccato vno, quod *per vnum hominem intrauit in mundum, & in omnes homines pertransiit*, propter quod etiam paruuli baptizantur, possint intelligi plura peccata, si vnum ipsum in sua quasi membra diuidatur singula. Nam & superbia est illic, quia homo in sua potius esse quàm in Dei potestate dilexit: & sacrilegium, quia Deo non credidit: & homicidium, quia semetipsum præcipitauit in mortem: & fornicatio spiritalis, quia integritas mentis humanæ serpentina suasione corrupta est: & furtum, quia cibus prohibitus vsurpatus est: & auaritia, quia plus quam illi sufficere debuit, appetiuit: & si quid aliud in hoc vno admisso diligenti consideratione inueniri potest. *Genes. 3. 6.*

CAP. XLVI.

Parentum quoque peccatis paruulos obligari non solum primorum hominum, sed etiam suorum, de quibus ipsi nati sunt, non improbabiliter dicitur. Illa quippe diuina sententia, *Reddam peccata patrum in filios:* tenet eos vtique antequam per regenerationem ad Testamentum nouum incipiant pertinere. Quod Testamentum prophetabatur, cum diceretur per Ezechielem, non accepturos filios peccata patrum suorum, nec vlteriùs futuram in Israël parabolam illam: *Patres manducauerunt vuam acerbam, & dentes filiorum obstupuerunt.* Ideò enim quisque renascitur, vt soluatur in eo quicquid peccati est cum quo nascitur. Nam peccata quæ malè agendo posteà committuntur, possunt & pœnitendo sanari, sicut etiam post baptismum fieri videmus. Ac per hoc non ob aliud est instituta regeneratio, nisi quia vitiosa est generatio, vsque adeò vt etiam de legitimo matrimonio procreatus dicat. *In iniquitatibus conceptus sum, & in peccatis mater mea me in vtero aluit.* Neque hic dixit, In iniquitate vel peccato, cùm & hoc rectè dici posset: sed iniquitates & peccata dicere maluit. Quia & in illo vno *quod in omnes homines pertransiit*, atque tam magnum est, vt in eo mutaretur & conuerteretur in necessitatem mortis humana natura, sicut suprà disserui, reperiuntur plura peccata, & alia parentum, quæ etsi non ita possunt mutare naturam, reatu tamen obligat filios, nisi gratuita gratia & misericordia diuina subueniat. *Exod. 34. 7.* *Ezech. 18. 20.* *Psalm. 50. 7.* *Rom. 5. 12.*

CAP. XLVII

Sed de peccatis aliorum parentum, quibus ab ipso Adam vsque ad patrem suum, progeneratoribus suis quisque succedit, non immeritò disceptari potest: vtrum omnium malis actibus & multiplicatis delictis originalibus qui nascitur, implicetur, vt tanto peius, quanto posterius quisque nascatur: an propterea Deus *in tertiam & quartam generationem* de peccatis parentum eorum posteris comminetur, quia iram suam *Exod. 20. 5.*

quantum ad progeneratorum suorum culpas non extendit vlterius moderatione miserationis suæ: ne illi quibus regenerationis gratia non confertur, nimia sarcina in ipsa sua æterna damnatione premerentur, si cogerentur ab initio generis humani omnium præcedentium parentum suorum originaliter peccata contrahere, & pœnas pro eis debitas pendere. An aliud aliquid de re tanta in Scripturis sanctis diligentiùs perscrutatis atque tractatis valeat, vel non valeat reperiri, temerè non audeo affirmare.

CAPVT XIV.

Neminem ab originis peccato liberari nisi in Christo renascatur, adeoque ex Pauli doctrina peccato moriatur, & in nouitate vitæ ambulet, cum mysteria Christi crucem, sepulturam, &c. vita Christiana repræsentare debeat. De Christo ad iudicandum venturo.

CA. XLVIII. ILLVD tamen vnum peccatum, quod tam magnum in loco & habitu tantæ felicitatis admissum est, vt in vno homine originaliter, atque (vt ita dixerim) radicaliter totum genus humanum damnaretur, non

1. Tit. 2. 5. soluitur ac diluitur, nisi *per vnum mediatorem Dei & hominum hominem Christum Iesum* qui solus potuit ita nasci, vt ei non opus esset renasci.

CAP. XLIX. Non enim renascebantur, qui baptismate Ioannis

Baptismus Ioannis. baptizabantur, à quo & ipse baptizatus est, sed quo-

Matth. 3. 13. dam præcursorio illius ministerio, qui dicebat, *Parate viam Domino*, huic vni in quo solo renasci poterant parabantur. Huius enim baptismus est non in aqua

Luc. 3. 4. tantum, sicut fuit Ioannis, verum etiam *in Spiritu sancto*, vt de illo spiritu regeneretur quisquis in Christum

Marc. 1. 8. credit, de quo Christus regeneratus regeneratione non eguit. Vnde vox illa patris quæ super baptizatum fa-

Psalm. 2. 7. cta est, *Ego hodie genui te*, non vnum illum temporis

Heb. 1. 5. diem quo baptizatus est, sed immutabilis æternitatis ostendit, vt illum hominem ad vnigeniti personam pertinere monstraret. Vbi enim dies nec hesterni fine inchoatur, nec initio crastini terminatur, semper hodiernus est. In aqua ergo voluit baptizari à Ioanne, non vt eius iniquitas vlla dilueretur, sed vt magna commendaretur humilitas. Ita quippe nihil in eo baptismus quod ablueret, sicut mors nihil quod puniret inuenit: vt diabolus veritate iustitiæ, non violentiâ potestatis oppressus & victus, quoniam ipsum sine vllo peccati merito iniquissimè occiderat, per ipsum iustissimè amitteret quos peccati merito detinebat. Vtrumque igitur ab illo, id est, & baptismus & mors, certæ dispensationis causa, non miseranda necessitate, sed miserante potiùs voluntate, susceptum est, vt vnus peccatum tolleret mundi, sicut vnus peccatum misit in mundum, hoc est in vniuersum genus humanum.

Diabolus iustitiâ victus.

CAP. L.

Nisi quòd ille vnus vnum peccatum misit in mundum, iste verò vnus non solum vnum illud, sed cuncta simul abstulit quæ addita inuenit. vnde dicit Apostolus: *Non sicut per vnum peccatum, ita est & donum: nam iudicium quidem ex vno in condemnationem, gratia autem ex multis delictis in iustificationem:* quia vtique illud vnum quod originaliter trahitur, etiam si solum sit, obnoxios damnationi facit: gratia verò ex multis delictis iustificat hominem, qui præter illud vnum quod communiter cum omnibus originaliter traxit, sua quoque propria multa commisit.

Rom. 5. 16.

CAP. LI.

Rei nati in Christo liberamur.

Verumtamen quod paulo post dicit, *Sicut per vnius delictum in omnes homines ad condemnationem, ita & per vnius iustitiam in omnes homines ad iustificationem vitæ:* satis indicat ex Adam neminem natum, nisi damnatione detineri, & neminem nisi in Christo renatum à damnatione liberari.

CAP. LII.

Baptismi mysterium.

De qua per vnum hominem pœna, & per vnum hominem gratia, cum locutus fuisset, quantum illi epistolæ suæ loco sufficere iudicauit, deinde sacri baptismatis in cruce Christi grande mysterium commendauit: eo modo vt intelligamus nihil aliud esse in Christo baptismum, nisi mortis Christi similitudinem: nihil autem aliud mortem Christi crucifixi, nisi remissionis peccati similitudinem: vt quemadmodum in illo vera mors facta est, sic in nobis vera remissio peccatorum: & quemadmodum in illo vera resurrectio, ita in nobis vera iustificatio. Ait enim, *Quid ergo dicemus? Permanebimus in peccato, vt gratia abundet?* Dixerat enim superiùs, *Vbi enim abundauit peccatum, ibi superabundauit gratia.* Et ideò quæstionem sibiipsi proposuit, vtrum propter abundantiam gratiæ conse-

Rom. 6. 6.

Rom. 5. 20.

quendam in peccato sit permanendum. Sed respondit: *absit*, Atque subiecit: *si mortui sumus peccato, quomodo viuemus in illo?* Deinde vt ostenderet nos mortuos esse peccato: *An ignoratis*, inquit, *quoniam quicumque baptizati sumus in Christo Iesu in morte ipsius baptizati sumus?* Si ergo hinc ostendimur mortui esse peccato, quia in morte Christi baptizati sumus, profectò & paruuli qui baptizantur in Christo, peccato moriuntur, quia in morte ipsius baptizantur. Nullo enim excepto dictum est, *Quicumque enim baptizati sumus in Christo Iesu, in morte ipsius baptizati sumus.* Et ideò dictum est, vt probaretur mortuos nos esse peccato. Cui autem peccato paruuli renascendo moriuntur, nisi quod nascendo traxerunt? At per hoc
Rom. 6. 3. etiam ad ipsos pertinet quod sequitur, dicens: *Consepulsi enim sumus illi per baptismum in mortem, vt quemadmodum surrexit Christus à mortuis per gloriam patris, ita & nos in nouitate vitæ ambulemus. Si enim complantati facti sumus similitudini mortis eius, simul & resurrectionis erimus, hoc scientes, quia vetus homo noster simul crucifixus est, vt euacuetur corpus peccati, vt vltrà non seruiamus peccato. Qui enim mortuus est, iustificatus est à peccato. Si autem mortui sumus cum Christo, credimus quia simul etiam viuemus cum illo, scientes quia Christus resurgens à mortuis, iam non moritur, & mors illi vltrà non dominabitur. Quòd enim mortuus est peccato mortuus est semel. quod autem viuit, viuit Deo. Ita & vos existimate vos mortuos quidem esse peccato, viuere autem Deo in Christo Iesu.* Hinc enim probare cœperat non esse nobis permanendum in peccato, vt gratia abundaret: & dixerat, *Si mortui sumus peccato, quomodo viuemus in eo?* Atque vt ostenderet, mortuos nos esse peccato, subiecit: *An ignoratis, quoniam quicumque baptizati sumus, in Christo Iesu, in morte illius baptizati sumus?* Sic itaque totum locum istum conclusit, vt cœpit. Mortem quippe Christi sic insinuauit, vt etiam ipsum mortuum diceret esse peccato. Cui peccato, nisi carnis, in qua erat, non peccatum, sed similitudo peccati, & ideo nomine appellat peccati? Baptizatis itaque in morte Christi, in qua non solum maiores, verum etiam paruuli baptizantur, ait:
Rom. 6. 11. *Sic & vos*, id est quemadmodum Christus, *sic & vos existimate*

existimate vos mortuos esse peccato, viuere autem Deo in Christo Iesu.

Quicquid igitur gestum est in cruce Christi, in sepultura, in resurrectione tertio die, in ascensione in cælum, & in sedere ad dexteram patris: ita gestum est, vt his rebus non mysticè tantum dictis, sed etiam gestis configuraretur vita Christiana quæ hic geritur. Nam propter eius crucem dictum est, *Qui autem Iesu Christi sunt, carnem suam crucifixerunt cum vitijs & concupiscentijs.* Propter sepulturam, *Consepulti enim sumus cum Christo per baptismum in mortem.* Propter resurrectionem, *Vt quemadmodum Christus resurrexit à mortuis per gloriam patris, ita & nos in nouitate vitæ ambulemus.* Propter ascensionem verò in cælum, sedémque ad dexteram patris: *Si autem resurrexistis cum Christo, quæ sursum sunt quærite, vbi Christus est ad dexteram Dei sedens: quæ sursum sunt sapite, non quæ super terram: mortui enim estis, & vita vestra abscondita est cum Christo in Deo.*

CAP. LIII. Crux, sepultura, resurrectio, & ascensio quomodo ad nos pertineant.

Gal. 5. 24.

Rom. 6. 4.

Col. 3. 1.

Iam verò quod de Christo confitemur futurum, quoniam de cælo venturus est, *viuos iudicaturus & mortuos*, non pertinet ad vitam nostram quæ hic geritur, quia nec in rebus gestis eius est, sed in fine seculi gerendis. Ad hoc pertinet quod Apostolus secutus adiunxit: *Cùm Christus apparuerit vita vestra, tunc & vos apparebitis cum illo in gloria.*

CAP. LIV. Iudicium.

2. Tim. 4. 1.

Col. 3. 4.

Duobus autem modis accipi potest, quòd viuos & mortuos iudicabit: siue vt viuos intelligamus, quos hic nondum mortuos, sed adhuc in ista carne viuentes inuenturus est eius aduentus; mortuos autem qui de corpore prius quam veniat exiere vel exituri sunt: siue viuos iustos, mortuos autem iniustos, quoniam iusti quoque iudicabuntur. Aliquando enim iudicium Dei ponitur in malo: vnde illud est, *Qui autem malè egerunt in resurrectionem iudicij.* Aliquando & in bono, secundum quod dictum est, *Deus in nomine tuo saluum me fac, & in virtute tua iudica me.* Per iudicium quippe Dei fit ipsa bonorum malorúmque discretio, vt liberandi à malo, non perdendi cum malis, boni ad dexteram segregentur. Propter quod ille clamabat: *Iudica me Deus.* Et quid dixerat velut exponens: *Et discerne, inquit, causam meam, de gente non sancta.*

CAP. LV.

Ioan. 5. 29.

Psal. 53. 3.

Psal. 42. 1.

CAPVT XV.

De Spiritu sancto, Ecclesia, & communione Sanctorum Sanctos omnes tam in cælo quam in terra Ecclesiam complecti. Quæ ad Angelos spectant nosse, atque explicare difficile est.

CAP. LVI. De Spiritu sancto.

CVM autem de Iesu Christo filio Dei vnico Domino nostro, quod ad breuitatem confessionis pertinet dixerimus, adiungimus sic credere nos & in spiritum sanctum, vt illa Trinitas compleatur quæ Deus est: deinde sancta commemoratur Ecclesia. Vnde datur intelligi rationalem creaturam ad Hierusalem liberam pertinentem, post commemorationem creatoris, id est summæ illius Trinitatis, fuisse subdendam. Quoniam quicquid de homine Christo dictum est, ad vnitatem personæ vnigeniti pertinet. Rectus itaque confessionis ordo poscebat, vt Trinitati subiungeretur Ecclesia, tanquam habitatori domus sua; & Deo templum suum; & conditori ciuitas sua. Quæ tota hic accipienda est, non solum ex parte qua peregrinatur in terris à solis ortu vsque ad occasum laudans nomen Domini, & post vetustatis captiuitatem cantans canticum nouum: verùm etiam ex illa quæ in cælis semper ex quo condita est, cohæsit Deo, nec vllum sui casus malum experta est. Hæc in sanctis Angelis beata persistit, & suæ parti peregrinanti sicut oportet opitulatur: quia vtraque vna erit consortio æternitatis, & nunc vna est vinculo charitatis, quæ tota instituta est ad colendum vnum Deum. Vnde nec tota, nec vlla pars eius vult se coli pro Deo, nec cuiquam esse Deus pertinenti ad templum Dei, quod ædificatur ex diis quos facit non factus Deus. Ac per hoc Spiritus sanctus si creatura non creator esset, profectò creatura rationalis esset. Ipse enim esset summa creatura, & ideo in regula fidei non poneretur ante Ecclesiam, quia & ipse ad Ecclesiam pertineret in illa eius parte quæ in cælis est. Nec haberet templum, sed etiam ipse templum esset. Templum autem habet de quo dicit Apostolus, *Nescitis quia corpora vestra templum sunt Spiritus sancti qui in vobis est, quem habetis à Deo?* De quibus alio loco dicit, *Nescitis quia corpora vestra membra*

Ecclesia. — Psal. 112.3. — Beati Angeli. — 1. Cor. 6. 19. — Ibid. 15.

Christi sunt? Quomodo ergo Deus non est, qui templum habet? Aut minor Christo est, cuius membra templum habet? Neque enim aliud templum eius, & aliud templum Dei est, cum idem dicat Apostolus, *Nescitis quia templum Dei estis*. Quod vt probaret, adiecit, *Et Spiritus Dei habitat in vobis*. Deus ergo habitat in templo suo, non solum Spiritus sanctus, sed etiam Pater & Filius, qui etiam de corpore suo, per quod factus est caput Ecclesiæ, quæ in hominibus est, vt sit ipse in omnibus primatum tenens ait, *Soluite templum hoc, & in triduo suscitabo illud*. Templum ergo Dei, hoc est totius summæ illius Trinitatis, sancta est Ecclesia, scilicet vniuersa in cælo & in terra.

1. Cor. 3. 16.
2. Cor. 6. 16.
Ioan. 2. 19.

CAP. LVII.

Sed de illa quæ in cælis est, affirmare quid possumus, nisi quòd nullus in ea malus est, nec quisquam deinceps de illa cecidit aut casurus est, ex quo *Deus angelis peccantibus non pepercit*, sicut scribit Apostolus Petrus, *sed carceribus caliginis inferni retrudens tradidit in iudicio puniendos reseruari*.

1. Pet. 2. 4.

CAP. LVIII.

Vocabula angelorum.

Quomodo autem se habeat beatissima illa & superna societas, quæ ibi sint differentiæ personarum, vt cùm omnes tanquam generali nomine angeli nuncupentur (sicut in epistola ad Hebræos legimus: *Cui enim angelorum Deus dixit aliquando, Sede à dextris meis*? hoc quippe modo significauit omnes vniuersaliter angelos dici:) sint tamen & illic archangeli: & vtrum iidem archangeli nominentur virtutes atque ita dictum sit, *Laudate eum omnes angeli eius, laudate eum omnes virtutes eius*: ac si diceretur, Laudate eum omnes angeli eius, laudate eum omnes archangeli: & quid inter se distent quatuor illa vocabula, quibus vniuersam ipsam cælestem societatem videtur Apostolus esse complexus dicendo: *Siue Sedes, siue Dominationes, siue Principatus, siue Potestates*: dicant qui possunt, si tamen possunt probare quod dicunt, ego me ista ignorare confiteor. Sed nec illud quidem certum habeo, vtrum ad eandem societatem pertineant, sol & luna & cuncta sidera, quamuis nonnullis lucida corpora esse, non cum sensu vel intelligentia videantur.

Heb. 1.
Psalm. 109.
Psal. 148. 2.
Col. 1. 16.

CAP. LIX.

Itemque angeli, quis explicet cum qualibus corporibus apparuerint hominibus, vt non solùm cernerentur, verumetiam tangerentur, & rursus non solida corpulentia, sed spiritali potentia quasdam visiones, non oculis corporeis, sed spiritalibus vel mentibus ingerant, vel dicant aliquid non ad aurem forinsecus, sed intus in animo hominis, etiam ibidem ipsi constituti: sicut scriptum est in Prophetarum libro, *Et dixit mihi angelus qui loquebatur in me*: non enim ait, qui loquebatur ad me, sed in me: Vel appareant & in somnis, & colloquantur more somniorum: Habemus quippe in Euangelio: *Ecce angelus Domini apparuit illi in somnis dicens*. His enim modis velut indicant se angeli contrectabilia corpora non habere. Faciúntque difficillimam quæstionem, quomodo patres eis pedes lauerint, quomodo Iacob cum angelo tam solida contrectatione luctatus sit. Cùm ista quæruntur, & ea sicut potest, quisque coniectat, non inutiliter exercentur ingenia, si adhibeatur disceptatio moderata, & absit error opinantium se scire quod nesciunt. Quid enim opus est vt hæc atque huiusmodi affirmentur vel negentur vel definiantur cum discrimine, quando sine crimine nesciuntur?

Zach. 2. 3. *Matth. 1. 20.* *Gen. 18. 4. & 19. 2.* *Gen. 32. 25.*

CAPVT XVI.

De Satana se transfigurante in Angelum lucis. Christum pro Angelis mortuum non esse, sed eius morte ex hominum redemptione ruinæ Angelicæ damna reparari.

CAP. LX. *2. Cor. 11. 24.*

MAGIS opus est dijudicare atque dignoscere, cùm se *satanas transfigurat velut angelum lucis*, ne fallendo in aliqua perniciosa seducat. Nam quando sensus corporis fallit, mentem verò non mouet à vera rectáque sententia, qua quisque vitam fidelem gerit, nullum est in religione periculum. Vel cùm se bonum fingens, ea facit siue dicit, quæ bonis angelis congruunt, etiam si credatur bonus, non est error Christianæ fidei periculosus aut morbidus. Cùm verò per hæc aliena ad sua incipit ducere, tunc eum dignoscere, nec ire post eum, magna & necessaria vigilantia est. Sed quotusquisque hominum idoneus est omnes mortiferos eius dolos euadere, nisi regat atque tueatur Deus? Et ipsa huius rei difficultas ad hoc est vtilis, ne sit spes sibi quisque aut homo alter alteri, sed Deus suis omnibus. Id enim nobis potius expedire prorsus piorum ambigit nemo.

Hæc ergo quæ in sanctis angelis & virtutibus Dei est Ecclesia, tunc nobis sicuti est innotescet, cum ei coniuncti fuerimus in finem, ad simul habendam beatitudinem sempiternam. Ista verò quæ ab illa peregrinatur in terris, eo nobis notior est quòd in illa sumus, & quia hominum est, quod & nos sumus. Hæc sanguine mediatoris nullum habentis peccatum, ab omni redempta est peccato, eiúsque vox est, *Si Deus pro nobis, quis contra nos? Qui filio proprio suo non pepercit, sed pro nobis omnibus tradidit illum.* Non enim pro angelis mortuus est Christus. Sed ideo etiam pro angelis fit quicquid hominum per eius mortem redimitur & liberatur à malo: quoniam cum eis quodammodo redit in gratiam post inimicitias quas inter homines & sanctos angelos peccata fecerunt, & ex ipsa hominum redemptione ruinæ illius angelicæ detrimenta reparantur.

Cap. LXI. Ecclesia angelorum & nostra.

Rom. 8. 31.

Non est pro Angelis mortuus Christus.

Et vtique nouerunt sancti angeli docti à Deo, cuius veritatis æterna contemplatione beati sunt, quanti numeri supplementum de genere humano integritas illius ciuitatis expectet. Propter quod ait Apostolus, *instaurari omnia in Christo quæ in cælis sunt, & quæ in terris.* In ipso quippe instaurantur quæ in cælis sunt, cum id quod inde in angelis lapsum est ex hominibus redditur. Instaurantur autem quæ in terris sunt, cum ipsi homines qui prædestinati sunt ad æternam vitam à corruptionis vetustate renouantur. Ac sic per illud singulare sacrificium, in quo mediator est immolatus, quod vnum multæ in lege victimæ figurabant, pacificantur cælestia cum terrestribus, & terrestria cum cælestibus. Quoniam sicut idem Apostolus dicit, *In ipso complacuit omnem plenitudinem [diuinitatis] inhabitare, & per eum reconciliari omnia in ipsum, pacificans per sanguinem crucis eius, siue quæ in cælis sunt, siue quæ in terris.*

Cap. LXII. Quomodo in Christo omnia instaurentur.

Ephes. 1. 10.

Col. 1. 19.

Pax ista *præcellit*, sicut scriptum est, *omnem intellectum*, neque sciri à nobis nisi cum ad eam venerimus potest. Quomodo enim pacificantur cælestia nisi in nobis, id est, concordando nobiscum? Nam ibi semper est pax, & inter se vniuersis intellectualibus creaturis, & cum suo creatore. Quæ pax præcellit, vt dictum est, omnem intellectum, sed vtique nostrum, non eorum qui semper vident faciem patris. Nos au-

Cap. LXIII. Pax regni cælestis.

Philip. 4. 7.

tem quantuſcunque ſit in nobis intellectus humanus,
1 Cor. 13. 12. *ex parte ſcimus, & videmus nunc per ſpeculum in ænigmate.*
Lucæ 20. 36. Cùm verò *æquales angelis Dei* fuerimus, tunc quemadmodum & ipſi *videbimus facie ad faciem*, tantúmque pacem habebimus erga eos, quantam & ipſi erga nos, quia tantum eos dilecturi ſumus, quantum ab eis diligimur. Itaque pax eorum nota nobis erit, quia & noſtra talis ac tanta erit, nec præcellet tunc intellectum noſtrum. Dei verò pax quæ illic eſt erga eos, & noſtrum & illorum intellectum ſine dubitatione præcellet. De ipſo quippe beata eſt rationalis creatura quæcunque beata eſt, non ipſe de illa: vnde ſecundum hoc melius accipitur quod ſcriptum eſt,
Pax Dei. ***Pax Dei quæ præcellit omnem intellectum:*** vt in eo quod dicit omnem, nec ipſe intellectus ſanctorum angelorum poſſit eſſe exemptus, ſed Dei ſolius. Neque enim & ipſius intellectum pax eius excellit.

CAPVT XVII.

De remiſſione Peccatorum. Quorum alia leuiora à quibus nullus immunis eſt, alia grauiora quæ etiam crimina vocantur, atque etiam grauiori pœnitentia expianda ſunt. Extra Eccleſiam peccata non remitti.

Cap. LXIV. CONCORDANT autem angeli nobiſcum etiam nunc cum remittuntur noſtra peccata. Ideo poſt commemorationem ſanctæ Eccleſiæ in ordine confeſſionis ponitur, remiſſio peccatorum. Per hanc enim ſtat Eccleſia quæ in terris eſt, per hanc non perit quod
Luc. 15. 24. *perierat, & inuentum eſt.* Excepto quippe baptiſmatis munere, quòd contra originale peccatum donatum eſt, vt quod generatione attractum eſt, regeneratione detrahatur, & tamen actiua quoque peccata quæcunque corde, ore, opere commiſſa inuenerit, tollit: hac ergo excepta magna indulgentia, vnde incipit hominis renouatio, in qua ſoluitur omnis reatus & ingeneratus & additus, ipſa etiam vita cætera iam ratione vtentis ætatis, quantalibet præpolleat fœcunditate iuſtitiæ, ſine remiſſione peccatorum non agitur. Quoniam filij Dei quamdiu mortaliter viuunt, cum morte confligunt. Et quamuis de illis ſit veraciter dictum,
Rom. 8. 14. *Quotquot ſpiritu Dei aguntur, hi filij ſunt Dei:* ſic tamen ſpi-

ritu Dei excitantur, & tanquam filij Dei proficiunt ad Deum, vt etiam spiritu suo, maximè aggrauante corruptibili corpore, tanquam filij hominum quibusdam motibus humanis deficiant ad seipsos, & ideo peccent. Interest tamen quantum. Neque enim quia peccatum est omne crimen, ideo crimen est etiam omne peccatum. Itaque sanctorum hominum vitam, quamdiu in hac morte viuitur, inueniri posse dicimus sine crimine: *peccatum autem si dixerimus quia non habemus*, vt ait sanctus Apostolus, *nosmetipsos seducimus, & veritas in nobis non est.*

Sap. 9. 15.

Peccatum. Crimen.

1. Ioan. 1. 8.

Cap. LXV. Pœnitentia pro criminibus.

Sed neque de ipsis criminibus quamlibet magnis remittendis in sancta Ecclesia, Dei desperanda est misericordia agentibus pœnitentiam secundum modum sui cuiusque peccati. In actione autem pœnitentiæ, vbi tale crimen commissum est, vt is qui commisit à Christi etiam corpore separetur, non tam consideranda est mensura temporis quàm doloris. *Cor enim contritum & humiliatum Deus non spernit.* Verum quia plerunque dolor alterius cordis occultus est alteri, neque in aliorum notitiam per verba vel quæcunque alia signa procedit, cùm sit coram illo cui dicitur, *Gemitus meus à te non est absconditus:* rectè constituuntur ab iis qui Ecclesiæ præsunt tempora pœnitentiæ, vt fiat etiam satis Ecclesiæ, in qua remittuntur ipsa peccata: extra eam quippe non remittuntur. Ipsa namque propriè Spiritum sanctum *pignus* accepit, sine quo non remittuntur vlla peccata, ita vt quibus dimittuntur consequantur vitam æternam.

Psalm. 50. 19.

Psalm. 37. 10.

2. Cor. 1. 22.

Cap. LXVI.

Magis enim propter futurum iudicium fit remissio peccatorum. In hac autem vita vsque adeò valet quod scriptum est, *Graue iugum super filios Adam à die exitus de ventre matris eorum vsque in diem sepulturæ in matrem omnium:* vt etiam paruulos videamus post lauacrum regenerationis diuersorum malorum afflictione cruciari: vt intelligamus, totum quod salutaribus agitur sacramentis, magis ad spem futurorum bonorum, quàm ad retentionem vel adoptionem præsentium pertinere. Multa etiam mala hic videntur ignosci & nullis suppliciis vindicari, sed eorum pœnæ reseruantur in posterum. Neque enim frustra ille propriè dicitur dies iudicij, quando venturus est iudex

Eccl. 40. 1.

Matth. 12. 36.
Act. 10. 42.

viuorum atque mortuorum. Sicut econtrario vindicantur hic aliqua, & tamen si remittuntur, profectò in futuro seculo non nocebunt. Propterea de quibusdam temporalibus pœnis quæ in hac vita peccantibus irrogantur eis quorum peccata delentur ne reseruentur in finem, ait Apostolus: *Si enim nosmetipsos iudicaremus, à Domino non iudicaremur. Cum iudicamur autem à Domino, corripimur, ne cum hoc mundo damnemur.*

1. Cor. 11. 31.

CAPVT XVIII.

Refellit eorum errorem, qui ex Apostoli loco male intellecto, fideles omnes, quantumuis scelerate vixissent, post diuturnos ignis purgatorij cruciatus saluos tandem futuros existimabant.

CAP. LXVII. CREDVNTVR autem à quibusdam etiam ij qui nomen Christi non relinquunt, & eius lauacro in Ecclesia baptizantur, nec ab ea vllo schismate vel hæresi præciduntur, in quantislibet sceleribus viuant, quæ nec diluant pœnitendo, nec eleemosynis redimant, sed in eis vsque ad huius vitæ vltimum diem pertinacissimè perseuerent, *salui* futuri *per ignem*: licet pro magnitudine facinorum flagitiorúmque diuturno, non tamen æterno igne * puniri. Sed qui hoc credunt, & tamen catholici sunt, humana quadam beneuolentia mihi falli videntur. Nam Scriptura diuina aliud consulta respondet. Librum autem de hac quæstione scripsi, cuius titulus est, De fide & operibus. Vbi secundum Scripturas sanctas, quantum Deo adiuuante potui, demonstraui, eam fidem saluos facere, quam satis euidenter expressit Paulus Apostolus dicens: *In Christo enim Iesu neque circumcisio quicquam valet, neque præputium, sed fides quæ per dilectionem operatur.* Si autem malè & non benè operatur, proculdubiò, secundum Apostolum Iacobum, *mortua est in semetipsa.* Qui rursus ait: *Si fidem dicat se quisquam habere, opera autem non habeat, nunquid poterit fides saluare eum?* Porrò autem si homo sceleratus propter fidem solam per ignem saluabitur, & sic est accipiendum quod ait beatus Paulus Apostolus, *Ipse autem saluus erit, sic tamen quasi per ignem*: poterit ergo saluare sine operibus fides, & falsum erit quod dixit eius coapostolus Iacobus. Fal-

1. Cor. 3. 15.

* forte, puniendi.

Gal. 5. 6.

Iac. 2. 17.

1. Cor. 3. 15.

sum erit & illud quod idem ipse Paulus dixit : *Nolite,* inquit, *errare, neque fornicatores, neque idolis seruientes, neque adulteri, neque molles, neque masculorum concubitores, neque fures, neque auari, neque maledici, neque ebriosi, neque rapaces regnum Dei possidebunt.* Si enim etiam in istis perseuerantes criminibus, tamen propter fidem Christi salui erunt, quomodo in regno Dei non erunt? 1. Cor. 6.9.

Ca.LXVIII.

Sed quia hæc Apostolica manifestissima & apertissima testimonia esse falsa non possunt, illud quod obscurè dictum est de iis qui superædificant supra fundamentum quod est Christus, non aurum, non argentum, non lapides pretiosos, sed ligna, fœnum, stipulam : de his enim dictum est, quòd per ignem salui erunt, quoniam fundamenti merito non peribunt : sic intelligendum est, vt iis manifestis non inueniatur esse contrarium. Ligna quippe & fœnum & stipula non absurdè accipi possunt rerum secularium, quamuis licitè concessarum, tales cupiditates, vt amitti sine animi dolore non possint. Cùm autem iste dolor vrit, si Christus in corde fundamenti locum habet, id est, vt ei nihil anteponatur, & malit homo, qui tali dolore vritur, rebus quas ita diligit, magis carere quàm Christo; per ignem fit saluus. Si autem res huiusmodi temporales ac seculares tempore tentationis maluerit tenere quàm Christum, eum in fundamento non habuit : quia hæc priore loco habuit, cùm in ædificio prius non sit aliquid fundamento. Ignis enim de quo locutus est eo loco Apostolus Paulus, talis debet intelligi, vt ambo per eum transeant, id est, *& qui ædificat* 1. Cor. 3.13. *supra hoc fundamentum aurum, argentum, lapides pretiosos : & qui ædificat ligna, fœnum, stipulam.* Cùm enim hoc dixisset, adiunxit : *Vniuscuiusque opus quale sit, ignis probabit. Si cuius opus permanserit, quod super ædificauit, mercedem accipiet. Si cuius opus autem exustum fuerit, damnum patietur : ipse autem saluus erit, sic tamen quasi per ignem.* Non ergo vnius eorum, sed vtriusque opus ignis probabit. Est quidem ignis tentatio tribulationis, de quo apertè alio loco scriptum est, *Vasa figuli* Eccl. 27.6. *probat fornax, & homines iustos tentatio tribulationis.* Iste ignis in hac interim vita facit quod Apostolus dixit, si 1. Cor. 7.32. accedat duobus fidelibus, vni scilicet *cogitanti quæ Dei sunt, quomodo placeat Deo,* hoc est *ædificanti super* Chriſtum *fundamentum*, *aurum*, *argentum*, *lapides pretioſos:* alteri autem *cogitanti ea quæ mundi ſunt*, *quomodo placeat vxori*, id eſt, *ædificanti ſuper* idem *fundamentum ligna*, *fœnum*, *ſtipulam*. Illius enim opus non exuritur, quia non dilexit quorum amiſſione crucietur. Exuritur autem opus huius, quoniam ſine dolore non pereunt, quæ cum amore poſſeſſa ſunt. Sed quoniam alterutra conditione propoſita, eis potius carere mauult quam Chriſto, nec timore amittendi talia deſerit Chriſtum, quamuis doleat dum amittit, ſaluus eſt quidem, ſic tamen quaſi per ignem: quia vrit eum rerum dolor quas dilexerat amiſſarum, ſed non ſubuertit neque conſumit fundamenti ſtabilitate atque incorruptione munitum.

CAP. LXIX. Per ignem ſaluari poſt hanc vitã.

Tale aliquid etiam poſt hanc vitam fieri, incredibile non eſt, & vtrum ita ſit, quæri poteſt. Et aut inueniri aut latere, nonnullos fideles per ignem quendam purgatorium, quanto magis minúſve bona pereuntia dilexerunt, tanto tardius citiúſque ſaluari: non
1. Cor. 6. 10.
tamen tales de quibus dictum eſt, *quòd regnum Dei non poſſidebunt*, niſi conuenienter pœnitentibus eadem crimina remittantur. Conuenienter autem dixi, vt ſteriles in eleemoſynis non ſint, quibus tantum tribuit Scriptura diuina, vt earum tantummodo fructum ſe imputaturum prænunciet Dominus dextris, & earum tantummodo ſterilitatem ſiniſtris, quando his dictu-
Matth. 25. 34.
rus eſt: *Venite benedicti patris mei*, *percipite regnum Dei*. Illis autem: *Ite maledicti in ignem æternum*.

CAPVT XIX.

Peccata mortifera eleemoſynis non redimi, niſi penitus abijciantur, & in melius vita mutetur. Minima vero & quotidiana oratione Dominica expiari, & varijs miſericordiæ operibus, quorum præcipuum eſt aduerſum nos peccantibus ignoſcere.

CAP. LXX.

SANE cauendum eſt ne quiſquam exiſtimet infanda illa crimina, qualia qui agunt, regnum Dei non poſſidebunt quotidie perpetranda, & eleemoſynis quotidie redimenda. In melius quippe eſt vita mutanda, & per eleemoſynas de peccatis præteritis eſt propitiandus Deus, non ad hoc emendus quodammodo, vt ea semper liceat impunè committere. Nemini enim dedit laxamentum peccandi, quamuis miserando deleat iam facta peccata, si non satisfactio congrua negligatur.

CAP. LXXI. Oratione Dominica expiari leuiora peccata.

De quotidianis autem breuibus leuibúsque peccatis, sine quibus hæc vita non ducitur, quotidiana oratio fidelium satisfacit. Eorum est enim dicere, *Pater noster qui es in cælis*: qui iam patri tali regenerati sunt ex aqua & Spiritu sancto. Delet omnino hæc oratio minima & quotidiana peccata. Delet & illa à quibus vita fidelium scelerate etiam gesta, sed pœnitendo in melius mutata discedit: si quemadmodum veraciter dicitur, *Dimitte nobis debita nostra*, quoniam non desunt quæ dimittantur, ita veraciter dicatur, *Sicut & nos dimittimus debitoribus nostris*: id est, si fiat quod dicitur: quia & ipsa eleemosyna est veniam petenti homini ignoscere. *Matth. 6. 12.*

CA. LXXII. Eleemosynarum genera.

Ac per hoc ad omnia quæ vtili misericordia fiunt, valet quod Dominus ait, *Date eleemosynam, & ecce omnia munda sunt vobis*. Non solum autem qui dat esurienti cibum, sitienti potum, nudo vestimentum, peregrinanti hospitium, fugienti latibulum, ægro vel incluso visitationem, captiuo redemptionem, debili subuectionem, cæco deductionem, tristi consolationem, non sano medelam, erranti viam, deliberanti consilium, & quod cuique necessarium est indigenti: verum etiam & qui dat veniam peccanti, eleemosynam dat: & qui emendat verbere in quem potestas datur, vel coërcet aliqua disciplina, & tamen peccatum eius quo ab illo læsus est aut offensus, dimittit ex corde, vel orat vt ei dimittatur, non solum in eo quod dimittit atque orat, verùm etiam in eo quod corripit, & aliqua emendatoria pœna plectit, eleemosynam dat, quia misericordiam præstat. Multa enim bona præstantur inuitis, quando eorum consulitur vtilitati, non voluntati: quia ipsi sibi inueniuntur esse inimici, amici verò eorum potius illi quos inimicos putant, & reddunt errando mala pro bonis, cùm reddere mala Christianus non debeat pro malis. Multa itaque sunt genera eleemosynarum, quæ cùm facimus, adiuuamur vt dimittantur nobis nostra peccata. *Luc. 11. 41.*

CA.LXXIII. Diligere inimicum.

Sed ea nihil est maius, qua ex corde dimittimus, quod in nos quisque peccauit. Minus enim magnum est erga eum esse beneuolum, siue etiam beneficum qui tibi mali nihil fecerit. Illud multò grandius & magnificentissimæ bonitatis est, vt tuum quoque inimicum diligas, & ei qui tibi malum vult, & si potest facit, tu bonum semper velis, faciásque cum possis, illius memor exempli qui in cruce pendens pro suis exorat persecutoribus, suósque admonuit, dicens: *Diligite inimicos vestros, benefacite eis qui vos oderunt, & orate pro eis qui vos persequuntur.* Sed quoniam perfectorum sunt ista filiorum Dei, quò quidem se debet omnis fidelis extendere, & humanum animum ad hunc affectum orando Deum, secúmque agendo, luctandóque perducere: tamen quia hoc tam magnum bonum tantæ multitudinis non est, quantam credimus exaudiri cum in oratione Dominica dicitur, *Dimitte nobis debita nostra, sicut & nos dimittimus debitoribus nostris*, proculdubiò verba sponsionis huius implentur, si homo qui nondum ita profecit, vt iam diligat inimicum, tamen quando rogatur ab homine qui peccauit in eum, vt ei dimittat, dimittit ex corde: quia etiam sibi roganti vult vtique dimitti, cùm orat & dicit: Sicut & nos dimittimus debitoribus nostris: id est, sic dimitte debita nostra rogantibus nobis, sicut & nos dimittimus rogantibus debitoribus nostris

Matth. 5. 44.

Matth. 6. 12.

CA.LXXIV. Peccata non dimittentes.

Iam verò qui eum in quem peccauit hominem rogat, si peccato suo mouetur vt roget, non est adhuc deputandus inimicus, vt eum diligere sit difficile, sicut difficile erat quando inimicitias exercebat. Quisquis autem roganti & peccati sui pœnitenti non ex corde dimittit, nullo modo existimet à Domino sua peccata dimitti, quoniam mentiri veritas non potest. Quem verò lateat Euangelij auditorem siue lectorem, quis dixerit, *Ego sum veritas?* Qui cum docuisset orationem, hanc in ea positam sententiam vehementer commendauit dicens: *Si enim dimiseritis hominibus peccata eorum, dimittet & vobis pater vester cælestis delicta vestra. Si autem non dimiseritis hominibus, nec pater vester dimittet vobis peccata vestra.* Ad tam magnum tonitruum qui non expergiscitur, non dormit, sed mortuus est: & tamen potens est ille etiam mortuos suscitare.

Ioan. 14. 6.

Matth. 6. 14.

CAPVT XX.

Qui sceleratam vitam non corrigentes eleemosynas frequentare non cessant, frustra sibi de hac Christi voce blandiri, Date eleemosynam, & ecce omnia munda sunt vobis: *Primam eleemosynam esse, vt quis animæ suæ misereatur.*

SANE qui sceleratissimè viuunt, nec curant talem vitam moréſque corrigere, & inter ipsa facinora & flagitia sua eleemosynas frequentare non cessant, frustra sibi ideo blandiuntur, quoniam Dominus ait: *Date eleemosynam, & ecce omnia munda sunt vobis.* Hoc enim quàm latè pateat, non intelligunt. Sed vt intelligant, attendant quibus dixerit. Nempe in Euangelio sic scriptum est: *Cùm loqueretur, rogauit illum quidam Pharisæus vt pranderet apud se, & ingressus recubuit. Pharisæus autem cœpit intra se reputans dicere, quare non baptizatus esset ante prandium? Et ait Dominus ad illum: Nunc vos Pharisæi quod deforis est calicis & catini, mundatis: quod autem intus est vestrum, plenum est rapina & iniquitate. Stulti, nonne qui fecit id quod foris est, etiam id quod intus est fecit? [Videte vt etiam id quod intus est mundum fiat.] Veruntamen quod superest, date eleemosynam, & ecce omnia munda sunt vobis.* Itáne hoc intellecturi sumus, vt Pharisæis non habentibus fidem Christi, etiam si non in eum crediderint, nec renati fuerint ex aqua & Spiritu sancto, munda sint omnia, tantum si eleemosynas dederint, sicut isti eas dandas putant: cùm sint immundi omnes quos non mundat fides Christi, de qua scriptum est, *Mundans fide corda eorum:* & dicat Apostolus: *Immundis autem & infidelibus nihil est mundum, sed polluta sunt eorum & mens & conscientia.* Quomodo ergo Pharisæis omnia munda essent, si eleemosynas darent, & fideles non essent? Aut quomodo fideles essent, si in Christum credere, atque in eius renasci gratia noluissent? Et tamen verum est quod audierant, *Date eleemosynam, & ecce omnia munda sunt vobis.*

CA. LXXV. — *Luc. 11. 41.* — *Luc. 11. 37.* — *Act. 15. 10.* — *Tit. 1. 15.*

Qui autem vult eleemosynam ordinate dare, à seipso debet incipere, & eam sibi primum dare. Est enim eleemosyna opus misericordiæ, verissiméque dictum

CA. LXXVI. — Prima eleemosyna animæ suæ misereri.

Eccle. 30. 24. est: *Miserere animæ tuæ placens Deo.* Propter hoc renascimur, vt Deo placeamus, cui meritò displicet quod nascendo contraximus. Hæc est prima eleemosyna quam nobis dedimus, quoniam nosipsos miseros per miserantis Dei misericordiam requisiuimus, iustum iudicium eius confitentes, quo miseri effecti sumus, de
Rom. 5. 16. quo dicit Apostolus: *Iudicium quidem ex vno in condemnationem.* Et magnæ charitati eius gratias agentes, de qua idem ipse dicit gratiæ prædicator: *Commendat autem suam dilectionem Deus in nobis, quoniam cum adhuc peccatores essemus, Christus pro nobis mortuus est*: vt & nos veraciter de nostra miseria iudicantes, & Dei charitatem quam donauit ipse diligentes, piè rectéque
Matth. 23. 23. viuamus. Quod iudicium & charitatem Dei cum Pharisæi præterirent, decimabant tamen propter eleemosynas quas faciebant etiam quæque minutissima fructuum suorum: & ideò non dabant eleemosynas à seipsis incipientes, secumque prius misericordiam facientes. Propter quem dilectionis ordinem dictum est,
Luc. 10. 27. *Diliges proximum tuum sicut teipsum.* Cum ergo increpasset eos quòd forinsecus se lauabant, intus autem
Matth. 23. 25. rapina & iniquitate pleni essent, admonens quandam eleemosynam quam sibi homo primitus debet dare,
Luc. 11. 41. & interiora mundare. *Veruntamen*, inquit, *quod superest, date eleemosynam, & ecce omnia munda sunt vobis.* Deinde vt ostenderet quid admonuisset, & quid ipsi facere non curarent, ne illum putarent eleemosynas eorum ignorare, *sed væ vobis*, inquit, *Pharisæis*, tanquam diceret: Ego quidem commonui vos ad eleemosynam dandam per quam vobis omnia munda sint, sed væ vobis qui decimatis mentam & rutam & omne olus: has enim noui eleemosynas vestras, ne de illis me vos nunc admonuisse arbitremini: & præteritis iudicium & charitatem Dei, qua eleemosyna possetis ab omni inquinamento interiori mundari, vt vobis munda essent & corpora quæ lauatis: hoc est enim omnia, & interiora scilicet & exteriora. Sicut alibi le-
Matth. 23. 27. gitur, *Mundate quæ intus sunt, & quæ foris sunt munda erunt.* Sed ne istas eleemosynas quæ fiunt de fructibus terræ, respuisse videretur: *Hæc*, inquit, *oportuit facere*, id est, iudicium & charitatem Dei, *& illa non omittere*, id est eleemosynas fructuum terrenorum.

Non ergo se fallant, qui per eleemosynas quaslibet largissimas fructuum suorum vel cuiuscumque pecuniæ, impunitatem se emere existimant in facinorum suorum immanitate ac flagitiorum nequitia permanendi: non solum enim hæc faciunt, sed ita diligunt, vt in eis semper optent tantum si possint impunè versari. *Qui autem diligit iniquitatem, odit animam suam*: & qui odit animam suam, non est in eam misericors, sed crudelis Diligendo eam quippe secundum seculum, odit eam secundum Deum. Si ergo vellet ei dare eleemosynam, per quam munda illi essent omnia, odisset eam secundum seculum, & diligeret eam secundum Deum. Nemo autem dat eleemosynam quamlibet, nisi vnde det ab illo accipiat qui non eget: & ideo dictum est, *Misericordia eius præueniet me.* C. LXXVII. Psalm. 10. 5. Psalm. 58. 11.

Caput XXI.

Peccatorum grauitas diuino non humano pensanda iudicio. Quam deploranda sit hominum cæcitas sola insitata crimina exhorrescentium. Vsitata vero quantumuis magna sint parui pendentium.

Qvæ sint autem leuia & quæ grauia peccata, non humano, sed diuino sunt pensanda iudicio. Videmus enim quædam ab ipsis quoque apostolis ignoscendo fuisse concessa: quale illud est quod venerabilis Paulus coniugibus ait: *Nolite fraudare inuicem, nisi ex consensu ad tempus, vt vacetis orationi: & iterum ad idipsum reuertimini, ne vos tentet satanas propter incontinentiam vestram*: quod putari posset non esse peccatum; misceri scilicet coniugi non filiorum procreandorum causa, quod bonum est nuptiale, sed carnalis etiam voluptatis: vt fornicationis, siue adulterij, siue cuiusquam alterius immunditiæ mortiferum malum quod turpe est etiam dicere, quò potest tentante satana libido pertrahere, incontinentium deuitet infirmitas. Posset ergo (vt dixi) hoc putari non esse peccatum, nisi addidisset: *Hoc autem dico secundum veniam, non secundum imperium.* Quis autem iam esse peccatum neget, cum dari veniam facientibus apostolica autoritas fateatur? Tale quiddam est vbi dicit, *Audet quisquam vestrûm aduersus alterum negotium habens iudicari* C.LXXVIII. 1. Cor. 7. 5. 1. Cor. 6. 1.

apud iniquos, & non apud sanctos? Et paulo pòst: *Secularia igitur iudicia si habueritis,* inquit, *eos qui contemptibiles sunt in Ecclesia, hos collocate ad iudicandum. Ad reuerentiam vobis dico. Sic non est inter vos quisquam sapiens qui posset inter fratrem & fratrem iudicare: sed frater cum fratre iudicio contendit, & hoc apud infideles.* Nam & hic posset putari iudicium habere aduersus alterum, non esse peccatum, sed tantummodo id extra Ecclesiam velle iudicari, nisi secutus adiungeret: iam quidem omnino delictum est inter vos, quia iudicia habetis vobiscum. Et ne quisquam hoc ita excusaret, vt diceret iustum se habere negotium, sed iniquitatem se pati, quam velit à se iudicum sententia remoueri: continuò talibus cogitationibus vel excusationibus occurrit atque ait: Quare non magis iniquitatem patimini? Quare non potius fraudamini? Vt ad illud

Matth. 5. 40. redeatur quod Dominus ait, *Si quis voluerit tunicam tuam tollere, & iudicio tecum contendere, dimitte illi &*

Luc. 6. 30. *pallium.* Et alio loco: *Qui abstulerit*, inquit, *tua, noli repetere.* Prohibuit itaque suos de secularibus rebus cum aliis hominibus habere iudicium. Ex qua doctri-

1. Cor. 6. 7. na dicit Apostolus esse delictum. Tamen cum sinit in Ecclesia talia iudicia finiri inter fratres, fratribus iudicantibus, extra Ecclesiam verò terribiliter vetat: manifestum est etiam hic quid secundum veniam concedatur infirmis Propter hæc atque huiusmodi peccata, & alia, licet iis minora, quæ fiunt verborum & cogitationum offensionibus, apostolo Iacobo confi-

Iac. 3. 2. tente ac dicente: *In multis enim offendimus omnes:* oportet vt quotidie crebróque oremus Dominum atque dicamus: *Dimitte nobis debita nostra:* nec in eo quod sequitur mentiamur, *sicut & nos dimittimus debitoribus nostris.*

C. LXXIX. Quæ leuia videntur esse interdum grauissima.

Sunt autem quædam quæ leuissima putarentur, nisi in Scripturis demonstrarentur opinione grauiora. Quis enim dicentem fratri suo fatue, reum gehennæ putaret, nisi veritas diceret? Cui tamen vulneri subiecit continuo medicinam, præceptum fraternæ reconci-

Matth. 5. 22. liationis adiungens. Mox quippe ait: *Si ergo offers munus tuum ad altare, & ibi recordatus fueris, quia frater tuus habet aliquid aduersum te, &c.* Aut quis æstimaret quam magnum peccatum sit, dies obseruare & menses

&

& annos & tempora: sicut obseruant qui certis diebus siue mensibus, siue annis volunt, vel nolunt aliquid inchoare, eo quòd secundũ vanas doctrinas hominum fausta vel infausta existiment tempora: nisi huius mali magnitudinem ex timore Apostoli pensaremus, qui talibus ait, *Timeo vos ne fortè sine causa laborauerim in vobis.* *Gal. 4. 11.*

CAPVT LXXX. *Peccata horrenda vsu videntur etiam leuia.*

Hinc accidit, quòd peccata quamuis magna & horrenda cùm in consuetudinem venerint, aut parua aut nulla esse creduntur: vsque adeò vt non solùm non occultanda, verum etiam iam prædicanda ac diffamanda videantur: quando sicut scriptum est, *Laudatur peccator in desiderijs animæ suæ, & qui iniqua gerit benedicitur.* *Psalm. 9. 24.* Talis in diuinis libris iniquitas clamor vocatur. Sicut habes apud Esaiam prophetam de vinea mala: *Expectaui*, inquit, *vt faceret iudicium, fecit autem iniquitatem, & non iustitiam, sed clamorem.* *Esa. 5. 7.* Vnde est illud in Genesi, *Clamor Sodomorum & Gomorrhæorum multiplicatus est.* *Gen. 18. 20.* Quia non solum iam apud eos non puniebantur illa flagitia, verum etiam publicè velut lege frequentabantur. Sic nostris temporibus ita multa mala, etsi non talia in apertam consuetudinem iam venerunt, vt pro his non solum excommunicare aliquem laicum non audeamus, sed nec clericum degradare. Vnde cùm exponerem ante aliquot annos epistolam ad Galatas, in eo ipso loco vbi ait Apostolus, *Timeo vos ne fortè sine causa laborauerim in vobis*: *Tomo. 4. Gal. 4. 11.* exclamare compulsus sum: Væ peccatis hominum quæ sola inusitata exhorrescimus, vsitata verò pro quibus abluendis filij Dei sanguis effusus est, quamuis tam magna sint, vt omnino claudi contra sese faciant regnum Dei, sæpe videndo omnia tolerare, sæpe tolerando nonnulla etiam facere cogimur. Atque vtinam ô Domine non omnia quæ non potuerimus prohibere faciamus. Sed videro vtrum me immoderatus dolor incautè aliquid compulerit dicere.

CAPVT XXII.

Duæ causæ peccati, ignorantia, & infirmitas, quas vitare nemo potest nisi diuinitus adiuuetur. Quare & ne peccemus, & vt pœnitentiam agamus cum peccauimus, misericordia Dei necessaria est.

CAPVT LXXXI.

HOc nunc dicam quod quidem & in alijs opusculorum meorum locis sæpe iam dixi. Duabus ex causis peccamus: aut non videndo quid facere debeamus, aut non faciendo quod debere fieri iam videmus. Quorum duorum illud ignorantiæ malum est, hoc infirmitatis. Contra quæ quidem pugnare nos conuenit, sed profectò vincimur, nisi diuinitùs adiuuemur, vt non solum videamus quid faciendum sit, sed etiam accedente sanitate delectatio iustitiæ vincat in nobis earum rerum delectationes quas vel habere cupiendo, vel amittere metuendo, scientes videntésque peccamus: iam non solum peccatores, quod eramus etiam cùm per ignorantiam peccabamus, verumetiam legis præuaricatores, cum id non facimus quod faciendum iam esse nouimus, vel facimus quod non faciendum esse iam scimus. Quapropter non solum si peccauimus vt ignoscat, propter quod dicimus, *Dimitte nobis debita nostra, sicut & nos dimittimus debitoribus nostris:* verum etiam ne peccemus vt regat, propter quod dicimus; Ne nos inferas in tentationem: ille rogandus est cui dicitur in Psalmo, *Dominus illuminatio mea & salus mea:* vt illuminatio detrahat ignorantiam, salus infirmitatem.

Matth. 6. 12.

Psalm. 26. 1.

CAPVT LXXXII.

Ad pœnitentiam agendam opus misericordia Dei.

Nam & ipsa pœnitentia quando digna causa est secundum morem Ecclesiæ vt agatur, plerumque infirmitate non agitur: quia & pudor timor est displicendi, dum plus delectat hominum æstimatio, quam iustitia qua se quisque humiliat pœnitendo. Vnde non solum cùm agitur pœnitentia, verumetiam vt agatur, Dei misericordia necessaria est. Alioquin non diceret Apostolus de quibusdam, *Ne forte det illis Deus pœnitentiam.* Et vt Petrus amarè fleret, præmisit Euangelium, & ait: *Respexit eum Dominus.*

2. Tim. 2. 25.

Luc. 22. 61.

CAPVT LXXXIII.

Peccatum in Spiritum sanctum.

Qui verò in Ecclesia remitti peccata non credens, contemnit tantam diuini muneris largitatem, & in hac obstinatione mentis diem claudit extremum, reus est, *irremissibili peccato in Spiritum sanctum,* in quo Christus peccata dimittit. De qua quæstione difficili in quodam propter hoc solum conscripto libello enucleatissimè quantum potui disputaui.

De Verb. Domini serm. 11. & Ep. 50. in fine.

Matth. 12. 32.

Capvt XXIII.

De Resurrectione carnis. De qua multa quæruntur & explicantur.

Iam verò de resurrectione carnis non sicut quidam reuixere, iterùmque sunt mortui, sed in æternam vitam, sicut Christi ipsius caro resurrexit, quemadmodum possim breuiter disputare, & omnibus quæstionibus quæ de hac re moueri assolent satisfacere, non inuenio. Resurrecturam tamen carnem omnium quicumque nati sunt hominum atque nascentur, & mortui sunt atque morientur, nullo modo dubitare debet Christianus. Capvt LXXXIV.

Vnde primò occurrit de abortiuis fœtibus quæstio, qui iam quidem nati sunt in vteris matrum, sed nondum ita vt iam possint renasci. Si enim resurrecturos eos dixerimus, de iis qui iam formati sunt, tolerari potest vtcunque quod dicitur. Informes verò abortus quis non procliuius perire arbitretur, sicut semina quæ concepta non fuerint? Sed quis negare audeat, etsi affirmare non audeat, id acturam resurrectionem: vt quicquid formæ defuit impleatur? Atque ita non desit perfectio quæ accessura erat tempore, quemadmodum non erunt vitia quæ accesserunt tempore: vt neque in eo quod aptum & congruum dies allaturi fuerant, natura fraudetur: neque in eo quod aduersum atque contrarium dies attulerant, natura turpetur: sed integretur quod nondum erat integrum, sicut instaurabitur quod fuerat vitiatum. Capvt LXXXV.

Ac per hoc scrupulosissimè quidem inter doctissimos quæri ac disputari potest, quod vtrum ab homine inueniri possit ignoro, quando incipiat homo in vtero viuere. Vtrum sit quædam vita occulta, quæ nondum motibus viuentis appareat. Nam negare vixisse puerperia, quæ propterea membratim exsecantur vt eiiciantur ex vteris prægnantium, ne matres quoque si mortua ibi relinquantur occidant, impudentia nimia videtur. Ex quo autem incipit homo viuere, ex illo vtique iam mori potest. Mortuus verò, vbicumque illi mors potuit euenire, quomodo ad resurrectionem non pertineat mortuorum, reperire non possum. Capvt LXXXIX.

CAPVT LXXXVII.

Neque enim & monstra quæ nascuntur & viuunt, quamlibet citò moriantur, aut resurrectura negabuntur, aut ita resurrectura credenda sunt, ac non potius correcta emendatáque natura. Absit enim vt illum bimembrem, qui nuper natus est in Oriente, de quo & fratres fidelissimi qui eum viderunt retulerunt, & sanctæ memoriæ Hieronymus presbyter scriptum reliquit: Absit, inquam, vt vnum hominem duplicem ac non potiùs duos, quòd futurum fuerat, si gemini nascerentur, resurrecturos existimemus. Ita cætera quæ singuli quique partus vel amplius vel minus aliquid habendo, vel quadam nimia deformitate monstra dicuntur, ad humanæ naturæ figuram resurrectione reuocabuntur: ita vt singulæ animæ singula sua corpora obtineant, nullis cohærentibus etiam quæcumque cohærentia nata fuerant: sed seorsum sibi singulis sua membra gestantibus, quibus humani corporis completur integritas.

Hier. ad Vitalem.

CAPVT LXXXVIII.

Instauratio carnis quocumque modo perierit.

Non autem perit Deo terrena materies de qua mortalium creatur caro: sed in quemlibet puluerem cinerémve soluatur, in quoslibet halitus aurásque diffugiat, in quamcunque aliorum corporum substantiam vel in ipsa elementa vertatur, in quorumcunque animalium etiam hominum cibum cedat carnémque mutetur, illi animæ humanæ puncto temporis reddit, quæ illam primitùs vt homo fieret, cresceret, viueret, animauit.

CAPVT LXXXIX.

Superflua instauratis corporibus non accedent.

Ipsa itaque terrena materies, quæ discedente anima fit cadauer, non ita resurrectione reparabitur, vt ea quæ dilabuntur & in alias atque alias aliarum rerum species formásque vertuntur, quamuis ad corpus redeant vnde dilapsa sunt, ad easdem quoque corporis partes vbi fuerunt, redire necesse sit. Alioquin si capillis capitis redit quod tam crebra tonsura detraxit, si vnguibus quod toties dempsit exectio, immoderata & indecens cogitantibus, & ideo resurrectionem carnis non credentibus, occurrit informitas. Sed quemadmodum si statua cuiuslibet solubilis metalli aut igne liquesceret, aut contereretur in puluerem, aut confunderetur in massam, & eam vellet artifex rursus ex illius materiæ quantitate reparare, nihil interesset ad eius integritatem, quæ particula materiæ cui membro statuæ redderetur, dum tamen totum ex quo constituta fuerat, restituta resumeret: ita Deus mirabiliter atque ineffabiliter artifex, de toto quo caro nostra constiterat, eam mirabili & ineffabili celeritate restituet. Nec aliquid attinebit ad eius redintegrationem, vtrum capilli ad capillos redeant, & vngues ad vngues: an quicquid eorum perierat mutetur in carnem, & in partes alias corporis reuocetur, curante artificis prouidentia ne quid indecens fiat.

Cap. XC. Corporibus suus decor addetur.

Nec illud est consequens, vt ideo diuersa sit statura reuiuiscentium singulorum, quia fuerat diuersa viuentium, aut macri cum eadem macie, aut pingues cum eadem pinguedine reuiuiscant. Sed si hoc est in consilio creatoris, vt in effigie sua cuiusque proprietas & discernibilis similitudo seruetur, in cæteris autem corporis bonis æqualia cuncta reddantur: ita mortificabitur illa in vnoquoque materies, vt nec aliquid ex ea pereat, & quod alicui defuit ille suppleat, qui etiam de nihilo potuit quod voluit operari. Si autem in corporibus resurgentium rationabilis inæqualitas erit, sicut est vocum quibus cantus impletur: hoc fiet cuique de materia corporis sui quod & hominem reddat angelicis cœtibus, & nihil inconueniens eorum ingerat sensibus. Indecorum quippe aliquid ibi non erit, sed quicquid futurum est, hoc decebit, quia nec futurum est si non decebit.

Cap. XCI.

Resurgent igitur sanctorum corpora sine vllo vitio, sine vlla deformitate, sicut sine vlla corruptione, onere, difficultate. In quibus tanta facilitas, quanta felicitas erit. Propter quod & spiritalia dicta sunt, cùm proculdubiò corpora sint futura, non spiritus. Sed sicut nunc *corpus animale* dicitur, quod tamen corpus, non anima est: ita tunc *spiritale corpus erit*, corpus tamen non spiritus erit. Proinde quantum attinet ad corruptionem, quæ nunc *aggrauat animam*, & ad vitia, quibus *caro aduersus spiritum concupiscit*, tunc non erit caro sed corpus, quia & cælestia corpora perhibentur. Propter quod dictum est, *Caro & sanguis regnum Dei non possidebunt*. Et tanquam exponens quid dixerit, *Neque corruptio*, inquit, *incorruptionem possidebit*. Quod prius dixit, *caro & sanguis*, hoc posterius dixit, *corruptio*: & quod prius *regnum Dei*, hoc posterius *incorruptio*-

1. Cor. 15. 44.
Sap. 9. 15.
Gal. 5. 17.
1. Cor. 15. 50.
Luc. 24. 39.

nem: Quantum autem attinet ad substantiam, etiam tunc caro erit. Propter quod & post resurrectionem corpus Christi *caro* appellatum est. Sed ideo ait Apostolus *Seminatur corpus animale, resurget corpus spiritale:* quoniam tanta erit tunc concordia carnis & spiritus, viuificante spiritu sine sustentaculi alicuius indigentia subditam carnem, vt nihil nobis repugnet ex nobis, sed sicut foris neminem, ita nec intus nos-ipsos patiamur inimicos.

1. Cor. 15. 44.

Cap. XCII. Corpora damnatorum.

1. Tim. 2. 5.

Quicunque verò ab illa perditionis massa quæ facta est per hominem primum, non liberantur per *vnum mediatorem Dei & hominum*, resurgent quidem etiam ipsi vnusquisque cum sua carne, sed vt cum diabolo & angelis eius puniantur. Vtrum sanè ipsi cum vitijs & deformitatibus suorum corporum resurgant, quicumque in eis vitiosa & deformia membra gestarunt, inquirendo laborare quid opus est? Neque enim fatigare nos debet incerta eorum habitudo vel pulchritudo, quorum erit certa & sempiterna damnatio. Nec moueat quomodo in eis erit corpus incorruptibile, si dolere poterit, aut quomodo corruptibile si mori non poterit. Non est enim vera vita, nisi vbi feliciter viuitur: nec vera incorruptio, nisi vbi salus nullo dolore corrumpitur. Vbi autem infelix mori non sinitur, vt ita dicam, mors ipsa non moritur: & vbi dolor perpetuus non interimit sed affligit, ipsa corruptio non finitur. Hæc in sanctis scripturis *secunda mors* dicitur.

Apoc. 2. c. 11. & 20. 14.

Cap. XCIII.

Nec prima tamen mors, qua suum corpus anima relinquere cogitur, nec secunda qua pœnale corpus animam relinquere non permittitur, homini accidisset, si nemo peccasset. Mitissima sanè omnium pœna erit eorum, qui præter peccatum, quod originale traxerunt, nullum insuper addiderunt: & in cæteris qui addiderunt, tanto quisque tolerabiliorem ibi habebit damnationem, quanto hic minorem habuit iniquitatem.

CAPVT XXIV.

De Vita æterna. Sanctos in ea constitutos ex reproborum comparatione plenius cognituros quid eis boni contulerit gratia, atque arcana Dei in hominum prædestinatione & reprobatione iudicia ipsis manifestanda.

REMANENTIBVS atque angelis & hominibus reprobis in æterna pœna, tunc sancti scient plenius quid boni eis contulerit gratia. Tunc rebus ipsis euidentibus apparebit quod in Psalmo scriptum est, *Misericordiam & iudicium cantabo tibi Domine.* Quia nisi per indebitam misericordiam nemo liberatur, & nisi per debitum iudicium nemo damnatur. CAP. XCIV. *Psalm. 100. 1.*

Tunc non latebit quod nunc latet, cum de duobus paruulis vnus esset assumendus per Dei misericordiam, alius per iudicium relinquendus: in quo is qui assumeretur agnosceret, quid sibi per iudicium deberetur, nisi misericordia subueniret: cur ille potius quam iste fuerit assumptus, cum causa vna esset ambobus: cur apud quosdam non factæ sunt virtutes, quæ si factæ fuissent, egissent illi homines pœnitentiam, & factæ sint apud eos qui non fuerant credituri. Apertissimè namque Dominus dicit: *Væ tibi Corozaim, & væ tibi Bethsaida, quia si in Tyro & Sidone factæ fuissent virtutes quæ factæ sunt in vobis, olim in cilicio & cinere pœnitentiam egissent.* Nec vtique Deus iniustè noluit saluos fieri, cum possent salui esse, * si vellet. Tunc in clarissima luce sapientiæ videbitur quod nunc piorum fides habet, antequam manifesta cognitione videatur quam certa & immutabilis & efficacissima sit voluntas Dei, quam multa possit & non velit, nihil autem velit quod non possit: quámque sit verum quod in Psalmo canitur: *Deus autem noster in cælo & in terra omnia quæcumque voluit fecit.* Quod vtique non est verum, si aliqua voluit, & non fecit. Et quod est indignius, ideo non fecit, quoniam ne fieret quod volebat omnipotens, voluntas hominis impediuit. Non ergo fit aliquid nisi omnipotens fieri velit, vel sinendo vt fiat, vel ipse faciendo. CAP. XCV. *Matth. 11. 21.* *Psalm 113. 11. & 134. 6.* Voluntas Dei semper impletur.

* Male vulgo (si vellent) quod non solum sensus respuit, sed etiam tria antiq. MSS. Alterum S. Victoris, & duo S. Germani.

Nec dubitandum est Deum facere bene etiam sinendo fieri quæcunque fiunt malè. Non enim hoc nisi CAP. XCVI.

iusto iudicio sinit. Et profectò bonum est omne quod iustum est. Quamuis ergo ea quæ mala sunt, in quantum mala sunt non sint bona: tamen vt non solùm bona, sed etiam sint & mala, bonum est. Nam nisi esset hoc bonum vt essent & mala, nullo modo esse sinerentur ab omnipotente bono. Cui proculdubio quam facile est quod vult facere, tam facile est quod non vult esse, non sinere. Hoc nisi credamus, periclitatur ipsum nostræ fidei confessionis initium, qua nos in Deum patrem omnipotentem credere confitemur. Neque enim veraciter ob aliud vocatur omnipotens, nisi quia quicquid vult potest, nec voluntate cuiuspiam creaturæ voluntatis omnipotentis impeditur effectus.

CAPVT XXV.

Quomodo de Deo dictum sit, Qui vult omnes homines saluos fieri, *cum voluntas Dei semper impleatur nec tamen omnes homines salui fiant. Recurrendum ad inscrutabilia Dei iudicia cuius vult miserentis, & quem vult obdurantis.*

CA. XCVII. QVAMOBREM videndum est quemadmodum sit Deo dictum, quia & hoc Apostolus verissimè dixit, *quia omnes homines vult saluos fieri.* Cùm enim non omnes sed multo plures non fiunt salui, videtur vtique non fieri quod Deus vult fieri, humana scilicet voluntate impediente voluntatem Dei. Quando enim quæritur causa, cur non omnes salui fiant, responderi solet, quia hoc ipsi nolunt. Quod quidem de paruulis dici non potest, quorum nondum est velle, seu nolle. Nam quod infantuli motu faciunt, si eorum voluntati iudicaretur esse tribuendum, quando baptizantur, cum resistunt quantum possunt, etiam nolentes saluos eos fieri diceremus: Sed apertiùs Dominus in Euangelio compellans impiam ciuitatem: *Quoties*, inquit, *volui colligere filios tuos sicut gallina pullos suos & noluisti*: tanquam Dei voluntas superata sit hominum voluntate, & infirmissimis nolendo impedientibus non potuerit facere potentissimus quod volebat. Et vbi est illa omnipotentia qua *in cælo & in terra omnia quæcumque voluit fecit*, si colligere filios Hierusalem voluit, & non fecit? An potius & illa quidem filios suos ab ipso

2. Tim. 2. 4.

Matth. 23. 37.

colligi noluit, sed ea quoque nolente filios eius collegit ipse quos voluit: quia in cælo & in terra non quædam voluit & fecit, quædam verò voluit & non fecit, sed omnia quæcumque voluit fecit.

Ca. XCVIII. Gratia & prædestinatio.

Quis porrò tam impiè desipiat vt dicat Deum malas hominum voluntates quas voluerit, quando voluerit, vbi voluerit, in bonum non posse conuertere? Sed cum facit, per misericordiam facit: cum autem non facit, per iudicium non facit. Quoniam *cuius vult miseretur: & quem vult indurat*. Quod cum diceret Apostolus, gratiam commendabat, ad cuius commendationem de illis in Rebeccæ vtero geminis fuerat iam locutus: quibus *nondum natis, nec aliquid agentibus boni seu mali, vt secundum electionem propositum Dei maneret, non ex operibus, sed ex vocante dictum est ei, quia maior seruiet minori*. Propter quod adhibuit alterum propheticum testimonium, vbi scriptum est, *Iacob dilexi, Esau autem odio habui*. Sentiens autem quemadmodum posset hoc quod dictum est permouere eos qui penetrare intelligendo non possunt hanc altitudinem gratiæ, *Quid ergo dicemus*, ait? *Nunquid iniquitas est apud Deum? Absit*. Iniquum enim videtur vt sine vllis bonorum malorúmve operum meritis, vnum Deus diligat, oderitque alterum. Qua in re si futura opera vel bona huius vel mala illius, quæ Deus vtique præsciebat, vellet intelligi, nequaquam diceret, non ex operibus, sed diceret, ex futuris operibus, eóque modo istam solueret quæstionem: imò nullam quam solui opus esset faceret quæstionem. Nunc verò cum respondisset, *absit*, id est, absit vt sit iniquitas apud Deum, mox vt probaret nulla hoc iniquitate Dei fieri, inquit: *Moysi enim dicit, Miserebor cui misertus ero, & misericordiam præstabo cui misericors fuero*. Quis enim nisi insipiens Deum iniquum putet, siue iudicium pœnale ingerat digno, siue misericordiam præstet indigno? Denique infert & dicit: *Igitur non volentis, neque currentis, sed miserentis est Dei*. Ambo itaque gemini *natura filij iræ nascebantur*, nullis quidem operibus proprijs, sed originaliter ex Adam vinculo damnationis obstricti. Sed qui dixit, *miserebor cui misertus ero, & misericordiam præstabo cui misericors fuero*, Iacob dilexit per misericordiam gratuitam, Esau autem odio habuit per

Rom. 9. 18.
Gen. 25. 23.
Malac. 1. 2.
oderit antiq S. V. & recentior.
Exod. 33. 19.
Rom. 9. 16.
Ephes. 2. 3.

iudicium debitum. Quod cum deberetur ambobus, in altero alter agnouit non de suis distantibus meritis sibi esse gloriandum, quod in eadem causa idem supplicium non incurrit, sed de diuinæ gratiæ largitate, quia non volentis neque currentis, sed miserentis est Dei. Altissimo quippe ac saluberrimo sacramento vniuersa facies, atque (vt ita dixerim) vultus sanctarum scripturarum, bene intuentes id admonere inuenitur, vt qui gloriatur, in Domino glorietur.

CAP. XCIX. Misericordia & iudicium Dei.

Cum autem Apostolus misericordiam Dei commendasset in eo quod ait, *Igitur non volentis neque currentis, sed miserentis est Dei*: deinde vt etiam iudicium commendaret, quoniam in quo non fit misericordia, non iniquitas fit, sed iudicium, non est quippe iniquitas apud Deum, continuò subiecit atque ait: *Dicit enim scriptura Pharaoni, Quia ad hoc te excitaui, vt ostendam in te potentiam meam, & vt annuncietur nomen meum in vniuersa terra.* Quibus dictis ad vtrumque concludens, id est, ad misericordiam & ad iudicium, inquit: Ergo *cuius vult miseretur Deus, & quem vult obdurat.* Miseretur, scilicet magna bonitate, obdurat nulla iniquitate, vt nec liberatus de suis meritis glorietur, nec damnatus nisi de suis meritis conqueratur. Sola enim gratia redemptos discernit à perditis, quos in vnam perditionis concreuerat massam ab origine ducta causa communis. Hoc autem qui eo modo audit vt dicat, *quid adhuc conqueritur? Nam voluntati eius quis resistit?* tanquam propterea malus non videatur esse culpandus, quia *Deus cuius vult miseretur, & quem vult obdurat*: absit vt pudeat nos hoc respondere, quod respondisse videmus Apostolum: O *homo tu quis es qui respondeas Deo? Nunquid dicit figmentum ei qui se finxit, quid me fecisti sic? An non habet potestatem figulus luti ex eadem massa facere, aliud quidem vas in honorem, aliud verò in contumeliam?* Hoc enim loco quidam stulti putant Apostolum in responsione defecisse, & inopia reddendæ rationis repressisse contradictoris audaciam. Sed magnum habet pondus quod dictum est, O *homo tu quis es?* Et in talibus quæstionibus ad suæ capacitatis considerationem reuocat hominem verbo quidem breui, sed re ipsa magna est redditio rationis. Si enim non capit hæc, quis est qui respondeat Deo? Si autem

Exod. 9. 19.

Rom. 9. 18.

Rom. 9. 20.

capit, magis non inueniet quid respondeat. Videt enim si capit, vniuersum genus humanum tam iusto iudicio diuino in apostatica radice damnatum, vt etiam si nullus inde liberaretur, nemo rectè posset Dei vituperare iustitiam: & qui liberantur, sic oportuisse liberari: vt ex pluribus non liberatis, atque in damnatione iustissima derelictis, ostenderetur quid meruisset vniuersa conspersio, & quò etiam istos debitum iudicium Dei duceret, nisi eius indebita misericordia subueniret: vt volentium de suis meritis gloriari, *omne os obstruatur: & qui gloriatur, in Domino glorietur.* Rom. 19. 1. Cor. 1. 31.

Capvt XXVI.

Deum bene vti bonis & malis. Praedestinatio ad pœnam, & ad gratiam. Bona voluntas alia Dei, *alia hominis.*

Cap. C. Nihil fit contra voluntatem Dei. Psalm. 110. 2.

HÆc sunt *magna opera Domini, exquisita in omnes voluntates eius*: & tam sapienter exquisita, vt cum angelica & humana creatura peccasset, id est, non quod ille, sed quod voluit ipsa fecisset, etiam per eandem creaturæ voluntatem, qua factum est quod creator noluit, impleret ipse quod voluit: bene vtens & malis, tanquam summè bonus, ad eorum damnationem quos iustè prædestiuauit ad pœnam, & ad eorum salutem quos benignè prædestinauit ad gratiam. Quantum enim ad ipsos attinet, quod Deus noluit fecerunt, quantum verò ad omnipotentiam Dei, nullo modo id efficere valuerunt. Hoc quippe ipso quod contra voluntatem Dei fecerunt, de ipsis facta est voluntas eius. Propterea namque *magna opera Domini exquisita in omnes voluntates eius*, vt miro & ineffabili modo non fiat præter eius voluntatem, quod etiam contra eius fit voluntatem: quia non fieret si non sineret: nec vtique nolens sinit, sed volens. Nec sineret bonus fieri malè, nisi omnipotens etiam de malo facere posset bene.

Cap. CI. Bona voluntas, alia Dei, alia hominis.

Aliquando autem bona voluntate homo vult aliquid quod Deus non vult, etiam ipse bona multo amplius multóque certius voluntate: nam illius mala voluntas esse nunquam potest. Tanquam si bonus filius patrem velit viuere, quem Deus bona voluntate vult mori. Et rursus fieri potest, vt hoc velit homo voluntate mala quod Deus vult bona: velut si malus

filius velit mori patrem, velit hoc etiam Deus. Nempe ille vult quod non vult Deus, iste verò id vult, quod vult & Deus: & tamen bonæ voluntati Dei pietas illius potius consonat, quamuis aliud volentis, quàm huius idem volentis impietas. Tantum interest quid velle homini, quid Deo congruat, & ad quem finem suam quisque referat voluntatem, vt aut approbetur aut improbetur. Nam Deus quasdam voluntates suas vtique bonas implet per malorum hominum voluntates malas Sicut per Iudæos maleuolos bona voluntate patris Christus pro nobis occisus est. Quod tantum bonum factum est, vt apostolus Petrus quando id fieri
Matth. 16. 23. nolebat, *Satanas* ab ipso qui occidi venerat diceretur.
Act. 21. 12. Quàm bonæ apparebant voluntates piorum fidelium, qui nolebant apostolum Paulum Hierusalem pergere, ne ibi pateretur mala quæ propheta Agabus prædixerat, & tamen Deus hæc illum pati volebat pro annuncianda fide Christi, exercens martyrem Christi. Neque enim iste bonam voluntatem suam impleuit per Christianorum voluntates bonas, sed per Iudæorum malas: & ad eum potius pertinebant qui nolebant quod volebat, quam illi per quos volentes factum est quod volebat, quia idipsum quidem, sed ipse per eos bona, illi autem mala voluntate fecerunt.

CAP. CII. Voluntas Dei.

Sed quantælibet sint voluntates vel angelorum vel hominum, vel bonorum vel malorum, vel illud quod Deus vel aliud volentes quam Deus, omnipotentis voluntas Dei semper inuicta est: quæ mala esse nunquam potest, quia etiam cum mala irrogat, iusta est, & profectò quia iusta est, mala non est. Deus igitur omnipotens siue per misericordiam cuius vult misereatur, siue per iudicium quem vult obduret, nec iniquè aliquid facit, nec nisi volens quicquam facit, & omnia quæcumque vult facit.

CAPVT XXVII.

Verborum Apostoli sensum non esse, quod nullus sit hominum nisi quem Deus saluum fieri velit, sed quod nullus saluus fiat nisi quem velit, vel quod ex omni hominum genere saluos fieri velit: quod ex Apostoli contextu probat.

AC per hoc cum audimus & in sacris literis legimus, quod velit omnes homines saluos fieri: quamuis certum sit nobis non omnes homines saluos fieri, non tamen ideò debemus omnipotentissimæ Dei voluntati aliquid derogare, sed ita intelligere quod scriptum est, *Qui vult omnes homines saluos fieri:* tanquam diceretur, nullum hominem fieri saluum, nisi quem saluum fieri ipse voluerit: non quòd nullus sit hominum, nisi quem saluum fieri velit, sed quod nullus fiat nisi quem velit, & ideo sit rogandus vt velit, quia necesse est fieri si voluerit. De orando quippe Deo agebat Apostolus, vt hoc diceret. Sic enim intelligimus id quod in Euangelio scriptum est: *Qui illuminat omnem hominem:* non quia nullus est hominum qui non illuminetur, sed quia nisi ab ipso nullus illuminatur. Aut certè sic dictum est: *Qui omnes homines vult saluos fieri*, non quòd nullus hominum esset quem saluum fieri nollet, qui virtutes miraculorum facere noluit apud eos quos dicit acturos fuisse pœnitentiam si fecisset: sed vt omnes homines omne genus humanum intelligamus per quascumque differentias distributum, reges priuatos, nobiles, ignobiles, sublimes, humiles, doctos, indoctos, integri corporis, debiles, ingeniosos, tardicordes, fatuos, diuites, pauperes, mediocres, mares, feminas, infantes, pueros, adolescentes, iuuenes, seniores, senes: in linguis omnibus, in moribus omnibus, in artibus omnibus, in professionibus omnibus, in voluntatum & conscientiarum varietate innumerabili constitutos, & si quid aliud differentiarum est in hominibus. Quid est enim eorum vnde non Deus per vnigenitum suum Dominum nostrum per omnes gentes saluos fieri homines velit, & ideo faciat, quia omnipotens velle inaniter non potest quodcunque voluerit? Præceperat enim Apostolus, vt

CAP. CIII. Exponitur dictum Apostoli, *Qui vult omnes saluos fieri.*

1. Tim. 2. 4.

Ioan. 1. 9.

oraretur pro omnibus hominibus, & specialiter addiderat pro regibus & iis qui in sublimitate sunt, qui putari poterant fastu & superbia seculari à fidei Christianæ humilitate abhorrere. Proinde dicens, *Hoc enim bonum est coram saluatore nostro Deo*, id est, vt etiam pro talibus oretur: statim vt desperationem tolleret, addidit: *Qui omnes homines vult saluos fieri, & in agnitionem veritatis venire.* Hoc quippe Deus bonum iudicauit, vt orationibus humilium, dignaretur salutem præstare sublimium. Quod vtique iam videmus impletum. Isto locutionis modo & Dominus est vsus in Euangelio, vbi ait Pharisæis: *Decimatis mentam & rutam & omne olus.* Neque enim Pharisæi & quæcumque aliena & omnium per omnes terras alienigenarum omnia olera decimabant. Sicut ergo hic omne olus, omne olerum genus: ita & illic omnes homines, omne hominum genus intelligere possumus: & quocunque alio modo intelligi potest, dum tamen credere non cogamur aliquid omnipotentem Deum voluisse fieri, factúmque non esse: qui sine vllis ambiguitatibus si in cælo & in terra, sicut & veritas cantat, *omnia quæcumque voluit, fecit*; profecto facere noluit quodcunque non fecit.

1. Tim. 2. 4. — *Luc. 11. 42.* — *Psal. 113. 11.*

CAPVT XXVIII.

De libero hominis Arbitrio in triplici statu, innocentiæ, gloriæ, & naturæ corruptæ. In hoc vltimo statu à seruitute non liberari nisi per solam Dei gratiam, vnde & ipsa merita, quibus vita æterna debetur, dona sunt Christi.

CAP. CIV. Præscientia Dei.

QVAPROPTER etiam primum hominem Deus in ea salute in qua conditus erat, custodire voluisset, eúmque opportuno tempore post genitos filios sine interpositione mortis ad meliora perducere, vbi iam non solum peccatum non committere, sed nec voluntatem posset habere peccandi, si ad permanendum sine peccato sicut factus erat, perpetuam voluntatem habiturum esse præscisset. Quia verò eum malè vsurum libero arbitrio, hoc est peccatum esse præsciebat, ad hoc potius præparauit voluntatem suam, vt bene ipse faceret, etiam de maleficiente, ac sic hominis voluntate mala non euacuaretur, ſed nihilominus impleretur omnipotentis bona.

Sic enim oportebat prius hominem fieri, vt & bene velle poſſet & malè nec gratis ſi bene, nec impunè ſi malè: poſtea verò ſic erit, vt malè velle non poſſit, nec ideo libero carebit arbitrio. Multo quippe liberius erit arbitrium, quod omnino non poterit ſeruire peccato. Neque enim culpanda eſt voluntas, aut voluntas non eſt, aut libera dicenda non eſt, qua beati eſſe ſic volumus, vt eſſe miſeri non ſolum nolimus, ſed nequaquam prorſus velle poſſumus. Sicut ergo nunc etiam anima noſtra nolle infelicitatem, ita tunc nolle iniquitatem ſemper habitura eſt. Sed ordo prætermittendus non fuit, in quo Deus voluit oſtendere, quàm bonum ſit animal rationale quod etiam non peccare poſſit, quamuis ſit melius quod peccare non poſſit: ſicut minor fuit immortalitas, ſed tamen fuit in qua poſſet etiam mori, quamuis maior futura ſit in qua non poſſit mori. Cap. CV. Voluntas libera.

Illam natura humana perdidit per liberum arbitrium, & hanc eſt acceptura per gratiam quam fuerat, ſi non peccaſſet, acceptura per meritum: quamuis ſine gratia nec tunc vllum meritum eſſe potuiſſet. Quia etſi peccatum in ſolo libero arbitrio erat conſtitutum, non tamen iuſtitiæ retinendæ ſufficiebat liberum arbitrium, niſi participatione immutabilis boni diuinum adiutorium præberetur. Sicut enim mori eſt in hominis poteſtate cum velit, nemo eſt enim qui non ſeipſum, vt nihil aliud dicam, vel non veſcendo poſſit occidere, ad vitam verò tenendam voluntas non ſatis eſt, ſi adiutoria ſiue alimentorum ſiue quorumcunque tutaminum deſint. Sic homo in paradiſo ad ſe occidendum relinquendo iuſtitiam idoneus erat per voluntatem, vt autem ab eo teneretur vita iuſtitiæ, parum erat velle, niſi ille qui eum fecerat adiuuaret. Sed poſt illam ruinam maior eſt miſericordia Dei, quando & ipſum liberum arbitrium liberandum eſt à ſeruitute, cui dominatur cum morte peccatum. Nec omnino per ſeipſum, ſed per ſolam Dei gratiam, quæ in fide Chriſti poſita eſt, liberatur: vt voluntas ipſa, ſicut ſcriptum eſt, à Domino præparetur, qua cætera Dei munera capiantur, per quæ veniatur ad munus æternum. Cap. CVI. Liberum arbitrium & gratia.

CAP. CVII. Merita dona Dei.

Vnde & ipsam vitam æternam, quæ certè merces est operum bonorum, gratiam Dei appellat Apostolus: *Stipendium enim*, inquit, *peccati mors, gratia autem Dei vita æterna in Christo Iesu Domino nostro.* Stipendium pro opere militiæ debitum redditur, non donatur: ideo dixit, *Stipendium peccati mors*: vt mortem peccato non immeritò illatam, sed debitam demonstraret. Gratia verò nisi gratis sit, *gratia non est*, intelligendum est igitur etiam ipsa hominis bona merita esse Dei munera, quibus cùm vita æterna redditur, quid nisi gratia pro gratia redditur? Sic ergo factus est homo rectus, vt & manere in ea rectitudine posset, non sine adiutorio diuino, & suo fieri peruersus arbitrio: & vtrumlibet horum elegisset, Dei voluntas fieret, aut etiam ab illo, aut certè de illo. Proinde quia suam maluit facere quàm Dei, de illo facta est voluntas Dei, qui ex eadem massa perditionis quæ de illius stirpe profluxit, *facit aliud vas in honorem, aliud in contumeliam*: in honorem, per misericordiam, in contumeliam, per iudicium: vt nemo glorietur in homine, ac per hoc nec in se.

Rom. 6. 23. Rom. 11. 6. Rom. 9. 2.

CAP. CVIII. Mediator Christus.

Nam neque per ipsum liberaremur *vnum mediatorem Dei & hominum, Christum Iesum*, nisi esset & Deus. Sed cùm factus est Adam homo scilicet rectus, mediatore non opus erat: Cùm verò genus humanum peccata longè separauerunt à Deo, per mediatorem, qui solus sine peccato natus est, vixit & occisus est, reconciliari nos oportebat Deo vsque ad carnis resurrectionem in vitam æternam: vt & humana superbia per humilitatem Dei argueretur ac sanaretur, & demonstraretur homini quam longè à Deo recesserat, cum per incarnatum Deum reuocaretur, & per hominem Deum exemplum obedientiæ contumaci homini præberetur, & vnigenito suscipiente formam serui, quæ nihil antè meruerat, fons gratiæ panderetur, & carnis etiam resurrectio redemptis promissa in ipso redemptore præmonstraretur, & per eandem naturam quam se decepisse lætabatur diabolus vinceretur: nec tamen homo gloriaretur, ne iterum superbia nasceretur: & si quid aliud de tanto mediatoris sacramento à proficientibus videri & dici potest, aut tantum videri, etiam si non dici potest.

1. Tim. 2. 5. Heb. 11. 13.

CAPVT

Caput XXIX.

De Animabus à corpore separatis. Quibusnam preces Ecclesiæ prosint. Post vltimum Iudicium, siue felicitatem siue miseriam æternam omnino fore.

Tempus autem quod inter hominis mortem & vltimam resurrectionem interpositum est, animas abditis receptaculis continet, sicut vnaquæque digna est vel requie vel ærumna, pro eo quod sortita est in carne cum viueret. Cap. CIX.

Neque negandum est, defunctorum animas pietate suorum viuentium releuari, cum pro illis sacrificium mediatoris offertur, vel eleemosynæ in Ecclesia fiunt. Sed eis hæc prosunt, qui cum viuerent, vt hæc sibi postea prodesse possent, meruerunt Est enim quidam viuendi modus, nec tam bonus vt non requirat ista post mortem, nec tam malus vt ei non prosint ista post mortem. Est verò talis in bono, vt ista non requirat, & est rursus talis in malo, vt nec his valeat, cum ex hac vita transierit, adiuuari. Quo circa hic omne meritum comparatur, quo possit post hanc vitam releuari quispiam vel grauari. Nemo autem se speret quod hic neglexerit cum obierit apud Deum promereri Non igitur ista quæ pro defunctis commendandis frequentat Ecclesia, illi Apostolicæ sunt aduersa sententiæ, qua dictum est, *Omnes enim astabimus ante tribunal Christi, vt referat vnusquisque secundum ea quæ per corpus gessit, siue bonum, siue malum*: quia etiam hoc meritum sibi quisque cum in corpore viueret comparauit, vt ei possent ista prodesse. Non enim omnibus prosunt. Et quare non omnibus prosunt, nisi propter differentiam vitæ quam quisque gessit in corpore? Cum ergo sacrificia siue altaris siue quarumcunque eleemosynarum pro baptizatis defunctis omnibus offeruntur, pro valde bonis gratiarum actiones sunt: pro non valde malis, propitiationes sunt: pro valde malis etsi nulla sunt adiumenta mortuorum, qualescunque viuorum consolationes sunt. Quibus autem prosunt, aut ad hoc prosunt, vt sit plena remissio, aut certè tolerabilior fiat ipsa damnatio.

Cap. CX. Bona opera pro defunctis.

Rom. 14. 10. 2. Cor. 5. 10.

Post resurrectionem verò facto vniuerso completó-

Cap. CXI. Duæ ciuitates post iudicium.

que iudicio, suos fines habebunt ciuitates duæ, vna Christi, altera diaboli: vna bonorum, altera malorum: vtraque tamen angelorum & hominum. Istis voluntas, illis facultas non poterit vlla esse peccandi: vel vlla conditio moriendi, istis in æterna vita verè feliciterque viuentibus, illis infeliciter in æterna morte sine moriendi potestate durantibus, quoniam vtrique sine fine. Sed in beatitudine isti alius alio præstabilius, in miseria verò illi alius alio tolerabilius permanebunt.

Cap. CXII. Pœna impiorum æterna.

Frustra itaque nonnulli, imò quàm plurimi æternam damnatorum pœnam, & cruciatus sine intermissione perpetuos, humano miserantur affectu, atque ita futurum esse non credunt: non quidem scripturis aduersando diuinis, sed pro suo motu dura quæque molliendo, & in leniorem flectendo sententiam, quæ putant in eis terribilius esse dicta, quam verius. *Non enim obliuiscetur*, inquiunt, *misereri Deus, aut continebit ira sua miserationes suas*: Hoc quidem in Psalmo legitur sancto. Sed de his sine vllo scrupulo intelligitur, qui vasa misericordiæ nuncupantur, quia & ipsi non pro meritis suis, sed Deo miserante de miseria liberantur. Aut si hoc ad omnes existimant pertinere, non ideo necesse est vt damnationem opinentur posse finiri eorum, de quibus dictum est, *Et ibunt hi in supplicium æternum*: ne isto modo putetur habitura finem quandoque felicitas etiam illorum, de quibus econtrariò dictum est, *Iusti autem in vitam æternam* Sed pœnas damnatorum certis temporum interuallis existiment, si hoc eis placet, aliquatenus mitigari: etiam sic quippe intelligi potest *manere in illis ira Dei*, hoc est ipsa damnatio, (hæc enim vocatur ira Dei, non diuini animi perturbatio) vt in ira sua, hoc est manente ira sua, non tamen contineat miserationes suas, non æterno supplicio finem dando, sed leuamen adhibendo vel interponendo cruciatibus. Quia nec Psalmus ait, ad finiendam iram suam, vel post iram suam, sed *in ira sua*. Quæ si sola esset quanta ibi minima cogitari potest, perire à regno Dei, exulare à ciuitate Dei, alienari à vita Dei, carere tam *magna multitudine dulcedinis Dei quam abscondit timentibus se, perfecit autem sperantibus in se*, tam grandis est pœna, vt ei nulla possint tormenta quæ nouimus comparari, si illa sit æterna, illa autem sint quamlibet multis seculis longa.

Psal. 76. 10.

Matth. 25. 46.

Ioan. 3. 36.

Psalm. 30. 20.

Manebit ergo sine fine mors illa perpetua damnatorum, id est, alienatio à vita Dei, & omnibus erit ipsa communis, quamlibet homines de varietate pœnarum, de dolorum releuatione vel intermissione pro suis humanis motibus suspicentur, sicut manebit communiter omnium vita æterna sanctorum, quamlibet bonorum distantia concorditer fulgeant. CAP. CXIII.

CAPVT XXX.

Expositis quæ ad fidem pertinent, de spe agit. In Deo solo sperandum: & quæcumque ad spem pertinent in oratione Dominica contineri.

EX ista fidei confessione quæ breuiter symbolo continetur, & carnaliter cogitata ac est paruulorum, spiritaliter autem considerata atque tractata cibus est fortium, nascitur spes bona fidelium, cui charitas sancta comitatur: sed de ijs omnibus quæ fideliter sunt credenda, ea tantùm ad spem pertinent quæ in oratione Dominica continentur. *Maledictus est* enim *omnis*, sicut diuina testantur eloquia, *qui spem ponit in homine*: ac per hoc in semetipso qui spem ponit huius maledicti vinculo innectitur. Ideo non nisi à Domino Deo petere debemus, quicquid speramus nos vel bene operaturos vel pro bonis operibus adepturos. CAP. CXIV. De spe. 1 Cor. 3. Heb. 5. 13. Hier. 17. 5. Fiducia sui.

Proinde apud Euangelistam Matthæum septem petitiones continere Dominica videtur oratio: quarum in tribus æterna poscuntur, in reliquis quatuor temporalia, quæ tamen propter æterna, consequenda sunt necessaria. Nam quod dicimus: *Sanctificetur nomen tuum, veniat regnum tuum, fiat voluntas tua sicut in cælo & in terra*, quòd non absurdè quidam intellexerunt in spiritu & corpore: omnino retinenda sunt sine fine: & hic inchoata quantumcunque proficimus augentur in nobis: perfecta verò, quod in alia vita sperandum est, semper possidebuntur. Quod verò dicimus, *Panem nostrum quotidianum da nobis hodie, & dimitte nobis debita nostra, sicut & nos dimittimus debitoribus nostris, & ne nos inferas in tentationem, sed libera nos à malo*: quis non videat ad præsentis vitæ indigentiam pertinere? In illa itaque vita æterna vbi nos semper speramus futuros, & nominis Dei sanctificatio, & regnum eius &c. CAP. CXV. Oratio Dominica. Matth. 6. 9.

voluntas eius in nostro spiritu & corpore perfectè atque immortaliter permanebunt. Panis verò quotidianus ideo dictus est, quia hic est necessarius, quantus animæ carnique tribuendus est, siue spiritaliter, siue carnaliter, siue vtroque intelligatur modo. Hic est etiam quam poscimus remissio, vbi est commissio
Luc. 11. 2. peccatorum: hic tentationes quæ nos ad peccandum vel illiciunt vel impellunt: hic denique malum vnde cupimus liberari, illic autem nihil est istorum.

CAP. CXVI. Euangelista vero Lucas in oratione Dominica petitiones non septem, sed quinque complexus est: nec ab isto vtique discrepauit, sed quomodo istæ septem sunt intelligendæ, ipsa sua breuitate commonuit. Nomen quippe Dei sanctificatur in spiritu, Dei autem regnum in carnis resurrectione venturum est. Ostendens ergo Lucas tertiam petitionem duarum superiorum esse quodammodo repetitionem, magis eam prætermittendo fecit intelligi. Deinde tres alias adiungit, de pane quotidiano, de remissione peccatorum, de tentatione vitanda. At verò quod ille in vltimo posuit, sed libera nos à malo, iste non posuit, vt intelligeremus ad illud superius quod de tentatione dictum est, pertinere. Ideo quippe ait, sed libera, non ait, & libera, tanquam vnam petitionem esse demonstrans: Non hoc, sed hoc, vt sciat vnusquisque in eo se liberari à malo quòd non infertur in tentationem.

CAPVT XXXI.

De Charitate. Vnumquemque ex eo quod amet bonum aut malum iudicari. Nisi Deus charitatem in corde diffundat, lex præuaricatorem facit. Quadruplex status hominis, ante legem, sub lege, in gratia, in pace.

CAP. CXVII Charitas. 1. Cor. 13. 13. IAM porrò charitas quam duabus istis, id est, fide ac spe maiorem dixit Apostolus, quanto in quocunque maior est, tanto melior est in quo est. Cum enim quæritur, vtrum quisque sit homo bonus, non quæritur quid credat aut speret, sed quid amet. Nam qui rectè amat, proculdubiò rectè credit & sperat: qui verò amat, inaniter credit, etiamsi sunt vera quæ credit: inaniter sperat, etiam si ad veram felicitatem doceantur pertinere quæ sperat, nisi & hoc credat ac speret, quod sibi petenti donari possit vt amet: Quamuis enim sperare sine amore non possit, fieri tamen potest vt id non amet sine quo ad id quod sperat non potest peruenire. Tanquam si speret vitam æternam, quamuis non amet iustitiam, sine qua nemo ad illam peruenit. Ipsa est autem fides Christi quam commendat Apostolus, *quæ per dilectionem operatur*, & quod in dilectione nondum habet, *petit vt accipiat*, *quærit vt inueniat*, *pulsat vt aperiatur ei*. Fides namque impetrat quod lex imperat, nam sine Dei dono, id est, sine Spiritu sancto, per quem *diffunditur charitas in cordibus nostris*, iubere lex poterit, non iuuare, & præuaricatorem insuper facere, qui de ignorantia se excusare non possit. Regnat enim carnalis cupiditas, vbi non est Dei charitas.

Gal. 5. 6.
Matth. 7. 7.
Rom. 5. 5.

CAPVT CXVIII.

Quatuor gradus ad felicitatem secundum quatuor ætates.

Sed cùm in altissimis ignorantiæ tenebris nulla resistente ratione viuitur secundum carnem, hæc sunt prima hominis. Deinde cùm per legem cognitio fuerit facta peccati, si nondum diuinus adiuuat spiritus, secundum legem volens viuere vincitur, & sciens peccat, peccatóque subditus seruit: *A quo enim quis deuictus est, huic & seruus addictus est*: id agente scientia mandati, vt peccatum operetur in homine omnem concupiscentiam, cumulo præuaricationis adiecto, atque ita quod scriptum est impleatur: *Lex subintrauit vt abundaret delictum*. Hæc sunt secunda hominis. Si autem respexerit Deus vt adimplenda quæ mandat ipse adiuuare credatur, & *agi* homo cœperit *Dei spiritu*, concupiscitur aduersus carnem fortiore robore charitatis, vt quamuis sit adhuc quod homini repugnet ex homine, nondum tota infirmitate sanata, *ex fide tamen iustus viuat*, iustéque viuat, inquantum non cedit malæ concupiscentiæ, vincente dilectione iustitiæ. Hæc sunt tertia bonæ spei hominis in quibus si pia perseuerantia quisque proficiat, postrema pax restat, quæ post hanc vitam in requie spiritus, deinde in resurrectione etiam carnis implebitur. Harum quatuor differentiarum, prima est ante legem, secunda sub lege, tertia sub gratia, quarta in pace plena atque perfecta. Sic est & Dei populus ordinatus per temporum interualla sicut Deo placuit, qui *in mensura, numero & pondere cuncta dispo- nit*. Nam fuit primitùs ante legem: secundò sub lege, quæ *per Moysen data est*: deinde sub gratia, quæ reue-

2. Pet. 2. 19.
Rom. 5. 20.
Gal. 5. 17.
Abac. 2. 4.
Sap. 11. 21.
Ioan. 1. 17.

lata est per primum mediatoris aduentum. Quæ quidem gratia nec antea defuit quibus impartiri eam oportuit, quamuis pro temporis dispensatione velata & occulta. Neque enim antiquorum quicunque iustorum præter Christi fidem salutem potuit inuenire. At verò nisi & illis cognitus fuisset, non potuisset nobis per eorum ministerium aliàs apertiùs, aliàs occultiùs prophetari.

CAP. CXIX. Renascentia spiritus.

In quacunque autem quatuor istarum velut ætatum singulum quemque hominem gratia regenerationis inuenerit, ibi ei remittuntur præterita vniuersa peccata: & reatus ille nascendo contractus, renascendo dissoluitur. Tamque multum valet quod *spiritus vbi vult spirat*, vt quidam secundum illam seruitutem sub lege esse non nouerint, sed cum mandato incipiant adiutorium habere diuinum. *Ioan. 8.*

CAP. CXX. Sacramentum regenerationis.

Antequam possit autem homo capax esse mandati, secundum carnem viuat necesse est: sed si iam sacramento regenerationis imbutus est, nihil ei mors oberit, si tunc ex hac vita migrauerit. Quia ideo *Christus mortuus est & resurrexit*, vt & viuorum & mortuorum dominetur, nec tenebit regnum mortis eum, pro quo *mortuus est ille liber in mortuis*. *Rom. 14. 9.* *Psalm. 87. 6.*

CAPVT XXXII.

Præcepta & Consilia omnia ad charitatem referenda: & quidquid aliter fit, vt timore pœnæ, nondum fieri quemadmodum oportet. Libri conclusio.

CAP. CXXI. Charitas.

OMNIA igitur præcepta diuina referuntur ad charitatem, de qua dicit Apostolus: *Finis autem præcepti est charitas, de corde puro, & conscientia bona, & fide non ficta.* Omnis itaque præcepti finis est charitas, id est, ad charitatem refertur omne præceptum. Quod verò ita fit vel timore pœnæ, vel aliqua intentione carnali, vt non referatur ad illam charitatem, quam *diffundit spiritus sanctus in cordibus nostris*, nondum fit quemadmodum fieri oportet, quamuis fieri videatur. Charitas quippe ista Dei est & proximi, & vtique *in his duobus præceptis tota lex pendet & Prophetæ.* Adde Euangelium, adde & Apostolos: non enim aliunde vox ista est, *Finis præcepti est charitas* & *Deus charitas est.* *Rom. 5. 5.* *Matth. 22. 40.* *1. Ioan. 4. 16.*

Quæcunque ergo mandat Deus, ex quibus vnum est: *Non mœchaberis*: & quæcunque non iubentur, sed spiritali consilio monentur, ex quibus, vnum est: *Bonum est homini mulierem non tangere*: tunc rectè fiunt cum referuntur ad diligendum Deum, & proximum propter Deum, & in hoc seculo, & in futuro: nunc Deum per fidem, tunc per speciem, & ipsum proximum nunc per fidem. Non enim scimus mortales corda mortalium, *tunc autem illuminabit Dominus abscondita tenebrarum, & manifestabit cogitationes cordium. Et tunc laus erit vnicuique à Deo*: quia id laudabitur & diligetur à proximo in proximo, quod ne lateat, ab ipso illuminabitur Deo. Minuitur autem cupiditas charitate crescente, donec veniat ad tantam magnitudinem qua maior esse non possit. *Maiorem hic enim charitatem nemo habet, quàm vt animam suam quis ponat pro amicis suis*. Ibi autem quis explicet quanta charitas erit, vbi cupiditas quam vel coërcendo superet nulla erit: quando summa sanitas erit, quando contentio mortis nulla erit.

Matth. 5. 27.
1. Cor. 7. 1.
1. Cor. 4. 5.
Ioan. 15. 13.

CAPVT CXXII. Conclusio.

Sed sit aliquando huius voluminis finis, quod ipse videris, Vtrum Enchiridion vel appellare debeas vel habere. Ego tamen cum spernenda tua in Christo Iesu studia non putarem, bona de te credens, in adiutorio nostri redemptoris confidens ac sperans, téque in eius membris plurimum diligens, librum ad te sicut valui, vtinam tam commodum quàm prolixum, de fide, spe & charitate conscripsi.

FINIS.

www.ingramcontent.com/pod-product-compliance
Ingram Content Group UK Ltd.
Pitfield, Milton Keynes, MK11 3LW, UK
UKHW021829190726
13853UKWH00003B/1266

9 782329 601533

LES TOURNIQUETS

REVUE DE L'ANNÉE 1861.

PARIS. — IMPRIMERIE DE DUBUISSON ET Cᵉ, 5, RUE COQ-HÉRON.

LES

TOURNIQUETS

REVUE DE L'ANNÉE 1861

En 3 actes et 12 tableaux — avec prologue et épilogue

REVUE, CORRIGÉE ET AUGMENTÉE DE PLUSIEURS SCÈNES,
ET DE QUATRE TABLEAUX NOUVEAUX

PAR

L. LEMERCIER DE NEUVILLE

Représentée pour la première fois, à Paris, sur le théâtre du *Figaro*,
le 15 décembre 1861.

ILLUSTRATIONS DE M. ÉMILE BÉNASSIT. — GRAVURE DE MM. ROCH ET JACOB

PARIS

POULET MALASSIS, ÉDITEUR, RUE RICHELIEU, 97

1862

A NICÉPHORE BERJUZANS

VÉTÉRINAIRE, A ROUTOT (EURE).

A toi, mon cher Copin, ma première œuvre, comme je t'ai dédié mon premier thème sans faute! Bien faible souvenir pour une rare amitié! Toi à Routôt, moi à Paris, marchons dans la vie toujours unis et toujours fidèles, comme Nisus et Euryale, Castor et Pollux, Sarcey et About.

A toi, encore à toi, toujours à toi,

L. de Neuville.

Naples, novembre 1861.

PRÉFACE

Avant toute chose, l'auteur remercie vivement la critique qui a traité son œuvre avec indulgence. Il est rare aujourd'hui de voir une Revue, genre de pièce, qui, nécessairement, contient des critiques bouffonnes et des appréciations futiles, aussi scrupuleusement analysée par des hommes sérieux, non animés du démon de la partialité. Celui qui écrit ces lignes serait ingrat s'il essayait de relever certaines critiques de détail, mais cependant, dans l'intérêt de l'art, il ne peut faire autrement que de les réfuter.

On lui a reproché la forme vulgaire de sa pièce. A cela il répond comme répondait le loup au petit Chaperon-Rouge : — « *Grand'mère que vous avez de grands yeux? — C'est pour mieux voir, mon enfant !* » C'est pour mieux se faire comprendre qu'il a employé des airs connus, des locutions vulgaires, et qu'il a donné à ses personnages des noms *historiques*.

Les croquis fantaisistes qui accompagnent ses couplets ont été blâmés sévèrement. Pourquoi ? Le siècle actuel n'est-il pas à l'illustration ? Doré n'a-t-il pas illustré *le Dante* et *les Contes de Perrault ?* Ponson du Terrail ne fait-il pas illustrer ses romans ? Ne s'*illustre*-t-il pas lui même ? N'avons-nous pas le *Monde illustré ?* L'*Illustration ?* L'*Univers illustré ?* Le *Charivari ?* et bien d'autres ! L'auteur croit que ce reproche est tout simplement puéril, et, quel que soit le respect qu'il ait pour la critique, il ne peut s'empêcher de trouver idiotes de semblables observations.

Le personnage de Tourniquet a été aussi vivement attaqué. Les uns l'ont pris au sérieux, d'autres au contraire ne l'ont considéré que comme un compère ordinaire.

A ceci, l'auteur répond :

Pas plus que Musset, en écrivant *Lorenzaccio*, ne croyait faire une pièce, qu'on jouera peut-être un jour — (ne l'espérons pas, elle est si bien jouée à la lecture) — l'auteur n'a voulu faire une œuvre possible à la scène. D'ailleurs, le *Compère* est bien usé, c'est une ficelle trop peu solide, pour qu'il l'ait choisie ; il a préféré ce ravissant décousu, qui est la trâme de la vie humaine ; il se repent même d'avoir, pendant quelques tableaux, enchaîné, à l'aide de ce compère, des situations et des péripéties ; car, dans la réalité, ce personnage n'existe qu'à l'état latent — comme les gaz — : Le compère réel est le succès.

Enfin, — et ceci est un reproche sérieux — on a blamé l'auteur de s'être amusé avec des noms connus, estimables et estimés ; et d'avoir, dans une forme populaire, établi des jugements plus ou moins malveillants — littérairement parlant, bien entendu — sur des auteurs et des artistes qui ont au contraire besoin de réclames ; — on a trouvé qu'il était trop jeune et trop inconnu pour s'arroger ce droit. Talma a été sifflé à Rouen par des courtauds de boutique ; mais ces courtauds de boutique étaient le *public* : avaient-ils tort ou raison, qu'importe ! — ils étaient dans leur droit.

C'est comme public que l'auteur se décide à publier cette revue.

Avant de clore cette petite préface, l'auteur tient à remercier les artistes qui lui ont prêté leur concours. Mademoiselle Emma Livry, dont le talent éclate si vivement dans le rôle de l'*Allumette*, mademoiselle Suzanne Lagier, si touchante dans celui de *Rigolboche*. Mademoiselle Nelly, si piquante dans l'*Ambrette*, et mademoiselle Fargueil, si verte dans l'*Absinthe*. — Ravel dans *Tourniquet* est magnifique ; le rôle est tout à fait dans ses cordes. Du reste, l'éminent acteur le comprenait si bien, qu'il est revenu exprès de Saint-Pétersbourg pour le jouer. Laferrière dans le rôle de *Markowski* a été plein de passion ; M. de Chilly, directeur de l'Ambigu-Comique, qui avait obtenu la permission de jouer le rôle de *Jud*, a bien rendu cette physionomie terrible et fatale ; Raynard, le désopilant bossu du Théâtre-Déjazet, a bien voulu jouer en travesti *Alice la Provençale*, il lui a donné tout l'esprit qu'elle n'a pas. Mais le succès a été tout entier pour Achille Machanette, de l'Ambigu ; l'ami de Villemot, qui, dans un rôle de casseur de vitres comme organe, s'est révélé brillant brûleur de planches comme comédien.

Enfin, merci à toutes, merci à tous ! Avec de tels artistes, l'auteur peut dire maintenant : L'avenir est à moi !

Constantinople, décembre 1861.

LES

TOURNIQUETS

REVUE DE L'ANNÉE 1861

PROLOGUE

—

PREMIER TABLEAU

—

LE RHUME DE CERVEAU DU DOCTEUR

—

LE PROLOGUE, *au public, s'avançant entre la toile et l'orchestre*

Air : *Ne raillez pas la garde citoyenne*

Ami public, j'arrive sans vergogne
En chantonnant des refrains bien connus,
Assez mal mis, un peu rouge de trogne,
Très goguenard... nu-tête et les pieds nus.

Vous auriez tort d'exiger un costume,
Trop bien vêtu, l'auteur a l'air d'un sot.
Comme un oiseau je me vêts de ma plume
Et suis pudique... en me couvrant d'un mot.

Je suis Revue, oui, comme le *Banc d'huître*...
Mais sans *Ravel*, *Gil-Perez* et *Brasseur*,
Et vais tâcher, du haut de mon pupître,
D'être amusant... du moins d'être amuseur.

Ah! si j'avais costumes et danseuses,
Décors, vaisseaux, chameaux, *et cætera*,
Les grands acteurs et les fortes chanteuses,
Avec le corps des ballets d'opéra,

Je serais sûr du succès! Mais qu'y faire?
Mon seul succès, si j'en ai, c'est, je crois,
Que l'on me joue, aujourd'hui, la première
En même temps que la dernière fois!

(*Il salue et sort. — La toile se lève.*)

Le théâtre représente les bureaux du *Constitutionnel :*
petite chambre basse et humide.

Scène première

LE DOCTEUR. — Hum! Hum! me revoici aux affaires! Comme ces bureaux sont froids! Vraiment je vais attraper un rhume! Garçon! (*Il sonne.*)

Scène II

LE DOCTEUR, UN GARÇON DE BUREAU

LE DOCTEUR. — Il fait très froid dans ce cabinet!

LE GARÇON DE BUREAU. — Il a toujours fait froid au *Constitutionnel*.

LE DOCTEUR. — J'ai peur de m'enrhumer; donnez-moi une boîte de *pâte Regnault*.

Air de *M. et Madame Denis*

Dans cette armoire, jadis,
J'en laissai, je vous le dis,
C'était vraiment excellent,
Souvenez-vous-en,
Souvenez-vous-en.

LE GARÇON DE BUREAU

Oui, mais monsieur Grandguillot
Ne s'en fit jamais défaut!

C'était la nourriture ordinaire de son cheval; aussi, Monsieur, nous n'en avons plus!

LE DOCTEUR *mécontent.* — C'est bien, laissez-moi, (*le garçon de bureau sort*). — Hum! hum! (*fort accès de toux*) — C'est intolérable! si cela continue, je n'ai qu'à commander mon convoi; heureusement que dans mon testament j'ai eu le soin d'indiquer que je voulais être enterré dans ma cravate!

LE GARÇON DE BUREAU *rentrant.* — M. Fiorentino désire vous parler; voici une lettre.

LE DOCTEUR, *lisant l'adresse.* — « A monsieur, monsieur Véron, dans sa cravate, à Paris. » — C'est encore une facétie de ce plaisant de Roger de Beauvoir. Je lirai cela tout à l'heure. Donnez-moi mon dictionnaire italien... et faites entrer M. Fiorentino.

Air: *A boire! à boire! à boire.*

Qu'il entr'! qu'il entr'! qu'il entre!
Il a quelqu' chos' dans l' ventre!
Quoique brun, ce critique est bon,
J'aime assez son air fanfaron!

(Le garçon de bureau sort et introduit M. Fiorentino.)

Scène III

LE DOCTEUR, M. FIORENTINO

LE DOCTEUR. — Ah! c'est vous, cher critique! Voyons, vous m'apportez sans doute dans votre feuilleton quelques bonnes exécutions? La lutte! la lutte! c'est la pierre de touche du talent!

M. FIORENTINO.—Oui! z'abîme oune ténor qui n'a pas oune voix assez métallique, et oune çanteuse qui ne çante pas comme ze le voudrais!

LE DOCTEUR. — Très bien! de l'impartialité... A propos, pour l'hiver, recommandez la pâte Regnault à vos artistes!

M. FIORENTINO. — Ze n'y manquerai pas; dites donc, z'ai trouvé une étoile à la Porte-Saint-Martin; ze la recommande pour les Français.

LE DOCTEUR. — Très bien! Est-elle forte?

M. FIORENTINO. — Non!

LE DOCTEUR. — C'est une nullité?

M. FIORENTINO. — Oui, une *nèllité! (Il sort en riant.)*

LE DOCTEUR. — Il faut la pousser, elle arrivera!

Scène IV

LE DOCTEUR, LE GARÇON DE BUREAU

LE GARÇON DE BUREAU. — Monsieur About et frère Sarcey.

LE DOCTEUR. — Faites entrer le premier.

LE GARÇON DE BUREAU, *rentrant.*—M. About ne peut entrer sans frère Sarcey. L'un ne va pas sans l'autre.

LE DOCTEUR.—Au fait, puisqu'à eux deux ils ne font *qu'un*, dites-leur *qu'il entre*!

(Le garçon de bureau sort.)

Scène V

LE DOCTEUR, M. ABOUT, M. SARCEY

LE DOCTEUR. — C'est donc vous, bon jeune homme?

M. SARCEY. — Oui, cher docteur, oui, c'est nous!

LE DOCTEUR, *toussant*. — Hum! hum! on s'enrhume ici! Vous ne savez pas? j'ai trouvé une combinaison. Tel que vous me voyez, je suis un vrai journaliste. Personne ne connaît mieux que moi mes abonnés... J'ai étudié les simples, — comme élève en pharmacie, — et je connais leurs propriétés... comme capitaliste!

M. ABOUT. — Où voulez-vous en venir, cher maître?

LE DOCTEUR. — A ceci : Je veux ressusciter le vieux *Constitutionnel*, celui de 1839!... avec ses canards, ses puffs et sa naïve rouerie! Les abus n'ont qu'à se bien tenir : les allumettes chimiques nous envahissent de plus en plus; les pianos deviennent importuns, les billards sont trop bruyants... Gare à eux!

M. ABOUT. — Bravo! et les portiers! — et les jeux de jaquet et de besigue! — et les fumeurs de pipe et les photographes!

LE DOCTEUR. — J'y songerai! Vous, bon jeune homme, vous m'aiderez; puis j'ai Boniface, mon séide, et Limayrac, mon mamelouck : avec de l'unité, nous pouvons nous maintenir.

M. ABOUT. — Mais les allumettes, les billards, les pianos vont se plaindre.

LE DOCTEUR. — Qu'ils se plaignent! Ah!... puisque vous vous voilà, une simple observation.

M. ABOUT. — Je vous écoute, cher maître.

LE DOCTEUR. — N'oubliez pas qu'à partir de ce jour vous appartenez à un grand journal; ainsi, plus de niaiseries, n'est-ce pas? Faites des *Questions romaines* tant que vous voudrez, mais plus de *Théâtre impossible* ni de *Revue du Palais-Royal*.

M. ABOUT. — Quant à la *Revue du Palais-Royal*, mon cher docteur, c'est une bonne banque pour faire parler de moi ; —je ne sais si Dumanoir, mon collaborateur, y a travaillé, — pour moi, je n'en ai pas écrit un traître mot, et quand je l'ai portée à Cogniard pour qu'il en prît l'esprit, je craignais vivement qu'il n'acceptât mon offre, car dans le rouleau que je lui présentais il n'y avait pas plus d'esprit que de pièce.

LE DOCTEUR. — A la bonne heure! Faites un ballet! si vous voulez, cela n'engage à rien, puis cela se signe sans être écrit, et se joue sans parler ; mais des comédies, des farces! fi! Au *Constitu*, l'on n'est pas farceur.

M. SARCEY. — Cependant nous croyions...

LE DOCTEUR. — Puis, venez me voir seul, cher About, vous me comprenez? chez moi l'on se présente en laissant son ombre à la porte...

M. ABOUT. — Pardon, docteur, mais c'est impossible ! j'ai fait un vœu.

Air des *Feuilles mortes*.

Mes jours sont condamnés, je passerai ma vie
Toujours avec Sarcey, ce bel ambitieux !
J'aime à tirer souvent son oreille rougie
Dont le bout va se perdre au beau milieu des cieux.
Et puis il est si bon, il sait ouvrir les portes,
Balayer le plancher, — tout faire sur ma foi !
Quand vous ferez pousser, pousser les feuilles mortes,
Si vous aimez Sarcey, vous penserez à moi (*bis*).

LE DOCTEUR. — Nous verrons, hum ! hum ! Allons pondre mes canards !

(Le docteur rentre dans sa cravate. MM. About et Sarcey sortent.)

Scène VI

LE DOCTEUR, LE GARÇON DE BUREAU,
puis L'ALLUMETTE

LE GARÇON DE BUREAU. — Monsieur, une dame fluette désire vous parler.

LE DOCTEUR. — Faites entrer!

L'ALLUMETTE, *entrant*. — Monsieur, je viens pour une réclamation.

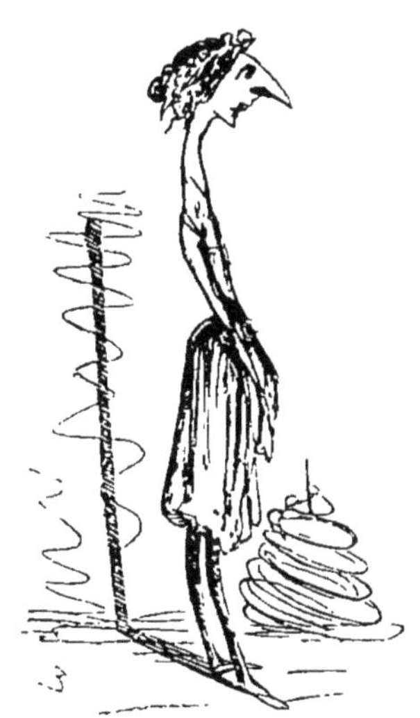

LE DOCTEUR. — Parlez, madame.

L'ALLUMETTE, *vivement*. — J'ai lu, dans un de vos derniers numéros, qu'on voulait tracasser l'Allumette. Je suis l'Allumette, monsieur, et certainement vous êtes mal informé ; vous trompez le public...

LE DOCTEUR. — Là, là, ne prenez pas feu, madame.

L'ALLUMETTE. — Vous pouvez être assuré, monsieur...

LE DOCTEUR. — Je le suis, madame!...

L'ALLUMETTE. — Vous pouvez être assuré que je proteste

rai vivement! J'ai fait tous les sacrifices pour conserver mon indépendance... je me suis parfumée...

LE DOCTEUR. — On s'en aperçoit!

L'ALLUMETTE. — Je me suis faite *allemande*, *chinoise*, que sais-je! Chez moi j'ai arrangé ma petite *boîte* d'une façon luxueuse; malgré ma vivacité, je me suis *amadouée* dans l'espoir qu'on voudrait bien me laisser en paix, enfin, pour plaire à tous, j'ai consenti à être *amorphe*.

LE DOCTEUR. — Vous vous êtes *métamorphosée!*

L'ALLUMETTE. — Du tout au tout! Et l'on me taquinerait! Que l'on prenne garde! Il ne faut pas que l'on se frotte à à moi!

LE DOCTEUR. — A qui le dites-vous?

L'ALLUMETTE. — Je suis tout feu! tout flammes!... Tenez, monsieur, voilà une pétition en ma faveur, signée par les cigares, les cigarettes, les bougies, les lampes, etc., etc... Insérez cela dans votre journal! Ah! j'étouffe! je suffoque... je m'évanouis!...

(Elle se trouve mal.)

LE DOCTEUR, *lui jetant de l'eau à la figure.* — Voyons! voyons! revenez à vous!

L'ALLUMETTE, *reprenant ses sens* :

Air des *Fraises*.

Hélas! je ne sais qui veut
Me plonger dans un gouffre!
On va m'imposer, mon Dieu!
Je vais m'éteindre dans peu!
Je souffre (*ter*)!

LE DOCTEUR.—Je prends votre demande en considération, comptez sur moi.

L'ALLUMETTE, *se retirant.* — Ah! Monsieur! que de reconnaissance! Et si mes faibles lumières... un jour... Merci! merci...

Scène VII

LE DOCTEUR, LE GARÇON DE BUREAU, ASCHER, Mme DREYFUS, HENRY HERZ, KALKBRENNER, LEFÉBURE-WELY, Mme ELISA MARTIN, Mme PLEYEL, PRUDENT, QUIDANT, RAVINA, ROSELLEN, THALBERG, etc., etc.

LE GARÇON DE BUREAU. — Monsieur! il y a là plusieurs artistes qui voudraient parler à Monsieur...

LE DOCTEUR.— Faites-les entrer...

LE GARÇON DE BUREAU, *en s'en allant.*—Je vais serrer l'argenterie.

(Les artistes entrent.)

THALBERG. — Ah! mon cher docteur, qu'avez-vous donc annoncé dernièrement ?

PRUDENT. — Adieu nos leçons !

RAVINA. — Adieu nos concerts !

QUIDANT.

Air : *Petit Enfant.*

Pauvre Quidant! Adieu ma mélodie...
Qui vous faisait vous livrer au sommeil.
Oh ! j'en ferai certe! une maladie,
Après mon rêve, oh ! le triste réveil !
Plus de pianos! mon succès m'abandonne!
Si cet impôt a lieu, je suis maudit,
Nul ne jouera mon refrain monotone :
Petit enfant sera toujours petit !

HENRI HERZ.—Nous nous *imposions* pourtant assez comme cela.

Air de la *Famille de l'Apothicaire.*

Nous n'avons plus qu'à déserter,
Voilà nos leçons terminées,
Nos élèves vont nous quitter,
Adieu nos belles matinées!
Je frémis rien que d'y penser,
Le piano va mourir en France...
Notre instrument faisait danser, } *bis.*
Aujourd'hui c'est lui qui la danse! }

RAVINA. — Vraiment c'est affreux! épouvantable!

Même air.

Adieu caprices et polkas!

ROSELLEN

Souvenirs, valses, rêveries...

ASCHER

Sérénades et mazurkas.

LEFEBURE WELY

Nocturnes, tendres mélodies!

MADAME ÉLISA MARTIN

Pour éviter cet impôt-là,
Hélas! une jeune personne
Avant qu'il soit un an, jouera } *bis.*
Des caprices sur le trombonne! }

ÉMILE PRUDENT

Même air.

Que faire de notre piano?

ROSELLEN

Je vais en faire une brouette!

HENRI HERZ

Je vais le gréer en canot!

MADAME DREYFUS

Moi, j'en fais faire une toilette...

MADAME PLEYEL

Comme armoire, il peut me servir!

THALBERG

Et dans le mien moi je me couche.

KALKBRENNER

En coupé, je vais l'établir,
Ça ne manquera pas *de touche!* } *bis.*

CHOEUR D'ARTISTES, *pleurant*,

Air: *Ah! ah! ah!*

Ah! ah! ah!
Qui nous eût dit ça?
Pour nous, vraiment, c'est la ruine.
Ah! ah! ah!
On nous assassine
Avec cet affreux canard-là!

LE DOCTEUR.— Voyons! mes enfants! un peu de courage Ne *vendez pas* comme cela *votre piano!* Je m'intéresserai à vous, je vous le promets.

LES ARTISTES. — Ah! merci, merci.

(Ils sortent dans l'ordre alphabétique.)

Scène VIII

LE DOCTEUR, LE GARÇON DE BUREAU, *puis* BERGER

LE GARÇON DE BUREAU. — Monsieur, Berger, le professeur de billard a deux mots à vous dire.

LE DOCTEUR. — Berger, qu'est-ce qu'il me veut ? qu'il entre.

(Berger entre.)

BERGER. — Eh bien ! vous avez appris ? nos pauvres billards...

LE DOCTEUR. — Tant pis pour vous, je n'y puis rien !

BERGER.

Air : *Bonjour, mon ami Vincent.*

Pourquoi frapper le billard ?
Voyons, je vous le demande,
Si nous jouons par trop tard,
On peut nous mettre à l'amende.
Nous voilà tous *carambolés !*
Plus de *retros !* plus de *coulés !*
Oui, nous voilà *collés sous bande !*
Ah ! nous nous sommes bien *blousés !*
Oui, je le sais
Hélas ! assez...
Voilà tous les joueurs *massés !*

LE DOCTEUR. —Mon cher ami, c'est un peu votre faute !

BERGER. — Mais enfin ! à quoi jouera-t-on, si l'on ne joue plus au billard ?

LE DOCTEUR.—On mettra des petits trapèzes dans les cafés et on jouera au Léotard... Cela aura beaucoup de succès... vous permettez, je suis occupé...

BERGER, *en sortant.* — Ah ! vous n'êtes pas juste !...

(Il sort.)

Scène IX

LE DOCTEUR, LE GARÇON DE BUREAU,
puis TOURNIQUET

LE GARÇON DE BUREAU. — Monsieur...

LE DOCTEUR. — Encore ! je n'y suis pour personne.

TOURNIQUET, *entrant.* — Pardon, si je viole la consigne, mais comme je veux vous rendre un service, j'espère être excusé.... vous ne me remettez pas ?

LE DOCTEUR, *au garçon de bureau.* — Laissez-nous ! (*Il sort*). — Oh ! fichtre ! non, je ne vous *remets* pas...

TOURNIQUET. — Pourtant, je suis un homme bien connu ; les plus grandes intelligences sont de ma famille... Vous connaissez L.....? C'est un cousin à moi ; oh ! j'ai des parents dans tous les parties ; M. C..., D..., L..., N..., M..., etc., sont de ma famille ; je ne suis pas le dernier venu, je m'appelle Tourniquet.

LE DOCTEUR. — Attendez donc ! Tourniquet... n'étiez-vous pas marié ?

TOURNIQUET. — Et je le suis encore, seulement ma femme est rarement avec moi, sa profession l'en empêche. — C'est elle qui a pour mission d'indiquer le côté du vent : — Elle est girouette.

LE DOCTEUR. — C'est bien cela ! Et vous voilà sans place.

TOURNIQUET. — Mon Dieu, oui, aussi je viens vous proposer une affaire.

LE DOCTEUR. — Asseyez-vous donc...

TOURNIQUET. — Ne me bousculez pas de grâce... le moindre mouvement que vous me feriez faire vous coûterait au moins vingt sous.

LE DOCTEUR. — Fichtre ! voyons votre affaire...

TOURNIQUET. — Eh bien ! en qualité de Tourniquet, je me suis trouvé en rapport avec tout Paris, j'ai vu les Pereire, les Rotschild, comme j'ai vu de grandes ruines et d'affreuses catastrophes.... je connais donc, non-seulement la société actuelle, mais encore je me suis trouvé mêlé à tous les événements de l'année d'une façon plus ou moins directe.

LE DOCTEUR. — Où voulez-vous en venir ?

TOURNIQUET. — A ceci : Je viens vous proposer mes Mémoires.

LE DOCTEUR. — Vos Mémoires?

TOURNIQUET. — Sans doute! seul j'endosse la responsabilité du livre... mais toute ma famille me donnera des notes... et de bonnes, car ma famille est nombreuse. Heureusement que je ne suis pas obligé de la nourrir.

Air : *Des cancans.*

Tourniquet (*bis*)!
On me donne mon paquet
Tourniquet (*bis*)
Je m'en vais avec regret!

LE DOCTEUR. — Je comprends cela !

TOURNIQUET

A la porte de la Bourse,
Je vivais pas mal, ma foi,
On me laisse sans ressource,
Oh ! là là... faut-il qu'on soit...

Refrain

Tourniquet (*bis*), etc.

Mais vous les connaissez bien, mes parents, allez! Hommes, femmes, bons ou méchants, somme toute, ils ne valent pas grand chose.

Celui qui vit dans un bouge
Et qui se sert tour à tour
D'encre bleue, ou blanche ou rouge
Suivant le héros du jour,
Tourniquet (*bis*), etc.

Ce petit gandin stupide
Qui se croit aimé vraiment
Et qu'une femme cupide
Fait tourner habilement,
Tourniquet (*bis*), etc.

Ce petit cœur de novice
Qui ne sait pas ce qu'il veut,
Rêve moustache à l'office,
Et dans son lit songe à Dieu,
Tourniquet (*bis*), etc.

L'amoureux qui se détourne
Quand une femme a passé,
Le rendez-vous qui s'ajourne
Quand le cœur n'est plus pressé,
Tourniquet (*bis*), etc.

Il y a même des choses inanimées que je pourrais mettre dans ma famille.

En tournant sur elle-même,
La terre, dans la chaleur,
Sait faire tourner la crème
Qui vous fait tourner le cœur,
Tourniquet (*bis*), etc.

LE DOCTEUR. — Vous avez raison, Tourniquet; vos Mémoires seraient curieux, seulement...

TOURNIQUET. — Seulement...

LE DOCTEUR. — Seulement, il faut en faire une revue de l'année: *Les Tourniquets.* Le titre n'est pas mauvais; portez cela au *Figaro*, il l'acceptera.

TOURNIQUET. — C'est convenu! (1)

FIN DU PROLOGUE

(1) Ici devait se trouver un chœur de sortie sur un air de polka. Le machiniste ayant laissé tomber le rideau avant la réplique, est cause que le public ne peut l'entendre.

ACTE PREMIER

DEUXIÈME TABLEAU

LE CAFÉ DES VARIÉTÉS (1)

A l'heure de l'absinthe, 4 heures

Scène première

PARADE, RAYNARD, UN GARÇON DE CAFÉ, LOUIS.

CHŒUR DE BONS PETITS CAMARADES

Air du *Chalet* : *Dans le service de l'Autriche*

Disons du mal des camarades,
Ils n'en seront pas plus malades,
Chacun sait ça!
Soyons méchants, soyons vipères,
Qu'importe! puisque nos confrères
Ne sont pas là!
Les mots piquants sont toujours salutaires
Chacun nous prend pour des célébrités!
Vive la blague et les méchancetés!
Voilà! voilà! voilà! voilà! l'absinthe aux Variétés

PARADE. — Bon! il y avait un journaliste-là! S'il a entendu, il va t'éreinter.

RAYNARD. — Qu'est-ce que ça me fait! Ce n'est pas Junius.

(1) ou : *Le Triomphe de la Soupe aux choux après minuit.*

PARADE. — Qui sait!

RAYNARD. — Après tout, je m'en fiche. Garçon!

LE GARÇON. — Monsieur!

RAYNARD. — Encore un nouveau? Où est la *Brosse à reluire?*

LE GARÇON. — La Brosse à...

RAYNARD. — Oui, le garçon qui me sert d'habitude... qui a les cheveux ébouriffés.

LE GARÇON. — Louis!... Je vais l'appeler : — Louis!

LOUIS. — Que veut monsieur! une absinthe?

RAYNARD. — Non, donnez-moi de la nouvelle boisson... de l'*Ambrette*, de la boisson HATTON.

PARADE. — Et moi, une absinthe.

LOUIS. — Bien, messieurs!... (*Au comptoir.*) *A-t-on* de la boisson HATTON?

Scène II

LES MÊMES, L'AMBRETTE, L'ABSINTHE

L'AMBRETTE

Air : *Cascade.*

Ambrette (*bis*)
Je suis le breuvage nouveau.
Je monte la tète,
Sans nuire au cerveau !

A votre aimable appel, j'arrive!
Je suis tonique, apéritive,
Je suis pleine de qualités !
De l'absinthe j'ai les bontés,
Sans les perversités !

Ambrette (*bis*)
Je suis le breuvage nouveau;
Je monte la tète,
Sans nuire au cerveau !

RAYNARD. — Nous verrons, ma mie!

L'ABSINTHE

(*Même air.*)

Absinthe (*bis*)
Diable vert, au cœur enflammé !
Quelle flamme éteinte
N'ai-je rallumé ?

Ah ! voici donc mon ennemie ?
Regardez-moi cette chipie !
Parce qu'elle a pris ma couleur,
Elle croit, parole d'honneur!
Posséder ma saveur !

Absinthe (*bis*)
Diable vert, au cœur enflammé.
Quelle flamme éteinte
N'ai-je rallumé !

L'AMBRETTE. — Veux-tu te taire, empoisonneuse!

L'ABSINTHE. — Et toi, va donc, fausse bonne femme!

L'AMBRETTE. — Tu n'es qu'une misérable! Comment oses-tu te présenter ici après tes crimes... oh! je dis la vérité, — tu le sais bien, tu pâlis.

Air de : *Vous vieillirez, ô ma belle maîtresse!*

Tu nous as pris un de nos bons poëtes,
Il t'adorait, ô fatale liqueur!
En Algérie, entravant nos conquêtes,
Tu décimas nos guerriers pleins de cœur!
Va, tu n'es plus la verte enchanteresse
Depuis qu'on sait que tu n'es qu'un poison.
Oui, c'est fini, le buveur te delaisse,
Sur tes débris je plante ma maison. (*Bis.*)

(*Le verre d'absinthe se précipite sur le verre d'ambrette comme s'il voulait l'avaler.*)

RAYNARD. — Là! là! ne vous avalez pas, mesdemoiselles! il ne nous resterait plus rien! (*Il boit.*)

Scène III

LES MÊMES, PUIS TOURNIQUET, *vêtu en rédacteur du Figaro* (1), PUIS LANTIMÈCHE ET CABOULOT

RAYNARD. — Ah! voilà un rédacteur du *Figaro*.

PARADE. — Il prend des notes. Il vient nous espionner! — Ces malheureux! ils font de la copie avec notre esprit.

RAYNARD. — Et on la leur paye!

PARADE. — Mercenaires, va!

(*Entrent Caboulot et Lantimèche*).

RAYNARD. — Regarde donc ces deux individus qui viennent d'entrer? En voilà une tenue! — Garçon!

(1) C'est-à-dire avec du linge propre.

LE GARÇON. — Monsieur !

RAYNARD. — Comment laissez-vous entrer des gens comme cela?...

LE GARÇON. — Attendez, je vais les renvoyer... (*A Lantimèche.*) Vous demandez quelqu'un ?

LANTIMÈCHE. — De quoi ! des questions, est-ce que mon argent ne vaut pas *celle* des autres?

CABOULOT. — C'est-y parce que j'ai une blouse?

LANTIMÈCHE. — Donnez-nous un litre, et raide là.

CABOULOT. — C'est qu'il ne faut pas qu'on nous maltraite... Garçon, sais-tu qui c'est, celui-là?

LE GARÇON. — Ne me tutoyez pas; c'est défendu dans la maison !

CABOULOT. — Oh! la la! chez moi, on ne *vouvoutait* personne... Eh bien ! vois-tu ce bonhomme-là, c'est un cocher et un fameux, et qui, ne pouvant plus faire claquer son fouet, fait claquer sa langue... Pas vrai, mon père Lantimèche?

LANTIMÈCHE. — Il le faut bien. Oh! les *canassons* (1) ! comme ils sont vengés ! Il n'y a pas ! Il faut changer de profession !

(1) Canasson (canne à son), nom familier donné à leurs chevaux par les cochers de Paris.

AIR : *Ma Normandie.*

Que va devenir Lantimèche,
Puisque son fouet ne claque plus?
On vient de lui ravir sa mèche.
Ses chevaux ne sont plus battus!
J'ai beau crier avec furie,
Mes chevaux me blaguent entre eux...
Je vais aller en Normandie,
Car là du moins je claquerai mes bœufs!

LE GARÇON. — Ah ça! pourquoi vous appelle-t-on Lantimèche?

LANTIMÈCHE. — Parce que c'est moi qui ai donné ce nom-là à l'auteur de l'ordonnance qui supprime les mèches de nos fouets! C'est même ce soir qu'a lieu l'adjudication de tous ces débris de notre puissance, à l'hôtel des Commissaires priseurs.

LE GARÇON.— Comment! on va vendre toutes ces mèches-là? A qui, à des coiffeurs?

LANTIMÈCHE. — Non! je ne crois pas! Comme ce sont des ficelles, on ne trouvera d'amateurs que parmi les auteurs dramatiques.

TOURNIQUET, *à part.* — Bonne note à prendre, j'irai ce soir.

CABOULOT. — Eh bien! garçon, qu'est-ce que tu fais là? tu ne veux donc pas nous servir? Mais pour un rien, foi de Caboulot, je...

LE GARÇON. — Comment!... vous seriez?...

CABOULOT. — Sans doute!

AIR *du Conscrit de Montmartre.*

Je suis l'ancien Caboulot, } *Bis.*
C'est ce dont je me vante! }
J'étais un petit tripot
Où les femmes comme il faut
A tirlarigo
Faisaient leur magot
Sans payer de patente!

LE GARÇON. — Ah ! c'est vous qui...

CABOULOT. — Oui, c'est moi ! j'vas m'établir sur les boulevards avec des actionnaires, des billards et tout le tremblement.

LE GARÇON. — Bonne chance ! j'vas vous servir, attendez!

Scène IV

LES MÊMES, DES ORPHÉONISTES (BASSES D'ACCOMPAGNEMENT), CHARLES BATTAILLE, PAUL BLAQUIÈRES, LÉON BEAUVALLET.

CHOEUR

Air : *Do, sol, do.*

On ! on ! on ! on
Bou... ou ou ou...
On ! on ! on ! on...
Bou... ou ou ou...

LE GARÇON. — Messieurs, on ne chante pas ici !

PREMIER ORPHÉONISTE. — Tè ! On nous fait venir pour çanter et on nous dit qu'on ne çante pas? Alors si on ne çante pas c'est que nous ne sommes pas venus pour çanter! Tè nous allons boire...

TOUS. — Des absinthes!...

UNE VOIX SEULE. — Un verre d'orgeat !

PAUL BLAQUIÈRE. — Tè ! C'est le petit soprane ! un élève de Rome... à la Chapelle Sixtine.

CH. BATTAILLE. — Pardon, monsieur, je suis en affaire avec mon ami, seriez-vous assez obligeant pour parler moins haut ?...

PREMIER ORPHÉONISTE. — Parler moins haut ! parler moins

haut! Vous en parlez bien à votre aise. Savez-vous que nous brâillons depuis quatre jours et que nous sommes tellement d'accord que nous ne nous entendons plus!

CH. BATTAILLE. — Mais qui êtes-vous donc?

PREMIER ORPHÉONISTE. — Vous ne nous connaissez pas? Voilà qui est curieux! Mais tout le monde nous connaît... on ne voit que nous, à Paris.

CH. BATTAILLE, *à part.* — Je crois bien, les Parisiens leur ont cédé la place.

LÉON BEAUVALLET. — Dites-nous enfin quelle est cette invasion nouvelle?

PREMIER ORPHÉONISTE. — Des orphéonistes, mon bon! Rien que ça!

Air du *Bénéficiaire.*

Huit mille artistes chantants,
De tous les départements
Sont venus tous munis
Des produits de leur pays,
L'un avec du saucisson
Et sa voix de baryton,
L'autre avait à la fois
Anisette et frêle voix!
Les orphéonistes
Ne sont jamais tristes,
Delaporte et Vaudin
Savent bien
Les mettre en train.
Leurs voix exécrables
Semblaient admirables
Dans ce grand festival
Fait au Palais de Cristal.

Comment s'est-on reconnu
Dans ce grand tohu-bohu?
On ne sait. – L'Auvergnat
A chacun disait : *Fouchtra*

Le Gascon à ses amis
Envoyait des *Cadedis*,
Le Marseillais à tous
Murmurait *Cape de Dious!*
Tous les commissaires,
Vêtus en notaires,
S'efforçaient vainement
D'unir leurs voix constamment.
Cette foule immense
Semblait en démence,
Car chacun à la fois
S'exprimait en son patois.

Et voici pourquoi soudain
Delaporte et J. Vaudin
Hier unis
Et polis
Comme deux paires d'amis,
Dans cet affreux bacchanal
Qu'on appelle un festival
Ont perdu, c'est très mal,
Leur diapazon normal.

CH. BATTAILLE. — Et maintenant vous avez fini votre tournée?

PREMIER ORPHÉONISTE. — Oui, nous repartons demain, satisfaits et pleins... de reconnaissance... Quant à la voix... intacte!... On m'entend du Capitole, quand je chante sur la Cannebière!

Scène V

LES MÊMES, ORÉLIE-ANTOINE Ier, *qui salue familièrement Tourniquet.*

TOURNIQUET. — A qui ai-je l'honneur de parler?

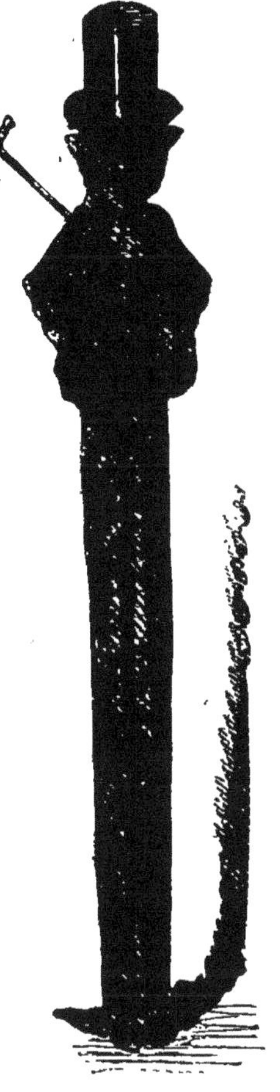

ORÉLIE-ANTOINE Ier

Air : *Quand j'étais roi de Béotie.*

Je suis le roi d'Araucanie,
Ex-avoué de Périgueux.
J'ai composé ma colonie
De héros et de demi-gueux!
Dans mon pays natal, la France,
Dût-on me prendre pour un fou,
Je viens chercher de la finance,
Car là-bas je n'ai pas le sou.
Oui, j'ai grand besoin de finance
An an an... ance!

Offrez-moi quelque chose.

TOURNIQUET.— Demandez ce que vous voudrez!... Qu'est-ce que vous avez donc dans votre poche?...

ORÉLIE-ANTOINE Ier. — Oh!... un tas de papiers timbrés. — J'ai d'abord les affaires de ma colonie; car je suis roi-avocat, roi-avoué, roi-huissier et roi-recors.

TOURNIQUET. — Vous voulez dire : retors!

ORÉLIE-ANTOINE Ier. — J'ai d'abord établi que nul ne pourrait écrire, même une lettre, sans que ce soit sur du papier timbré.

TOURNIQUET. — Il faut bien faire quelque chose pour son peuple!

ORÉLIE-ANTOINE Ier. — Du reste, tout ce qui se fait là-bas est timbré.

TOURNIQUET. — Mais alors, vous devez être riche?

ORÉLIE-ANTOINE Ier. — Oh! non. Depuis ce temps, on ne plaide plus, on n'écrit plus, on ne se marie plus, on ne fait plus rien; alors je n'encaisse rien; voilà pourquoi je viens faire ma petite souscription en France.

TOURNIQUET. — J'ai grand' peur que vous ne réussissiez pas.

ORÉLIE-ANTOINE Ier. — Si ça ne prend pas, il me reste une ressource : je mets mon royaume en loterie à un franc le billet... Je trouverai bien quelques amateurs.

TOURNIQUET. — Bonne chance ! *(à part.)* J'ai déjà des notes sur les orphéonistes, l'Ambrette, les Caboulots, l'Araucanie et les mèches des cochers. Je vais de ce pas rue Drouot pour de nouveaux renseignements ; après quoi, j'irai dîner chez Dinochau. *(Il sort.)*

TROISIÈME TABLEAU

LES FICELLES TREMPÉES DANS LES LARMES

La salle des commissaires-priseurs, rue Drouot. — On procède à l'adjudication des bouts de ficelle provenant des mèches supprimées aux fouets des cochers.

Scène première

LE COMMISSAIRE-PRISEUR, FERDINAND DUGUÉ, VICTOR SÉJOUR, ÉDOUARD BRISEBARRE, EUGÈNE NUS, DUMANOIR, ANICET BOURGEOIS, CRISAFULLI, DEVICQUE, etc., etc. — *Dans un coin, l'on aperçoit* TOURNIQUET, *qui prend des notes.*

Parodie de la scène IX, acte II, de la Dame blanche.

LE COMMISSAIRE-PRISEUR, *se levant et lisant une affiche*

Par suite qu'on a pris des mesures nouvelles,
Faisons savoir qu'on va procéder sur-le-champ
A la vente de ces ficelles

A l'enchère publique, ainsi qu'au plus offrant
Et dernier enchérisseur!

FERDINAND DUGUÉ

Un si gros lot, vraiment, me tente!

LE COMMISSAIRE-PRISEUR

Nous avons acquéreur
A quinze sous! quinze!

DUGUÉ

Oh! j'en mets vingt-cinq.

SÉJOUR

Moi, trente!

DUGUÉ

Trente-cinq!

SÉJOUR

Quarante!

DUGUÉ

Quarante-cinq!

SÉJOUR

Cinquante!

DUGUÉ

Cinquante cinq!

SÉJOUR

Soixante!
Ils ont l'air interdits!

LES AUTEURS, *à Dugué*

Allons! allons! encor courage!

DUGUÉ

Voulez-vous risquer davantage?
Soixante-cinq!

SÉJOUR

Soixante-dix !

DUGUÉ

Quatre-vingt-cinq !

SÉJOUR

Quatre vingt-dix !
Ils ont beau faire,
J' les aurai.
Oui, j'en serai propriétaire;
Oui, je les emporterai !

DUGUÉ

Victor Séjour vraiment m'opprime.

LES AUTEURS

Allons, encor... nous sommes avec vous.

DUGUÉ

Eh bien ! quatre francs quinze...

SÉJOUR

Et moi je mets cent sous !

LES AUTEURS

O ciel ! nous n'avons plus sur nous un seul centime !

(Agitation incroyable ! L'orchestre continue en sourdine le récitatif.. Le commissaire priseur peut à peine se faire entendre et répète d'une voix lente :

Cent sous ! Cent sous ! Cent sous ! Cent sous !

Scène II

LES MÊMES, D'ENNERY, *fendant la foule*

Arrêtez ! moi, je mets cent sous de plus que vous !

TOUS

O ciel !

(Ensemble impossible à comprendre; la vente recommence avec furie.

le paquet de ficelles est poussé par Séjour jusqu'à quarante-cinq francs.)

D'ENNERY, *allant surenchérir*

Eh bien, moi, s'il le faut...

SÉJOUR, *allant à lui*

Arrêtez, laissez-moi
Sur ces ficelles-là conseiller son jeune âge.
Sait-il à quoi cela l'engage ?

Au commissaire-priseur

Monsieur, lisez-lui la loi.

LE COMMISSAIRE-PRISEUR, *lisant*

« L'acheteur ne pourra jamais avoir de style,
» Sans collaborateurs remporter un succès,
» Et faute de produire un chef-d'œuvre imbécile,
» On le jouera toujours au Théâtre-Français ! »

D'ENNERY

Aux Français !

SÉJOUR, *à part*

Il hésite !

D'ENNERY, *à part*

Allons, l'affaire est bonne !

(*Haut*)

Je mets cinquante francs !

LE COMMISSAIRE-PRISEUR

Personne
Ne dit mot ?

SÉJOUR, *à part*

Quel malheur !

D'ENNERY, *bas à Séjour*

Convenez sans façon
Que ces ficelles ont du bon !

SÉJOUR, *avec dépit*

Il le faut, j'abandonne!

LE COMMISSAIRE-PRISEUR, *à d'Ennery*

Votre nom, votre état?

D'ENNERY

D'Ennery, — dit l'Auvergnat.
J' gagne tous les ans
Cent mille francs,
Et l'on ne dira pas que je fais des folies,
Car j'achèt' mon succès sur mes économies.

LE COMMISSAIRE-PRISEUR, *bas à Séjour*

Vous le voyez, j'y suis bien obligé.

(*A haute voix.*)

Puisqu'il le faut donc!

(*Montrant d'Ennery*)

Adjugé!

D'ENNERY. — O merci! merci! mon Dieu! — O ma mère! — Vous pâlissez, colonel!... — Sauvés! sauvés!... — On vient! c'est elle!... — Perdus!... — Ah! j'aurais dû prévoir cette fatale issue!... — Cette croix!... j'avais deux mois quand elle me fut donnée!... — Je ne puis le dire, c'est un secret!... — Quand elle ouvrit les yeux, elle était aveugle! — Ah! ces ficelles, ces ficelles, toute ma gloire littéraire! je vais de ce pas les tremper dans les larmes!

(D'Ennery sort très agité en remportant son paquet de ficelles. — Tous les autres auteurs emportent leurs vestes. — Tourniquet sort en se frottant les mains.)

QUATRIÈME TABLEAU

UN DINER CHEZ DINOCHAU

Le théâtre représente la salle à manger de Dinochau, rue de Navarin, — au premier étage. — Au fond, une glace dans un cadre épais en chêne ; — on ne peut s'asseoir à cet endroit sans se cogner la tête ; c'est ce qu'on appelle : *le coup de l'architecte.* — A droite, dans un cadre d'or, la charge d'Edouard Dinochau, avec cette épigraphe : « *Eh bien, voyons, la débouche-t-on ?* » — A gauche, la charge de son frère. — Tables tout autour de la chambre. — A gauche en entrant, buffet en chêne, couvert de cristaux et de bouteilles de vins de plusieurs catégories : *la Négresse*, — *le* 18, — *le Nantou*, — *le Pomard*, — *le Charlemagne*, — *le Corton* et *le Saint-Marceau*. — CÉSARINE, la bonne de l'établissement, belle, forte et sérieuse, se tient d'aplomb à son poste, après avoir remonté les quatre becs de gaz. — Il est six heures et demie... On commence à arriver... Peu à peu la petite salle se garnit...— Que'ques dames, amies de ces messieurs et venues en retard, dérangent tout le monde pour se placer.

Scène première

LES CONVIVES. — EDOUARD DINOCHAU, servant la soupe. — G. MATHIEU. — F. DESNOYERS. — TOURNIQUET, — LE PETIT RAGEUR. — CH. MONSELET. — UNE VOIX ET UN ABOIEMENT DANS LA RUE.

ÉDOUARD DINOCHAU, *jaugeant sa salle d'un coup d'œil.* — Il n'y a pas ce soir pour quinze francs de vins fins.

F. DESNOYERS. — Que t'importe, Jean-Édouard ! puisque les rejetons des grands siècles littéraires te font l'honneur de s'asseoir à ta table...

ÉDOUARD DINOCHAU. — Ils sont jolis, ces rejetons-là... Veux-tu des choux ?

F. DESNOYERS.— Sais-tu bien qu'en ce moment-ci Courbet vient de fonder une académie de peinture, de paysage...

LE PETIT RAGEUR. — Passez-moi des épinards !

TOURNIQUET. Où est le bœuf ?

F. DESNOYERS. — Il est en permanence dans l'atelier !

ÉDOUARD DINOCHAU. — Le mien est meilleur ! il est *entrelardé !*

GUSTAVE MATHIEU. — Tais-toi, Dinochau, tu n'es pas des *nostres !*

ÉDOUARD DINOCHAU. — Avec cela que vous êtes fameux, aujourd'hui, vous autres gens de lettres et artistes !

LE PETIT RAGEUR. — Oh ! pour cela c'est vrai, aujourd'hui il ne se produit réellement rien de remarquable, surtout au théâtre.

CH. MONSELET, *pinçant sa lèvre.* — Mais d'Ennery, cependant ?

LE PETIT RAGEUR. — Un homme habile ! Depuis six ans, il a trouvé le moyen de se faire jouer le même drame dans différents décors. C'est ainsi qu'il démontre qu'il est moins joué que les autres.

TOURNIQUET. — Tout cela, c'est bien triste !

Air : *T'en souviens-tu.*

Elle n'est plus, l'époque littéraire !
L'art, de nos jours, se cache tout meurtri,
Où donc es-tu, Corneille? et toi, Molière?
On ne voit plus partout que d'Ennery!
Reviens, Hugo, reviens montrer l'exemple;
Le goût est mort... Viens le ressusciter
Oui viens chasser tous ces marchands du temple } (*Bis*)
Que jamais l'art n'aurait dû déserter. }

CH. MONSELET. — Une simple question : de quoi vivront les dramaturges des boulevards pendant cet hiver, puisque d'Ennery a une pièce dans chaque théâtre de drame : Porte-Saint-Martin, Ambigu, Cirque, Gaîté?...

G. MATHIEU. — Ces gens-là n'ont point besoin de vivre ; ce ne sont point des lettrés.

TOURNIQUET. — Bah ! ils sont gourmands. Tenez, je parie que d'Ennery n'est pas encore satisfait!...

UNE VOIX DANS LA RUE

Air de la *Grâce de Dieu.*

Ayez pitié d'un pauvre maire
Qui va commencer sa saison
Avec *Valentin' Darmentière*
Et puis le *Lac de Glenaston* !
Le *Sacrific' d'Iphigénie*
Comme la *Prise de Pékin*
Ont fait une route fleurie,
Mais j' voudrais que *Paillass'* s'en r'vint,

Car vraiment c'est bien peu
Pour un modeste hébreu,
Et la *Grâce de Dieu*
Morbleu !
Fait bien d'entrer en jeu,
Mon Dieu!
Merci ! merci mon Dieu !

(Tous les convives jettent des bouts de ficelles dans la rue... Le chanteur les ramasse en répétant : *Merci mon Dieu!* — Tout à coup, l'on entend un aboiement, c'est le jeune V. Koning qui jappe aux mollets du chanteur, celui-ci se sauve rapidement. — L'incident n'a pas de suites).

TOURNIQUET. — Qu'est-ce que je disais?

ÉDOUARD DINOCHAU.--Qu'est-ce qui a demandé du pomard pour faire avaler cela ? (*Grand silence.*) Ah ! tant pis ! elle est débouchée ! Donnez des verres; c'est moi qui l'offre !

CH. MONSELET. — Le fait est qu'aujourd'hui l'on ne fait plus de pièces artistiques. Les drames se font pour les décors, les comédies pour les mollets.

Air : *Ton ton, ton taine, ton ton*

C'est sur la danse que l'on fonde
Le succès du *Pied de mouton*,
Ton ton, ton taine, ton ton.
Ce fut pour voir le fond de l'onde
Qu'on fit le *Lac de Glenaston*,
Ton ton, ton taine, ton ton.

De Pékin on a fait la *Prise*
Dans cette unique intention,
Ton ton, ton taine, ton ton.
De voir des glaces de Venise
Reflétant des femm's de carton,
Ton ton, ton taine, ton ton.

LE PETIT RAGEUR. — Et les théâtres ont beau faire de magnifiques décors, les auteurs sont encore obligés de s'accoupler pour produire quelque chose de passable. La collaboration est à l'ordre du jour.

CH. MONSELET. — Et où est le mal ?... Dites-nous donc un peu la liste de ces mariages littéraires ?

ÉDOUARD DINOCHAU. — Avec tout cela, on ne boit pas !

F. DESNOYERS. — Silence, cabaretier !

LE PETIT RAGEUR. — J'en ai fait une chanson, la voici :

Air de *Malbrough*

Sur des airs populaires
Ereintons, éreintons nos confrères
Des hymens littéraires
Chantons le gai refrain !
Labiche avec *Martin*
Se sont donné la main.

Pour faire des affaires
Ereintons, éreintons nos confrères)
Deux faiseurs peu vulgaires
Se *collent* à leur tour,
Siraudin, *Delacour*,
Les dieux du calembour!

Puis, sans préliminaires
Ereintons, éreintons nos confrères),
Se passant de notaires,
Thiboust a pris *Grangé*.
Je n'eus jamais songé
Qu'il eût ainsi changé.

Aux anciennes barrières,
(Ereintons, éreintons nos confrères),
On voit deux réfractaires
Qui sont assez connus.
C'est *Brisebarre* et *Nus*.
Qu'ils soient les bienvenus

Dans les œuvres légères
Ereintons, éreintons nos confrères),
Paroliers sincères,
Ici je nommerai
J. Barbier et *Carré*,
Et puis je me tairai.

Car les vocabulaires
(Ereintons, éreintons nos confrères
M'ont de rimes en *aires*
Amplement saturé

CH. MONSELET. — Eh vous en oubliez beaucoup : Duvert et Lausanne, Devicque et Crisafulli, Dumanoir et Clairville, Blum et Flan, About et Sarcey... il n'en manque pas :

Air : *Dans les gardes françaises*

Dans la loi naturelle
Cet accord est béni :
Le mâle et la femelle
Font ensemble leur nid (1).
Créer seul est un rêve
Rarement triomphant :
Adam jamais sans Ève
N'aurait produit d'enfant !

LE PETIT RAGEUR. — Mais vous-même, Monselet, vous collaborez peu.

CH. MONSELET. — C'est vrai ! Je ne collabore pas du tout, et je produis peu, mais j'aime mieux cela... au moins, quand je vois réussir un de mes rejetons, je suis sûr d'en être seul le père.

(Entrée de clients sérieux, mais muets.)

ÉDOUARD DINOCHAU, *à Monselet.* — Reculez-vous, Monselet, il n'y a pas de place de ce côté et voici des clients sérieux.

CH. MONSELET. — Non, non ! je suis bien là !

ÉDOUARD DINOCHAU. — Mais il y a une place près de vous.

CH. MONSELET. — Oui... mais personne ne la prendra, — ni moi, ni d'autres !

(1) Le *d* est mis là pour l'orthographe et non pour la rime.

Air : *Hier en voyant une hirondelle* (paroles de H. Mürger, musique de Vernet).

Pauvre Mürger! C'était ta place,
Hélas! nous ne te verrons plus;
Mais rien dans notre cœur n'efface
Les amis qui sont disparus!
Moi, j'entendis son cri suprême :
« Pas de musique, pas de bruit!
» Tout s'efface, pas de bohême!
» Au revoir! adieu! l'aube luit! »

ÉDOUARD DINOCHAU. — Tu as raison... On se serrera un peu plus, et la place étant réservée, on croira qu'il n'est pas venu... on oubliera qu'il est mort.

CH. MONSELET. — On ne peut plus l'oublier! Déjà on insulte sa tombe. Sa tombe qui n'est pas encore à lui... Quelques jours nous séparent de ce triste anniversaire! Soyons tous présents, mes amis, — Mürger est un des martyrs littéraires de notre époque. — Pauvre, il a eu la lutte; homme de talent, il a eu l'envie; vivant, il a eu toutes les peines du monde: peines de cœur, peines d'argent, découragements, espérances déçues, en un mot il a souffert; mort, on lui discute sa vie entière : ceux qui l'ont fait dieu brisent sa statue, l'amitié seule lui érige un tombeau!...

Air : *Je vous le dis en vérité.*

Figaro le premier s'avance,
Et, pour se faire pardonner
Plus d'une bonne médisance,
Se charge du dernier loyer!
Sous cette tombe qu'a sculptée
Le ciseau d'un sincère ami (1),
Et que notre cœur a votée,
Repose en paix, cher endormi

(1) AIMÉ MILLET, chevalier de la Légion d'honneur.—On se rappelle sans doute le résultat de la souscription : boursiers, gens de lettres, lecteurs, pauvres et riches, tout le monde voulut apporter sa pierre à ce tombeau. M. Millet s'est fait l'écho de tant de sympathies en faisant pour notre ami un véritable chef-d'œuvre de goût, de simplicité et de poésie.

Dinochau! — Donnez-nous de votre meilleur vin! — Des verres à tous, même à l'absent!... Buvons à la mémoire de Mürger! — Que son verre soit plein comme s'il devait le boire! — Ce sera la part du bon Dieu! et cela

portera bonheur au premier pauvre qui passera! — A la mémoire de Mürger! A sa vie! A sa mort! A ses œuvres!

(Toast.)

Scène II

LES MÊMES, L'OMBRE DE MURGER

A cette apparition un silence profond règne dans la salle, les convives n'osent boire.

L'OMBRE

Où suis-je? Quel est ce silence?
Pourquoi n'entendre plus le bruit
Du bal où ma maîtresse danse?
Comme il fait froid! comme il fait nuit

Ah! je sais!... mon propriétaire
A qui je devais un loyer
M'a forcé de quitter la terre,
Car je ne pouvais le payer!

Mais j'ai trouvé mon domicile
Dans le pays du souvenir!
Viens, *Mimi*, viens, ton cœur docile
A mon cœur peut encore s'unir!
Souviens-toi de nos amourettes
Du temps passé! — C'était si beau.
Viens! Si tu veux des violettes,
J'en cueillerai sur mon tombeau!

Voici *Musette!* l'infidèle!
Je te reconnais, c'est bien toi!
Mais non! — *Musette n'est plus elle*
Hélas! et *je ne suis plus moi*!
Mais toi, *Francine*, viens, frileuse!
Si tes mains sont froides, mon Dieu,
Je te ferai, mon amoureuse,
Un manchon de baisers de feu!

Ah! vous fuyez! Quoi! chères ombres,
J'ai donc troublé votre sommeil!
Pourtant c'était dans les nuits sombres
Que nos cœurs étaient en éveil...
Venez boire, ombres taciturnes,
Avec le pauvre délaissé :
Pour coupe nous aurons nos urnes
Et pour champagne le passé!

Venez toutes! Viens, toi, *Marie*
Tu retrouveras *Olivier*.
Notre âme était endolorie
Dans notre rendez-vous dernier!
Petite *Rose*, ô ma grisette!
Je suis l'*Armand* qui t'adora ;
Viens sans chapeau, viens sans toilette
Madame Olympe n'est pas là!

Et toi, petite guitariste,
Qui chantais à l'estaminet,
Je suis devenu coloriste
En faisant sauter ton bonnet !
Viens, *Chéchina*, charmant modèle,
Comme au temps qui n'existe plus,
René retrouvera, ma belle,
La clef des Paradis perdus!

Venez toutes!... Pauvre *Christine*,
Lucien t'appelle sous cet if ;
Et toi, délicate *Adeline*,
Lazare est là, triste et pensif!
Mariette, c'est moi, c'est *Claude!*
Camille, *Théodore* est là...
Et sous les sapins l'Amour rôde...
Oh! la belle nuit que voilà!

L'ombre s'éloigne lentement, — les convives sont très émus. — Un joueur d'orgue, dans la rue, joue l'air des *Bohémiens de Paris.*)

CINQUIÈME TABLEAU

LE CASINO CADET

Bal de nuit, il est deux heures du matin; le bal est dans toute sa splendeur, l'orchestre joue les plus brillants quadrilles. — Peu à peu, sans qu'aucun des danseurs puisse s'en apercevoir, les portraits en pied qui se trouvent le long des murs sortent de leurs cadres, et les femmes qu'ils représentent se mêlent avec les danseurs, bientôt autour de ces personnages invisibles se groupent d'autres ombres de l'époque : marquis, gentilshommes, petits abbés, etc. Ces deux sociétés, celle du dix-huitième siècle et celle du dix-neuvième, se coudoient sans se confondre et sont invisibles l'une pour l'autre. Tourniquet qui, en sortant de chez Dinochau est venu passer quelques heures dans ce bal, erre çà et là en prenant des notes.

Scène I

Mme DE TENCIN, Mme DE GENLIS, Mme DESHOULIÈRES, Mlle DUCHESNOIS, RACHEL, Mme DE GIRARDIN, LA MAUPIN, LA GUIMARD, LA SALLÉ, LA CLAIRON, Mlle DE SCUDÉRY, Mme DE STAEL. — RIGOLBOCHE, ALICE LA PROVENÇALE, FINETTE LA CRÉOLE, ROSALBA. — *Personnages muets* : TOURNIQUET, LE CHEVALIER DESTOUCHES, JULES JANIN, PELLISSON. — PETITS ABBÉS, GENTILHOMMES, VIEILLARDS, DANSEURS, ETC., ETC.

MADAME DE TENCIN, *au chevalier Destouches*

Venez donc, chevalier, laissez ces péronnelles!
Çà, voyons, votre bras, de grâce... je le veux!

MADAME DE GENLIS, *retenant un petit abbé.*

Ne vous envolez pas, beau coureur de ruelles!

MADAME DESHOULIÈRES, *seule et sentimentale.*

Moutons! petits moutons, que vous êtes heureux

RIGOLBOCHE, *exécutant son fameux pas.*

Air : *Du Tra.*

Moi je suis Rigolboche,
Une célébrité!
J'adore la bamboche
Et la volu-peté!
Mais j'aime mieux la danse
Avec des pieds de né...
Vive l'*Indépendance*
Et mon ami *Mané*!
Moquons-nous d'ça
Tra la la la!
Malgré tout ce qu'on dira
amais rien ne surpassera
Ce cancan-là!

LA DUCHESNOIS, *apercevant quelques vieillards.*

J'aperçois mes flatteurs.

RACHEL, *voyant passer Jules Janin.*

J'entrevois mes couronnes!

MADAME DE GIRARDIN, *à des gens de lettres.*

Voici mes vieux amis!

LA SALLÉ, *à des gentilshommes.*

Venez, mes amoureux!

LA GUIMARD, *regardant l'orchestre.*

Les violons bientôt vont jouer des chaconnes.

MADAME DESHOULIÈRES, *encore sentimentale.*

Moutons! petits moutons que vous êtes heureux!

ALICE LA PROVENÇALE, *faisant le grand écart.*

Air : *Cocu, cocu mon père.*

C'est moi qui suis Alice ;
Je ne suis pas novice,
Et fais le grand écart
Aussi bien que Chicard!

MADEMOISELLE DE SCUDÉRY, *à Pellisson.*

Ah! mon cher Pellisson, sur le fleuve du Tendre,
Dans la nef du Désir embarquons nous tous deux!

MADAME DE STAEL, *se dissimulant derrière une colonne.*

L'Empereur, en ces lieux, ne saurait me surprendre!

MADAME DESHOULIÈRES, *toujours sentimentale.*

Moutons! petits moutons, que vous êtes heureux!

FINETTE LA CRÉOLE, *dansant les bras en l'air.*

Air : *Messieurs les étudiants.*

Que l'on fasse la cour
A la belle Finette,
Grande dame le jour,
Le soir plus que lorette!
Toujours (*ter*)
Sans cœur et sans amour!
Et youp! youp! youp! tra la la la la! (*4 fois*)

LA MAUPIN, *à la Clairon.*

Tu sais que dans le sang, moi je lave une injure,
Si tu prends mes amants...

LA CLAIRON, *dédaigneusement.*

Bah! je me moque d'eux.
Le margrave d'Anspach me suffit, je t'assure!

MADAME DESHOULIÈRES, *plus que jamais sentimentale.*

Moutons! petits moutons, que vous êtes heureux!

ROSALBA, *faisant la roue.*

Air : *Refrain des P'tits Agneaux.*

Ohé ! mon p'tit Arban !
Qu' ton piston pistonne !
Dans cet établiss'ment
Il faut qu'il résonne !
Comme jadis au Prado
J' danse avec furie,
Arrièr' la galerie !
Viv' le Casino !

(*La danse continue.*)

Scène II

LES MÊMES, CELLARIUS, LABORDE, MARKOWSKI

(*Ils se promènent tristes et abattus.*)

LABORDE. — Qu'est-ce que je vais faire de ma maison de 120,000 francs, maintenant que je ne puis plus donner des bals de nuit?... J'ai envie de la proposer à Arban pour en faire un *Casino aîné*, avec le *cadet*, ça lui en ferait deux.

CELLARIUS. — Ruiné... je suis ruiné... c'est à se brûler la cervelle... Les caboulots ont réclamé, sans doute, c'est ce qui nous vaut cela.

MARKOWSKI. — Pôfre Pologne! du seras tonc tuchurs obrimée!... che n'ai plus maintenant qu'à me faire modiste, ch'aurai certainement une clientèle choisie...

ALICE LA PROVENÇALE. — Tè! Qu'est-ce que tu as donc, mon petit Marko, tu as une larme dans les paupières?

MARKOWSKI. — Chi ni pouis plus vi faire danser après minuit!

ALICE LA PROVENÇALE. — Eh bien, nous irons chez Cellarius...

CELLARIUS. — Ni moi non plus, ma fille, je ne puis plus rien... après minuit.

ALICE LA PROVENÇALE. — Tè! mes enfants! consolez-vous! Alice la Provençale trouvera bien à se caser... Et Laborde donc!

LABORDE. — Hélas! je suis comme eux!

ALICE LA PROVENÇALE. — Ah! Pécaïre! Mon pauvre Markowski, je te plains de tout mon cœur!

RIGOLBOCHE, ROSALBA ET FINETTE, *arrivant*. — Ah! mon pauvre Markowski!

(*Elles pleurent sur le gilet blanc de Markowski.*)

Scène III

LES MÊMES, LE JARDIN D'ACCLIMATATION (1)

LE JARDIN D'ACCLIMATATION. — Qu'est-ce c'est? des larmes

(1) Comme ce *Jardin*, qui vient dans un *Bal*, est bien Revue moderne.

ıu milieu d'une fête! Allons, allons mes petites gazelles ıéchez vos beaux yeux et contez-moi votre peine...

ALICE LA PROVENÇALE. — Sans asile!

ROSALBA. — Sur le pavé!

RIGOLBOCHE. — Dans le macadam, jusqu'au cou, quoi!

LE JARDIN D'ACCLIMATATION. — Eh bien, mes petites bi-:hes, vous n'avez donc pas songé à moi?

TOUTES. — Vous, qui êtes vous!

LE JARDIN D'ACCLIMATATION. — L'ami de la nature!

Air : *La bonne aventure, ô gué !*

J'ai le plus beau des jardins,
Certes je m'en flatte!
Gazelles, biches et daims,
Je les acclimate!

RIGOLBOCHE, ROSALBA, FINETTE et ALICE

N'allez pas nous rejeter,
Il faut nous acclimater!

LE JARDIN D'ACCLIMATATION

La chose m'épate
O gué!
Oui, cela m'épate!

Vrai je ne m'attendais pas à cela! mais puisque vous acceptez, je vous mettrai dans la section des rongeurs! C'est à côté de la cage des lions! En route!

TOUTES. — En route pour le Jardin d'acclimatation!

(Elles sortent avec le Jardin d'acclimatation; peu à peu la salle se vide, les danseurs sortent et les ombres viennent se replacer dans leurs cadres. On voit dans le lointain le caissier se frotter les mains Il vient de compter sa recette. Tourniquet qui, pendant le bal s'est endormi, rêve le tableau suivant (1).

(1) Comme c'est habilement amené. (*Note de l'auteur.*)

SIXIÈME TABLEAU

LES BANQUES DU RHIN

(*Le rêve de Tourniquet.*)

Le théâtre représente un salon de jeu dans une ville d'eaux, sur les bords du Rhin.

SCÈNE UNIQUE

LES BANQUES DE WIESBADEN, BADE ET HOMBOURG. — CROCOR. — PUIS NOTRE-DAME DE COMPOSTELLE.

Air : de *Saltarello.*

CHŒUR DES BANQUES

Serrons nos rangs; qu'on se soutienne !
Ecartons de nous les veinards...
Taillez, croupiers, et que la veine
Demeure sous vos étendards !
Quel est cet homme à tête brune
Qui nous attaque de sang-froid ?
Il va nous laisser sa fortune;
Mais non !... il gagne, sur ma foi !

LA BANQUE DE BADE, *commençant à sauter*

Je ne sais pas ce qui se passe,
Mais je ressens un tremblement.
Je ne puis plus rester en place;
Oui... je saute !... c'est évident

LA BANQUE DE WIESBADEN, *s'agitant fébrilement*

Et moi, je suis tout inquiète;
Assise je ne puis rester...
J'éprouve un affreux mal de tête...
On dirait que je vais sauter !...

LA BANQUE DE HOMBOURG, *sautant coup sur coup*

Et moi, je saute, saute, saute!
Jamais ainsi je n'ai sauté !
Ce petit Espagnol, mon hôte,
Me secoue avec volupté !

CROCOR, *fièrement*

Croyez-vous donc, banques fatales,
Qu'on pourra nous ruiner encor?
Nous avons le fil des dédales
Où vous engloutissez notre or !
Moi, Caramba ! je crois utile
D'abolir tous les jeux du Rhin,
Et mon *maximum des six mille*
Sert heureusement mon dessein !

(A ce moment Crocor chancelle.)

LA BANQUE DE BADE, *plus calme*

Cet intrus me met en colère !...
Tiens ! me voici bien plus d'aplomb !
Je me sens un peu moins légère :
L'or revient... plus lourd que du plomb !

LA BANQUE DE WIESBADEN, *tout à fait remise*

Bah ! c'était une fausse alerte !
Si je n'ai rien pris à Crocor,
Du moins je n'ai pas eu de perte,
Un autre apportera de l'or.

LA BANQUE DE HOMBOURG, *ne sautant plus*

La crise n'est pas formidable,
J'ai les reins sûrs, — on le sait bien ! —
Je croyais Crocor plus capable...
... Mais il ne possède plus rien !

CROCOR, *commençant à s'agiter*

Caramba ! quel est ce vertige !
Où disparaît chaque florin ?
Je vais perdre tout le prestige
Que j'avais sur les bords du Rhin.

(*Il se met à genoux.*)

Notre-Dame de Compostelle,
Soutenez-moi !... je fais le vœu
De vous entourer de dentelle
Si vous pariez dans mon jeu !

NOTRE-DAME DE COMPOSTELLE, *apparaissant*

Jadis, j'ai protégé tes chances,
Tu m'as dit : « Je ne jouerai plus ! »
Puis voilà que tu recommences...
Tes efforts seront superflus !

(*Elle disparaît.*)

CROCOR, *avec rage*

Eh bien ! que l'Enfer me protége !
Vœux superflus ! Triste réveil !
Ma bourse fond comme la neige
Aux premiers rayons du soleil !

(*Sautant vivement.*)

Je saute, saute, saute, saute,
Je saute au point d'être essoufflé,
Ma rate gonfle !... — quelle faute ! —
Que de trésors on m'a soufflé !
Tapis vert, tu m'es infidèle !
Tiers et tout reviens vivement !
Pourquoi, *série*, es-tu rebelle ?
Noire ! — c'est moi ton fol amant !
Adieu ma veine, adieu ma gloire !
Adieu mes beaux plaisirs d'été !
Qu'ai-je à faire ?... sinon de boire
L'onde oublieuse du Léthé !

CHŒUR DES BANQUES, *sautant*

Il a sauté, le camarade !
Sautons toutes, mais de plaisir !
Nous croyons qu'il est bien malade...

CROCOR, *d'une voix sinistre*

Dans un an, je vais revenir !

(*Effroi général. — Les banques cessent leur danse et se rapprochent.*)

CHŒUR DES BANQUES

Serrons nos rangs, qu'on se soutienne !
Ecartons de nous les veinards...
Taillez, croupiers ! et que la veine
Demeure sous vos étendards !

(*Les banques se serrent l'une contre l'autre, Crocor les passe fièrement en revue, les croupiers battent aux champs. — Tableau.*)

SEPTIÈME TABLEAU

JUD ET JUNIUS

Le théâtre représente le boulevard Montmartre à trois heures du matin. — Les becs de gaz sont allumés. — Dans l'ombre, on voit errer des personnages mystérieux. — Les balayeurs font la toilette du macadam. — Tourniquet, qui s'est déguisé en balayeur, ne perd pas un mot des scènes suivantes.

Scène Ire.

LES BALAYEURS

CHŒUR DE BALAYEURS

Air : *Larifla, fla fla.*

Balayer le boul'vard
A trois heur's du matin,
Pour ne pas s' lever tard
V'là le meilleur moyen!
  Balayons! yon, yon (*sexter*).

(Les balayeurs s'éloignent)

Scène II

JUD, *sortant d'une colonne-affiche*, JUNIUS, *caché sous une porte-cochère*.

JUD. — Personne encore ! Oh ! quel métier!

JUNIUS. — Et rien ! rien ! pas de nouvelles!

JUD. — Que faire ?

JUNIUS. — Qu'écrire ?

JUD. — Je suis condamné à mort ! impossible de me montrer.

JUNIUS. — On ne me trouve pas si fort que cela, impossible de quitter mon incognito.

JUD. — O l'avenir !

JUNIUS. — O la gloire !

JUD

Air : *Mon galoubet.*

En chemin d' fer ! (*bis*)
Je ne manquais pas de ressource,
En chemin d' fer ! (*bis*)
J'étais aussi libre que l'air.
Maintenant, j'ai fini ma course ;
Je ne détourne plus de bourse...
En chemin d' fer ! (*quater*)

JUNIUS

Fair' mon chemin (*bis*)
Telle était ma seule espérance,
Fair' mon chemin (*bis*)
Cela du jour au lendemain !
Mais tombé dès que je commence,
Je m' tromp' si dans l' *Figaro* j' pense
Fair' mon chemin ! (*quater*)

(*Junius rentre sous sa porte-cochère.*)

Scène III

LES MÊMES, PONSON DU TERRAIL, *entrant mystérieusement.*

JUD. — Quelqu'un ! C'est peut-être un gendarme !

JUNIUS, *à part.* — Un inconnu !... Va-t-il me fournir une nouvelle ?

JUD, *à Ponson.* — Je te connais, tu es Ponson ! Je t'attendais !

PONSON. — Je suis Ponson! mais toi tu es Jud, et je te cherche!

Scène IV

LES MÊMES, PAUL BOCAGE, *apparaissant tout à coup*

PAUL BOCAGE. — C'est bien! Je sais vos noms et vous ignorez le mien! donc je suis plus fort que vous!

Scène V

LES MÊMES, GUSTAVE AIMARD

GUSTAVE AIMARD. — Oui, mais tu n'es pas plus fort que moi!

JUD. — Ciel! un Indien!... un concurrent peut-être?

GUSTAVE AIMARD. — Non! je n'opère qu'en Amérique! Mais maintenant qu'on s'y tue pour tout de bon, j'ai envie de changer de pays. Comme les nègres fugitifs, me voici romancier marron...

PAUL BOCAGE. — Romancier marron d'Inde!

GUSTAVE AIMARD. — Un mauvais mot!... Oh!.. Enfin, ne soyons pas *puritain*! Pour terminer et conclure, c'est à Jud que je viens demander des situations.

PONSON. — Comme moi!

GUSTAVE AIMARD. — Comme moi!

Scène VI

LES MÊMES, PAUL FÉVAL

PAUL FÉVAL. — Comme moi aussi! moi Féval! Féval

Breton ! m'oublieras-tu? Jud, souviens-toi des *Mystères de Londres* !

PAUL BOCAGE. — Souviens-toi des *Puritains de Paris !*

PONSON DU TERRAIL. — Souviens-toi des *Drames de Paris !*

GUSTAVE AIMARD. — Souviens-toi de *Balle franche !*

Scène VII

LES MÊMES, ALEXANDRE DUMAS

ALEXANDRE DUMAS. — Souviens-toi des *Mohicans de Paris!*

JUD. — Ah ! perdu ! perdu !... qu'on me conduise à l'échafaud ! Jamais je ne pourrai alimenter tant de romanciers.

Air : *Complainte du Juif-Errant*

Est-il rien sur la terre
Qui soit plus désolant
Que le sort léthifère
Du pauvre Jud errant,
Forcé de tuer beaucoup
Pour conserver son cou !

A la littérature
Il fournit chaque soir
Drames d'après nature,
Coups d' couteau, coups d' rasoir !
Les coups d' pied, les coups d' poing
Font qu'on ne le coup' point !

Il tue, il vole, il pille,
C'est un franc assassin !

N'a-t-il pas un' famille
Qui lui demand' du pain,
Et des littérateurs
Qui vivent de ses sueurs !

Ponson, Féval, Bocage,
Aimard et vous Dumas,
Je n' manque pas de courage,
Mais n' me tourmentez pas...
Si l'on veut *s'ostiner*
Je vais m'assassiner !

Ponson, Féval, Bocage, Aimard et Dumas le supplient à genoux de ne pas attenter à ses jours dans l'intérêt de l'art. On entend un éclat de rire satanique.

BOCAGE. — Qu'est-ce à dire ?

AIMARD. — C'est un appel dans la Savanne.

PONSON DU TERRAIL. — Si c'était Junius ?

JUNIUS, *apparaissant.* — Oui ! c'est Junius ! C'est lui-même qui va dévoiler vos turpitudes, qui dira au monde entier la source où va puiser votre imagination. Ah ! vous n'avez pas assez de la *Gazette des Tribunaux !* Attendez, corrupteurs de l'esprit public, je vais vous écraser sous le talon... de ma plume.

DUMAS, *inspiré.* — Jud ! Jud ! Tue-le, ça nous fera un feuilleton !

TOUS. — Oui ! oui ! A mort le Junius !

JUNIUS. — Soit ! Qu'il me tue... mais personne ne saura mon nom !

TOUS. — Jud ! Jud ! tue-le !

JUNIUS. — Qu'il me tue ! Mais de ma cendre renaîtront un tas de petits Junius qui vous tailleront des croupières !

TOUS. — Jud! Jud! tue-le!

(Jud tue Junius. — A ce moment, le boulevard se remplit d'ombres qui se rapprochent peu à peu.)

Scène VIII

LES MÊMES. — LES FAUX JUNIUS

CHŒUR DE FAUX JUNIUS

Air : *On va lui percer le flanc.*

Jud vient de percer son flanc!
V'li! v'lan!
Brusquement
Mais élégamment!
Pour le venger promptement
Nous accourons en masse!
Quoi qu'on dise ou qu'on fasse,
Nous tiendrons bien sa place

Et cinglerons carrément
V'li ! v'lan !
Rantamplan !
Tire lir, ramplan !
Le feuilleton endormant
Et le roman stupide !
A bas la phrase vide !
L'alinéa cupide !

Nous pardonnerons pourtant
V'li ! v'lan !
Rantamplan !
Tire lir, ramplan !
A l'auteur intéressant
Et qui n'est pas vulgaire !
Tâchez donc de nous plaire
Le tout est de bien faire

Ou sans cela rudement
V'li ! v'lan,
Rantamplan !
Tire lir, ramplan !
Nous pourrons facilement
Vous flanquer tous à terre !

Les Romanciers effrayés reculent devant la foule de *faux Junius* et se sauvent en emmenant *Jud.* — Les *faux Junius* ramassent le cadavre de *Junius* et l'emportent. — On aperçoit dans le lointain *Ch. Baudelaire* étudiant une charogne. — *Philoxène Boyer* aboyant à la lune, et *Champfleury* ramassant des pots cassés ; les balayeurs repassent et chantent leur chœur. — Tourniquet les quitte et va se coucher.)

FIN DU PREMIER ACTE.

ACTE SECOND

HUITIÈME TABLEAU

UNE CALÈCHE A L'HEURE

Le théâtre représente la gare du chemin de fer d'Orléans à l'arrivée du train de huit heures. — Voitures, calèches, omnibus, voyageurs.

NOTA. — On va voir dans ce tableau le personnage de Bézuchon qui servira de compère et donnera la réplique à Tourniquet. — Moyen ingénieux pour ranimer l'action qui commence à s'affaiblir.

Scène première

TOURNIQUET. — Comme moyen, je crois que c'est ingénieux ! Oui, si je puis mettre la main sur ce brigand de Jud qui m'a échappé l'autre soir, je suis sûr d'avoir énormément de renseignements. Je connais ses appétits, les affaires en ville ne lui vont pas, il a la manie des chemins de fer, — il trouve que cela va plus vite !... Bon, voici l'arrivée du train, guettons !

Scène II

TOURNIQUET, BÉZUCHON, VOYAGEURS.

TOURNIQUET, *suivant Bézuchon.* — Je le tiens !... c'est bien lui : la cicatrice est au grand complet ! Attends, attends, mon bonhomme, tu vas voir !

(Bézuchon monte dans une calèche, Tourniquet y monte de l'autre côté.)

BÉZUCHON. — Ah! pardon, monsieur, vous aviez retenu cette voiture?

TOURNIQUET. — Oui, monsieur; mais cela ne fait rien, je vous en prie, montez avec moi, nous ferons route ensemble, toutes les autres voitures sont prises.

BÉZUCHON. — Je craindrais d'être indiscret...

TOURNIQUET, *à part.* — Fadasse, va! (*Haut.*) Du tout, du tout! Où allez-vous?

BÉZUCHON. — Mon Dieu! je n'ai pas d'hôtel... le premier venu, pourvu qu'il soit au centre...

TOURNIQUET. — Permettez-moi de vous guider. Cocher! à l'heure! Suivez les quais.

(La voiture roule sur place. — Au fond du théâtre un panorama se déroule.)

BÉZUCHON. — Comme Paris se métamorphose! De tous côtés des démolitions et des constructions nouvelles!

TOURNIQUET. — Si vous voulez, nous visiterons tout cela! tenez, voilà le boulevard Saint-Germain, cocher! prenez par là et redescendez par le boulevard Sébastopol!

(La voiture roule... On passe devant la fontaine Saint-Michel)

BÉZUCHON. — Qu'est-ce que cela?

TOURNIQUET. — La fontaine Saint-Michel.

BÉZUCHON. — Ah!

Air : *de Mazaniello*

Cette fontaine est magnifique,
Saint Michel doit être enchanté!
Cette architecture aquatique
Est élégante en vérité!

TOURNIQUET

De juger, je me sens capable,
Aussi, monsieur, croyez-moi bien :
Saint Michel ne vaut pas le Diable } *Bis.*
Et ce Diable-là ne vaut rien! }

BÉZUCHON. — C'est fâcheux !

(On arrive sur la place du Châtelet, où se construisent les nouveaux théâtres : le Cirque-Impérial et le Théâtre-Lyrique.)

BÉZUCHON

Air : *de l'Apothicaire*

Quels sont ces deux grands monuments
Dont les façades sont modernes?

TOURNIQUET

Ce sont des théâtres charmants
Mais ayant l'air de deux casernes !

BÉZUCHON

Alors, ces théâtres, un jour
A l'art ouvriront des issues..

TOURNIQUET, *haussant les épaules*

Ils ont l'air trop casernes pour } *bis.*
N'y pas jouer que des *Revues !* }

(La voiture prend par la rue de Rivoli et arrive aux magasins du Louvre. — Bézuchon, tout le long du chemin, a dit une foule de niaiseries. — A la vue des tapis et des dentelles du grand magasin de nouveautés, il tombe en extase et ne peut s'empêcher d'interroger Tourniquet.)

BÉZUCHON. — Sans doute, voici l'Exposition de l'Industrie !...

TOURNIQUET. — Du tout, cher monsieur, c'est la Maison du Louvre.

Air : *de la Sentinelle*

Ce magasin, plein d'étoffes de prix,
Des gens de goût sait attirer l'élite,
Car c'est le seul, oui, le seul dans Paris
Dont la richesse est vraiment sans limite
De l'attaquer, on tenterait en vain;
Des magasins, c'est l'unique modèle.
Il vivra toujours, c'est certain,
Il a le Louvre pour parrain
Et la France pour clientèle (*bis*)!

BÉZUCHON. — Est-ce que vous avez des actions dans la maison?

TOURNIQUET. — Moi, non! Pourquoi cela?

BÉZUCHON. — C'est que vous vantez pas mal cet établissement-là! Si vous étiez journaliste, je vous dirais que vous écoulez une réclame.

(La voiture entre dans la rue de Valois-Palais-Royal.)

TOURNIQUET. — Ne dites donc pas de bêtises, nous allons passer devant un grand journal : le *Constitutionnel*.

BÉZUCHON. — Faudra-t-il saluer?

TOURNIQUET. — Du tout! et pendant que nous allons gagner le boulevard, je vais, si vous voulez, vous faire une petite physiologie des grands journaux.

BÉZUCHON. — Volontiers!

TOURNIQUET

Air : *Ne raillez pas la garde citoyenne.*

Les grands journaux, ces pachas de la Presse,
En ce moment changent de rédacteurs,
Et pour vous mettre au courant, je m'empresse
De vous citer les noms des mutateurs.
De Louis Véron d'abord la fantaisie
Fut de reprendre un jour le *Constitu-*

Tionnel avec cette troupe choisie
Dont le dernier troubadour est Vitu.
On ne voit plus dans ses vastes colonnes
Le Grandguillot, son fidèle cornac,
Il a laissé sa place et ses couronnes
A l'Adonis qu'on nomme Limayrac.
Pour Grandguillot il remise son style
Et son cheval au journal le *Pays* :
Œil, dent, cheveu, style, tout est utile
Lorsque l'on veut réussir à Paris.
De Saint-Victor, j'aime la pétarade,
Style brillant, vrai décor d'opéra,
Sans lui vraiment la *Presse* serait fade,
En exceptant pourtant Gaiffe et Peyrat.
Au *Siècle* on voit le gai La Bédollière,
A son banquet conduisant Ratazzi,
Puis de Biéville et d'Auriac, l'éphémère,
Suivant Havin, vaincu de Thorigny.
Le *Temps*, issu des feuilles démocrates,
Est gravement dirigé par Nefftzer.
Citons pourtant des plumes délicates :
Claude Vignon, Ulbach et Jean Weber.
Dans la *Patrie* il faut que je m'égare,
Je l'aime peu, je ne puis le nier,
L'économiste appelé Delamarre
Me semble aussi naïf qu'Edouard Fournier
Pour les *Débats* j'ai l'estime classique
Qu'on a pour ceux qui savent le latin.
De Paradol j'aime le style attique,
Comme lettré j'adore assez Janin.
Pour clore enfin la liste des merveilles
Des grands journaux, citons l'*Opinion*,
Où de Sarcey se montrent les oreilles
Et de Gueroult l'active ambition.
Tous ces journaux dirigent notre France,
Les *débiner* serait de mauvais goût,
Aussi j'en dis bien moins que je n'en pense :
Je suis Français ! mon pays avant tout !

BÉZUCHON. — C'est très bien, cela ! Seulement, vous avez l'air de plaisanter.

TOURNIQUET. — Pas le moins du monde !... Ah ! cocher, arrêtez !

BEZUCHON. — Est-ce que nous sommes arrivés à l'hôtel?

TOURNIQUET. — Du tout, je descends ici cinq minutes, le temps de changer de vêtement, c'est Kerckoff qui m'habille, je ne puis pas avoir d'autre tailleur :

Air : *Nous nous marierons dimanche*

Jamais un tailleur
Ne me fit l'honneur
D' m'habiller à ma conv'nance.
De Kerckoff pourtant
J'aime le talent,
Son habit a d' l'élégance.
Léger, bien fait,
Il est parfait,
Commode.
Seul à Paris
Il fait, je l' dis,
La mode.
Bref, le sieur Kerckoff
Est l' plus *chocnosoff*
Des tailleurs dont j' m'accommode!

BEZUCHON. — Ah! cette fois, vous ne nierez pas que c'est une réclame. Je parie qu'il vous habille pour rien, votre tailleur.

TOURNIQUET. — Du tout, mais je vois que vous avez hâte de rentrer... En route!

(La voiture suit les boulevards et s'arrête devant l'exposition de Disdéri.)

Ah! pour le coup, montons dans ce musée ; vous allez y voir des merveilles.

(Ils descendent de voiture, le panorama se déroule de nouveau et montre l'exposition de Disdéri.— Tous les anciens salons du Jockey-Club sont convertis en musée photographique. — On voit le long des murs depuis des portraits grandeur naturelle, jusqu'à des épreuves lilliputiennes, tout ce que la photographie peut produire de plus curieux et de plus remarquable se trouve là — Toutes les illustrations du monde y sont représentées. — Disdéri se promène dans les salons.)

Scène III

LES MÊMES, DISDÉRI

TOURNIQUET, *après avoir promené Bézuchon dans tous les salons.* — Eh bien, que dites-vous de cela ?

BÉZUCHON, *ébahi.* — C'est splendide !

TOURNIQUET

Air : *de Pandore*

Disdéri, ce grand photographe,
A là plus de cinq cents portraits,
Tous accompagnés du paraphe
De ses très illustres sujets.
Tous ici sont de la noblesse
Par leur génie ou par leur nom.

BÉZUCHON

Tourniquet, oui, je le confesse, } *bis.*
Tourniquet, vous avez raison ! }

TOURNIQUET. — Tenez, voici, près de l'Empereur, des princes, des ducs, des généraux, des hommes politiques, des historiens, des peintres : Ingres, Decamps, Thiers, Guizot, je ne puis vous les nommer tous. De ce côté, voici des artistes dramatiques, des chanteurs, des danseuses :

BÉZUCHON. — Ah ! leurs noms ?...

TOURNIQUET

Même air

Celle-ci, cher ami, s'appelle
Adélaïde Ristori,
Cette autre délicate et frêle
Est la charmante Emma Livry.
De Lagier voici la figure,
Voici Duprez, Roger, Samson...

C'est admirable ! étourdissant !

BÉZUCHON

C'est très beau, cela, je vous jure, } *bis.*
Tourniquet, vous avez raison!

(Bézuchon reste ébahi devant le magnifique portrait en pied du général Jusuf, qui a 130 c. sur 195.)

DISDÉRI, *le photographiant.* — Ne bougeons plus!

(Quand le portrait est terminé, Tourniquet et Bézuchon sortent et remontent en voiture. — Le Panorama se déroule de nouveau et montre tour à tour : le nouvel Opéra, l'hôtel de la Paix, le boulevard Malesherbes, le bois de Vincennes, le boulevard du Prince-Eugène, le canal souterrain, etc., etc.)

FIN DU DEUXIÈME ACTE.

ACTE TROISIEME

NEUVIÈME TABLEAU

LE THÉATRE DE POLIC INELLE

Le théâtre représente le jardin des Tuileries. — Au fond, dans un massif d'arbres, on voit le *Théâtre de Polichinelle.* — La scène forme la salle dudit théâtre. — Les ouvreuses pimpantes sont à leur poste et reçoivent l'argent et le public. — C'est un *jour de première!* Toute la presse est à son poste, et les directeurs des théâtres voisins ont fait retenir des places. — On va jouer l'œuvre du maëstro *Desnoyers* (*Fernand*). — L'auteur, modestement, se tient aux premières places. — Son frère, *de Biéville*, est près de lui.

Scène I

FERNAND DESNOYERS, DURANTY, DE BIÉVILLE, UNE OUVREUSE, LE JOUEUR DE VIOLON, BÉZUCHON, TOURNIQUET, PUBLIC.

FERNAND DESNOYERS. — Cette petite salle est vraiment charmante. — C'est le soleil qui dore les corniches de ces marronniers. Cela est tout simplement merveilleux.

DURANTY. — L'idée de ce théâtre m'est venue tout à coup. Je crois avoir fait quelque chose pour l'art! Si je ne réussis pas, j'espère obtenir le privilége de l'Odéon, à l'*issue* de La Rounat... comme indemnité.

DE BIÉVILLE. — Si vous y jouez des vaudevilles, pensez à moi; vous savez, je suis des bons !

DURANTY. — Je n'y manquerai pas.

L'OUVREUSE, *à un monsieur qui veut entrer.* — Mais Monsieur, il n'y a pas ici d'entrées de faveur ; on ne peut pas entrer sans payer, et puis vous êtes tout mouillé, vous allez refroidir la salle.

DURANTY. — Qu'est ce que c'est... Ah ! entrez donc, cher ami.

Scène II

LES MÊMES, LE CHALET DES ILES.

LE CHALET DES ILES, *à l'ouvreuse.* — Rappelez-vous bien mon nom :

Air : *Il pleut bergère*

J' suis le Chalet des Iles,
Un théâtre d'été.
Où le public des villes
M' laisse en tranquillité.
Ma saison est finie.
Je renais au printemps,
Pour jouer les jours de pluie,
Et non pendant l' beau temps !

DURANTY, *au Chalet des Iles.* — Et êtes-vous content ?

LE CHALET DES ILES.— Enchanté! Toute la saison, j'ai joué la même pièce : *Les Amours d'un Shah !*

DURANTY. — Un vrai succès !

LE CHALET DES ILES, *à part.* — Je n'avais pas d'autre pièce à jouer.

DURANTY. — Ah ! voici du monde...

Scène III

LES MÊMES, LE CIRQUE, L'HIPPODROME

L'OUVREUSE. — Votre nom, monsieur?

LE CIRQUE

Air de Drin, drin.

Je suis le Cirque, une arène éternelle,
Pour le cheval comme pour l'écuyer ;
Mon personnel ne manque pas de selle,
Et tous ils ont le pied dans l'étrier.
Drin ! drin !

L'OUVREUSE. — Passez. — Et vous, monsieur?

L'HIPPODROME

Même air.

Pour moi, je suis le fameux Hippodrome,
Aux chars dorés, avec suspensions ;
Et mon renom, fantastique fantôme ;
En prospectus, descend de mes ballons...
Drin ! drin !

DURANTY. — Tenez, voici des places !

FERNAND DESNOYERS, *au Joueur de violon.* — Tu sais, ménétrier, que mon œuvre est tout simplement un chef-d'œuvre ; comment comptes-tu l'accompagner sur ton instrument ?

LE JOUEUR DE VIOLON. — En sourdine, monsieur, en sourdine !

FERNAND DESNOYERS. — Bien ! au moins on entendra mes vers !... — Mais, malheureux, tu n'as qu'une seule corde à ton violon !

LE JOUEUR DE VIOLON. — Ça ne fait rien, monsieur, c'est la bonne !

DURANTY. — Ah ! voici la critique !

Scène IV

LES MÊMES, FIORENTINO, J. JANIN, DE SAINT-VICTOR, THÉOPHILE GAUTIER, SARCEY, ULBACH, Ed. FOURNIER. *Sur le théâtre des Marionnettes* : POLICHINELLE, LA MÈRE GIGOGNE. ACTEURS.

SARCEY, *se grattant le haut de l'oreille* A BOUT *de bras*, — About n'a pu m'accompagner ; je ne vais rien comprendre à tout cela.

J. JANIN, *à Duranty*. — *Sine parvulos ad te venire.*

DE SAINT-VICTOR. — Le *mirifisme* de ce théâtre envahit tout mon être.

ULBACH. — Asseyons-nous !

ED. FOURNIER. — J'allais ledi e !

TH. GAUTIER. — Il est fâcheux qu'on ne joue pas ici une pièce de Sardou, notre *re*Molière !

(Le joueur de violon racle sa corde unique, le rideau se lève : pendant dix minutes on n'entend que des coups de bâton. Enfin on peutouïr la scène suivante.)

POLICHINELLE

« Eh voici la maman Gigogne ! Engageons-la.
» Je te fais actri e.

LA MÈRE GIGOGNE

Ouais ! pourquoi faire, cela ?

POLICHINELLE

» Pour amuser les gens, parbleu ! Sur mon théâtre
» Tu vas enfin sortir du charbon de ton âtre !

» Tu seras au niveau de Suzanne Lagier (1)!
» Tu feras connaissance avec Emile Augier,
» Dumas fils et Feuillet (2)! Comme ce sera drôle!
» Je vais prier Ponsard de te donner un rôle (3)
» Mais pour mériter tant d'honneurs ébouriffants,
» Que sais tu faire, dis?

LA MÈRE GIGOGNE

Des enfants!

POLICHINELLE

Des enfants!! (4) »

(La mère Gigogne pond une masse de marmots, que Polichinelle engage au fur et à mesure d'un coup de bâton. — A l'apparition de chacun d'eux. Duranty, dans la salle, les appelle par leur nom sur l'air joué par le violon monocorde.)

DURANTY

Air : *C'est l'amour, l'amour.*

Ah! y en a, y en a, y en a,
Voilà
Des listes
D'artistes!
Et qui voudra
Choisira
L'artiste
Qui plaira!

Voici *Samson*, lequel nazille;
Monrose, un vrai marron sculpté
Brohan, l'esprit qui s'est fait fille
Dubois : maigreur, grâce et beauté.

(1) Comme grosseur.
(2) Je ne crois pas!
(3) Quelle occasion!
(4) Ces vers sont extraits du Prologue d'ouverture fait par Fernand Desnoyers pour le théâtre des Marionnettes.

Beauvallet — la voix forte !
Rousseil — un cou, des os ;
Thuillier — qui fait la morte,
Tisserant — le gros dos !

Ah ! y en a, y en a, etc., etc.

Regardez *Kime* qui bredouille
Dieudonné, le dieu de Meilhac,
Lesueur, dont l'organe se rouille,
Ferville, au nez plein de tabac
Permettez que je voie
Delaporte, maillot
Qui contient dans sa soie
La Vénus de Milo !

Ah ! y en a, y en a, etc., etc.

Voyez *Numa*, le monotone
Félix qui vous dit : Sapristi.
Pierson et sa blonde couronne,
Febvre, un garçon pas mal bâti,
Fargueil, perle brillante,
Talent toujours nouveau.
Beau qui joliment chante
Les airs de Mario (1) !

Ah ! y en a, y en a, etc., etc.

Sans détailler chaque théâtre,
Regardons passer par ici
Arnal, qu'un public idolâtre
Veut toujours voir *Passé minuit*

(1) Où, ô Uchard ! huchera-t-on ton nom ?

Schneider la provocante
le jèune *Brasseur*
Qui danse, parle, chante
Comme quatorze acteurs.

Ah ! y en a, y en a, etc., etc.

Voyez *Lagier* ; — La *Tour de Nesle*
Déguisée en simple Chonchon
Bache, ce grand fantôme grêle,
Aux jambes en tire-bouchon.
Dumaine est là qui vibre
Jenneval qui rugit,
Hyacinthe en équilibre
Sur son nez qui rougit.

Ah ! y en a, y en a, etc., etc.

Voici ***Raynard*** qui, dans sa bosse,
Met son esprit de bon aloi
Omer à la face féroce ;
Cette fontaine, c'est ***Miroy*** :

Déjazet l'immortelle
Vient chantant son couplet;
Sa jeunesse éternelle
Toujours captive et plaît.

Ah ! y en a, y en a, etc., etc.

Pour terminer, voici derrière
Paulin Ménier, ce grand chercheur.
Le toujours jeune ***Laferrière***,
Un élégant et bel acteur.

Que messieurs les artistes
Veuillent me pardonner
Si ces vers fantaisistes
N'ont pu tous les citer.

Ah ! y en a, y en a, etc.

FERNAND DESNOYERS. — C'est-à-dire que tous les bons acteurs de Paris sont engagés à ce théâtre, le seul vraiment littéraire de la capitale, puisqu'on y joue des pièces en vers.

(La pièce continue; on n'entend que des coups de bâton.)

NOTA. — Il est à remarquer que Bézuchon et Tourniquet ne disent rien. — Autant de bêtises de moins.

DIXIÈME TABLEAU

LE DINER DU FIGARO

(La scène se passe dans un salon du grand hôtel du Louvre. — Six tables magnifiquements décorées sont entourées de convives. — Dans des coupes en cristal brille le *Grain d'or*, champagne *Jules Mathieu*. — A la table ovale, les directeurs de théâtre et quelques critiques se livrent à des orgies d'indulgence.— Junius est parmi les convives.) (1)

Scène unique.

MM. ALBÉRIC SECOND, JUNIUS, RÉTY, MONVAL, H. COGNIARD, OFFENBACH, MARC FOURNIER, DE CHILLY, HOSTEIN, HARMANT, DÉJAZET, SARI.

MONVAL, *à Sari* — Oui j'aime bien votre petit théâtre, il est si comme il faut! Oui, messieurs, je donnerais... mon Gymnase contre le sien... Ah ! ça n'est pas lui qui est ennuyé par les auteurs !

(1) Avec une indépendance shakespearienne, l'auteur n'hésite pas un seul instant à ressusciter ses morts. — Du reste, Junius a été trop bon pour lui pour qu'il ne lui rende pas l'existence.

Air : *Cinq sous, cinq sous.*

Sari n'a que *Blum* et *Flan*
Qui, dans sa salle coquette,
Fassent faire une recette.
L'art, ce n'est pas de l'argent :
C'est Blum ! c'est Flan !
Qui font faire la recette !
C'est Blum ! c'est Flan !
C'est vraiment
Mirobolant !

Un chef-d'œuvre, pour Sari,
C'est la pièce décousue
Que chacun a parcourue
Au seuil du *Charivari.*
Et, comme chacun l'a lue,
Chacun n'a pas toujours ri.

Reprise : Sari n'a que Blum et Flan, etc.

SARI. — Eh bien, si vous voulez, nous changerons de théâtre; le vôtre ferait assez bien mon affaire.

Air : *Bouton de rose.*

C'est au Gymnase,
Où les meubles sont élégants,
Que brillent l'esprit et la phrase.
Où peut-on mieux user ses gants ?
C'est au Gymnase !

C'est au Gymnase,
Qui n'est certes pas un *Trembleur*,
Que l'amour est couvert de gaze.
Où dit-on que l'*argent fait peur ?*
C'est au Gymnase !

C'est au Gymnase,
Que *Piccolino* plus joyeux.
De la gaîté comble le vase.
Où jette-t-on *la Poudre aux yeux*
C'est au Gymnase !

C'est au Gymnase,
Où *la vertu* de parti pris
De Célimène vous écrase.
Hymen ! où t'ai-je compromis ?
C'est au Gymnase !

DE CHILLY, *à Hostein.* — Oui, mon système est simple... mauvaises pièces, mais des transparents à mort ! c'es l'ancienne parade de la foire, ainsi :

Air : *Un jour à la barrière.*

J'ai joué cette année
L'Ang' de minuit,
Le *Monstre,* — œuvre vantée,
Pleine d'ennui.
Cora. — pièce assez fraîche
Pour la saison ;
Bref, le *Lac,* ou la Pêche
De Glenaston.

Et j'ai toujours remporté des succès.

HOSTEIN. — Transparents !

DE CHILLY. — C'est cela !

HOSTEIN. — Moi, j'ai un autre système, le système animal :

Air : de *Joseph.*

Dans les *Massacres de Syrie,*
J'avais quatre petits chameaux
Du roi d' *Siam* dans mon écurie,
Étaient les éléphants fort beaux.
Dans *Pékin,* pièce militaire,
Les chevaux trouvent un emploi :
Toutes les bêtes de la terre
Se donnent rendez-vous chez moi !

MARC FOURNIER. — Eh bien moi, je crois davantage aux décors et au ballet.

Air : *J'ai du bon tabac.*

J'ai de bons décors
Dans ma tabatière,
J'ai de bons décors
Tout ruisselants d'or.
Tour de Nesle et *Pied de Mouton*
M'ont fait bien passer la saison.
La *Grâce de Dieu*,
Quoique la dernière,
Va me mettr' un peu
De bois dans mon feu.
Des *Funérailles de l'honneur*,
Tâchons de réparer l'erreur.
J'ai de bons décors
Dans ma tabatière,
J'ai de bons décors
Tout ruisselants d'or.

HARMANT. — Tout cela n'est pas sérieux ; moi je ne crois qu'à Paulin Ménier et au *Courrier de Lyon*.

Air de *Cadet Roussel.*

Les *Trent'-deux duels de Jean Gigon*,
Avec le *Courrier de Lyon*,
Christoph' Colomb, l'aventurier,
Toujours suivi par le *Courrier* ;
Puis le *Crétin de la montagne*,
Que le *Courrier d' Lyon* accompagne ;
Voilà de la Gaîté
Les drames d'hiver et d'été.

OFFENBACH. — Eh bien ! à mon avis, la seule manière de réussir est de ne compter que sur soi ! Moi et Crémieux nous sommes bons pour ça !

Air du *Mirliton.*

J'adore ma musique
Et la pros' de Crémieux ;
Halévy m' paraît *chique*,
Les autr's sont ennuyeux.

Oui, rien ne me fait souffrir
Comme une œuvre de bon ton.
La musiqu' de l'avenir
Sera tout' de ma façon :
Ma musique est mirlitir,
Ma musique est mirliton
Ma musique est mir, est li, est ton...
Est mirliton!

H. COGNIARD. — Ah! vous aurez beau faire, les auteurs d'aujourd'hui ne sont pas mal en décadence; chez moi, les insuccès du jour me forcent de reprendre l'ancien répertoire, le meilleur! Et pourtant j'aimerais bien mieux des pièces modernes.

Air : *Combien j'ai douce souvenance.*

Combien j'ai douce souvenance
Des grands succès de mon enfance
De *Molinchart* le four banal,
Je pense,
A dû te faire bien du mal,
Arnal!

Les *Rameneurs*, petite pièce,
N'ont rien ramené dans la caisse.
Pour les *Danses*, chacun disait :
Quoi? qu'est-ce?
Brouillés d'puis Wagram seul était
Parfait!

Du reste, que pourrais-je dire ?
Les *Domestiques* m'ont fait rire,
Le *Beau Narcisse* à ses côtés
Chavire !
Quels sorts sont sur les *Variétés* (1)
Jetés !

ALBÉRIC SECOND. — Vous vous plaignez, mon cher Cogniard; mais si vous aviez le Palais-Royal, que diriez-vous? Sauf la pièce de notre pauvre ami Murger, le *Serment d'Horace*, il n'y a rien de bien fameux, du moins c'est mon avis.

Air : *Les Gueux.*

Au Pa
Au lais
Au Palais-Royal
On fait des couplets
Qu'on chante mal.

Comme la *Beauté du Diable*,
Je déteste les *Deux rats*.
J' n'ai vu là qu'un' pièc' passable :
La *Mariée du Mardi gras* !
Au Pa, au lais, etc.

Les *Écus de la bell' mère*
Ont su pas mal me scier
J'aim' mieux la pièce centenaire :
Les *Jarr'tières d'un huissier !*
Au pa... au lais, etc.

Tenez, j'aime bien mieux le petit théâtre de Déjazet.

H. COGNIARD. — A cause de Déjazet.

(1) *Sorts sont sur*... Comme ces dissonances rendent le vers fatal !

ALBÉRIC SECOND. — Oui.

Air *de la Lisette de Béranger.*

C'est dans ce théâtre où Lisette,
Que le temps n'a pas su changer,
Comme autrefois, avec art interprète,
Roger Bontemps, — des *Chants de Béranger*
O Déjazet, aimable enchanteresse,
O Létorière, ô Lauzun, ô Garat,
Toi qui toujours possèdes ta jeunesse,
Ta douce voix, ta grâce et ton éclat,
Toi qui chassas pour jamais la vieillesse

Toujours nous t'admirons,
Actrice, femme ou fée,
Et notre voix charmée
Te dit toujours : Aimons,
Aimons la Frétillon, la charmante grisette,
Aimons tous ce follet,
Aimons tous Déjazet,
Aimons toujours Lisette

H. COGNIARD. — Ah! c'était le bon temps, du reste voyez, artout il y a disette, aussi bien dans les journaux que ans les théâtres! On a été obligé d'inventer des Junius pour éveiller les lecteurs... du reste, c'est une bonne idée et je ais lui commander une pièce... (1)

(1) Je demande une prime si l'affaire se fait.

LA VOIX DE JUNIUS. — Merci ! j'accepte !

(Tout le monde se détourne ; on aperçoit un garçon à la figure niaise qui tient dans ses mains un faisan découpé).

ALBÉRIC SECOND. — Ah ! mon Dieu ! en musique, cela n'est pas plus en hausse, là, peut-être c'est un peu la faute des directeurs.

Air *Sérénade de Gil Blas.*

C'est à l'Opéra-Comique
Sous la direction
De Beaumont,
Tralala, tralala, etc.

Qu'on fait de bonne musique
Et de jolis succès
De procès,
Tra la la la, la la la, etc.

O rossignols de la scène,
Vous Ugalde et vous Saint-Urbain,
Remportez votre voix sereine
Car les huissiers... c'est bien malsain,
Fuyez ces pays barbares
Où Blayn, Beaumont et Bélia,,
Marqués au B .. sont trois avares
D'esprit, de tact, *et cætera...*

Reprise : C'est à l'Opéra-Comique, etc.

H. COGNIARD. — C'est là où le *Roman comique* aurait bien été en situation ! Et au Théâtre-Lyrique ?

ALBÉRIC SECOND. — Oh ! le Théâtre-Lyrique... Tenez, voici Rety qui peut vous en donner des nouvelles.

RETY. — Du tout, cela vous regarde, cher ami.

ALBÉRIC SECOND.

Air : *Gai, gai, marions-nous.*

Il sera démoli
Le beau Théâtre-Lyrique,
Il sera démoli
Pour être ailleurs rebâti.

Mais avant d'être enterré,
La foule chez lui se rue,
Réyer donne la *Statue*,
Et c'est un succès *Carré*.

Reprise : Il sera démoli, etc.

Il joua le *Vert buisson*
Avec *Madame Grégoire*,
Deux beaux fours, veuillez m'en croire
Gastinel et Clapisson.

Reprise : Il sera démoli, etc.

RETY. — Allons, voyons, vous m'avez promis d'être indulgent.

ALBÉRIC SECOND. — C'est juste.

Et puisque j'ai consenti
A prendre votre défense,
Je fais une *réti*cence
En m'arrêtant, ô Réty !

Reprise : Il sera démoli, etc.

RETY. — Jamais on ne me l'a fait, ce mot là; mais c'est sur l'Opéra que vous devriez tomber.

ALBÉRIC SECOND. — O mon Dieu ! je ne l'épargnerai pas plus qu'un autre.

Air : du *Docteur Izambard*.

Vous connaissez le *Tannhauser*,
Ser, ser, ser, etc.
L'opéra de Richard Wagner ?
Ner, ner, ner, etc.
Ce *Tannhauser* était tannant.
Tchin na na poum, na na poum, poum, poum
Mais il n'était pas étonnant.
Ah ! ah ! ah ! ah !

RETY. — Vous respecterez au moins Gluck, si vous abîmez Wagner.

ALBERIC SECOND. — Hélas! je le voudrais! Pauvre madame Viardot, le soir de la première, je la rencontrai et je ne pus m'empêcher de lui dire :

Air : *Non, non, vous n'êtes plus Lisette.*

Quoi! Pauline, est-ce vous?
Vous ailleurs si fêtée
Quel ennui nous prend tous
A cette mélopée.
Et non, non, non, vous n'êtes plus Orphée
Et non, non, non, ne portez plus ce nom !

Heureusement que les ballets sont venus compenser tout cela : *Graciosa*, la *Fontaine des Innocents* et l'*Étoile de Messine*, avec Emma Livry, la Petipa et la Ferraris m'ont littéralement enthousiasmé. J'adore les mollets!

(On entend un carillon. — Sur ces murs apparaissent tout à coup des inscriptions ainsi conçues :)

LE CAFÉ EST SERVI au numéro 6,943, 2e corridor, 3e escalier, 4e étage 5e section, 6e division, rue d'ARCOLE.

Tout le monde se lève et se rend à l'endroit indiqué.

NOTA. — Il y en a qui n'arrivèrent que le matin. — D'autres n'ont jamais été retrouvés; de ce nombre est Bézuchon, parce qu'il devenait inutile, et Tourniquet, qui était allé faire sa partie chez un marchand de vins.

ONZIEME TABLEAU

LE FOYER DU VAUDEVILLE

Le foyer du théâtre du Vaudeville. — Entr'acte du second acte de *Nos Intimes*.

Scène première

A. SCHOLL, BÉZUCHON, PUBLIC, AUTEURS.

A. SCHOLL. — Depuis quand es-tu arrivé (1)?

BÉZUCHON. — Depuis deux jours; j'ai rencontré une espèce d'individu nommé Tourniquet qui m'a conduit un peu partout et m'a raconté mille choses que je ne comprends pas.

A. SCHOLL. — Le fait est qu'à Pithiviers on s'occupe peu de théâtre.

BÉZUCHON. — Pardon! pardon! on parle trois mois à l'avance de la troupe dramatique et trois mois après son départ on en parle encore.

(1) D'après ce tutoiement, il est évident qu'Aurélien Scholl connait Bezuchon; mais c'était parfaitement inutile d'en prévenir le public.

A. SCHOLL. — Alors, tu dois être parfaitement renseigné. Sais-tu ce qu'on vient de jouer au Théâtre-Français?

BÉZUCHON. — Non.

A. SCHOLL. — Eh bien c'est une pièce d'Alfred de Musset : — *On ne badine pas avec l'amour.* — On la joue parce qu'il est mort; c'est dans l'intérêt des auteurs vivants, afin qu'ils puissent espérer d'être joués quand ils ne seront plus. Les grands talents ne jouissent de leurs succès qu'après leur mort.

BÉZUCHON. — C'est encourageant!

A. SCHOLL. — C'est égal! Tu ne me parais pas ferré sur ton répertoire; nous avons un moment à nous, je vais tâcher de t'initier; veux-tu?

BÉZUCHON. — Volontiers!

AURÉLIEN SCHOLL

Air de *Fualdès*

Des théâtres littéraires
Tu veux savoir les travaux,
D'abord je te dirai qu'aux
FRANÇAIS les sociétaires
Ont joué — ce n'est pas bien —
Un moutard qui ne fait rien.

Legouvé fit cette chose
Qui n'eut qu'un piètre succès.
Pour moi, je préfère les
Proverbes à l'eau de rose,
Car ils font avec Gozlan
Et la *Pluie et le beau temps.*

Franchissons d'un pied agile
Le Carrousel et le pont
Qui nous mène à l'Odéon,
Où l'Auvergnat et le style
De madame *Béatrix*
Ont fait courir tout Paris

Là, nous trouverons encore
Un proverbe délaissé.
Hélas ! — *Jaloux du passé*
Valait bien mieux qu'une aurore !

BÉZUCHON

Le véritable jaloux
Se nommait-il pas Legou...

AURÉLIEN SCHOLL, *l'interrompant*

...Vé !. . — Puis la Réouverture
Fut triste comme un bonnet
De nuit ! La Rounat n'avait
Qu'à choisir, je te le jure,
Et Paul Foucher fut choisi
Avec Blaze de Bury.

L'un lui fit l'*Institutrice*,
L'autre le *Décameron*.
C'est bien triste, disait-on
De l'une à l'autre coulisse.
Paul Foucher est myope, — aussi
Crut-il avoir réussi.

Le *Revers de la médaille*,
De Léonce et Moléri,
Etait morne... De l'esprit
Ce n'était que la limaille.
Dans la prose ou dans les vers
Il faut craindre les revers !

Arrive un succès solide,
Succès d'actrice et d'auteur,
Les *Vacances du docteur*
Remplissent la caisse vide,
Et Thuillier et Tisserand
Comblent celle de Rolland.

Pendant que les cœurs sensibles
Se gonflaient comme un ballon,
Il advient que l'Odéon
Donne les *Parents terribles*,
Qui n'ont pas eu, tant s'en faut,
Le succès de *Girodot*.

Scène II

LES MÊMES. — NORIAC, SIRAUDIN, DELACOUR, LAMBERT THIBOUST, GRANGÉ, ED. MARTIN

NORIAC. — Bonsoir, mon bon Aurélien !

SCHOLL. — Je te présente un de mes amis, M. Bézuchon, de Pithiviers, un *Eusèbe* moins la candeur.

NORIAC. — Alors, monsieur n'est pas un Eusèbe. — Et vous venez à Paris vous reposer de l'ennui de la province ?

BÉZUCHON. — Oui, monsieur.

NORIAC. — Eh bien, nous, nous allons en province pour nous reposer de l'ennui parisien.

A. SCHOLL. — Je te confie mon ami, ne me l'abîme pas ! Je reviens de suite.

(Il se précipite sur les pas de quelques petites dames très gaies.)

Scène III

LES MÊMES, *moins* SCHOLL

NORIAC. — Alors, vous ne connaissez personne à Paris ?

BÉZUCHON. — Pas un chat !

NORIAC. — Et vous ne seriez pas fâché de voir de près tous les grands hommes du jour : les artistes dramatiques, les vaudevillistes, les littérateurs ?...

BÉZUCHON. — J'en serais enchanté !

NORIAC. — Je le crois aisément ! Vous m'avez été présenté, je puis vous en présenter d'autres. Avant tout, j'établirai deux catégories : les *boursicotiers* et les *chef-d'œuvristes*. — Les premiers produisant quand même, avec des alternatives de chutes et de succès ; les seconds produisant rarement, mais, sûrs de leur succès... S'ils se trompent, par hasard... ils s'expatrient.

BÉZUCHON. — Quel est donc ce monsieur-là qui a de grands favoris et un petit œil émerillonné ?

NORIAC. — Celui-là ! C'est un oursicotier-confiseur ! — Du moins il ne l'est déjà plus : *fondé,— palpé,— vendu*. Telle est sa devise !

BÉZUCHON. — Alors, c'est *Siraudin*.

NORIAC. — Mais sans doute. — C'est un habile !

Air : *Il était un petit homme*

En auteur remarquable
Il réussit toujours
Ses p'tits ours !
En confiseur capable,
Il réussit toujours
Ses p'tits fours !
Car, comme autrefois,
Cet homme à la fois
Auteur et confiseur,
Se pouss' du col,
Se pouss' du col,
Du collaborateur !

BÉZUCHON. — Et celui-là à la barbe noire et à l'air charmant.

NORIAC. — C'est Delacour ! L'auteur médecin !

Même air.

C'est un homme agréable
Qui vous sourit pour rien
Et s' met bien !
Je sais qu'il est capable,
C'est un fameux docteur,
Cet auteur !
Pièces et sujets,
Il traite tous ses
Malades au café :
Ça n' manqu' pas d' chic
Ça n' manqu' pas d' chic
Ça n' manqu' pas d' chicorée

BÉZUCHON. — Est-ce que vous croyez que ça rime?

NORIAC. — Non! mais quand sa *belle-mère* aura plus d'*écus*, il me payera des rimes plus riches. — Je lui fais crédit.

BÉZUCHON. — Et ce joli garçon brun, frais comme une rose et qui sourit toujours, comment le nommez-vous?

NORIAC, *même air.*

C'est un vaudevilliste
Qui n'a pas mal de goûst
C'est Thiboust!
Mais il a c'qui m'attriste,
Du Diable en vérité
La Beauté!
Les femm's tour à tour
Vienn'nt lui fair' la cour
Oh! le joli veinard!
C'est un des lions,
C'est un des lions,
Des lions du boulevard.

BÉZUCHON. — Le gaillard! Mais celui qui cause avec lui n'est pas un favori des dames!...

NORIAC. — Grangé! Ah! vous ne le connaissez pas.

Même air.

Son paletot noisette
A toujours excité
La beauté;
Sa phrase simple et nette
A toujours excité
La gaieté.
De la belle humeur
C'est l'excitateur.
Les femmes, croyez bien,
Aiment son é...
Aiment son é...
Son élégant maintien

BÉZUCHON. — En voici un autre, aux gros favoris, qui semble assez sérieux ; serait-ce un dramaturge ?

NORIAC. — Non, au contraire ! C'est un *oursicotier* devenu *chef-d'œuvriste*, Edouard Martin, un vaudevilliste qui se range et qui est en train de doubler son talent de celui de Labiche. Un comique sérieux à la ville, un sérieux comique au théâtre.

Même air

Il a fait le *Voyage*
De monsieur Perrichon
C'était bon !
Ça lui donna l' courage
D' fair' le *Capitaine Tic*
C'était chic !
Dernièr'ment je l' vis
Au Gymnase et j' dis
Le trouvant plus joyeux :
Ça sent la poudre...
Ça sent la poudre...
la *Poudre aux yeux*

Scène III

LES MÊMES, A. SCHOLL, *puis* VICTORIEN SARDOU

A. SCHOLL. — Eh bien ! Bézuchon, es-tu content de Noriac ?

BÉZUCHON. — Oui ; monsieur m'a déjà fait connaître pas mal de notoriétés dramatiques ; mais puisque nous sommes au Vaudeville, tu devrais bien, en deux mots, me faire son histoire... l'histoire dramatique de cette année, s'entend...

A. SCHOLL. — Volontiers ! d'autant mieux que la pièce de ce soir est une résurrection :

Air de l'*Ecu de France*

Le Vaudeville est un séjour
Où Séjour ne va guère,
C'est là qu'on voit régner le four
Chauffé par le parterre.
C'est *Esther Ramel*,
Dénouement cruel.
Pauvre religieuse!
Qui, d'un air malin,
Montre le chemin
Hélas! à la *Frileuse!*

Onze jours de siége, c'est trop
Pour remporter sa veste!
L'Attaché d'ambassade est *Beau!*
L'écureuil était leste!
Car la larme à l'œil
Ce pauvre écureuil
Prit sa course légère.....
Je vous aime! Hugo
Charles, — mais tout beau
J'aime mieux votre père!....

La pièce d'Henry Rochefort
D'intrigue dépourvue,
Fut goûtée aussi sans effort :
Un succès d'*Ingénue!*
Labiche et Martin
Joyeux boute-en-train.
Acceptez cette aubade :
Quel esprit de roc
Eût trouvé *Tic* toc?
N'aviez-vous pas Parade ?

La Poule et ses poussins chéris
M'ont plu, je dois le dire :

Un Mariage de Paris
Ne m'a guère fait rire!
Sans doute Sarcey
Alors inspirait
Le chantre de *Germaine?*
Pour savoir cela,
On peut le mettre à
La Question... romaine

(On entend la sonnette d'avertissement. — Victorien Sardou passe dans le fond du foyer.)

A. SCHOLL. — Allons! allons! Le troisième acte va commencer; regagnons nos stalles...

BÉZUCHON. — Avant de rentrer, quel est ce petit jeune homme là-bas, qui a de grands cheveux et une physionomie intelligente?

A. SCHOLL. — C'est l'auteur de la pièce que nous voyons: *Nos intimes,* Victorien Sardou.

BÉZUCHON. — Ah! je suis content de le voir! Il ne collabore pas, lui?

A. SCHOLL. — Non! Tu as entendu tout à l'heure ce qu'il disait du mariage?

BÉZUCHON. — La comparaison des poires?

A. SCHOLL. — Oui. Eh bien! cela peut s'appliquer à la collaboration.

Air de *l'Apothicaire.*

Coupez des poires et mettez
Les morceaux dans une corbeille;
Quelque temps après vous verrez
Chaqu' tranche chercher sa pareille

Ceci des collaborateurs
Me paraît être assez l'histoire;
Seul *Sardou* des jeunes auteurs, } (*Bis*)
Mon cher, a pu faire sa poire!

(Le foyer se vide peu à peu... On entend l'ouverture du troisième acte de ***Nos Intimes***. Seul, EMILE BÉNASSIT fait un croquis du médaillon de Sardou de CH. BOUTARD, lequel, dans un autre coin du foyer, est en train de modeler la tête de Félix.)

EPILOGUE

DOUZIÈME TABLEAU

LA CUISINE DU JOURNAL

Scène unique

(Les rédacteurs du *Figaro* ont apporté leurs notes, Tourniquet les a mises en ordre et Figaro vient de les parcourir.)

FIGARO. — J'ai là deux fois plus de documents qu'il ne m'en faut, et cependant ce n'est pas complet. Vous avez oublié une foule de choses : la Chine, l'Exposition de peinture, les livres nouveaux, les Siamois à Paris, les morts illustres : *Paul d'Ivoi*, votre confrère et votre ami, *Rose Chéri*, cette grande actrice et cette bonne mère, *Fauchery* et d'autres, tous regrettés, depuis *Louis Lurine* qui terminait l'année dernière jusqu'à *Guichardet* qui termine celle-ci... Ah ! comme c'est long de faire court ! Mais il y a encore autre chose que vous avez oublié, — et notre concours de nouvelles à la main? Voyons, les poëtes, un couplet sur le pouce!...

J. NORIAC. — Je propose ceci : à côté des prix qui seront donnés aux meilleures *nouvelles à la main*, je crois utile de faire graver une médaille d'honneur en argent... on la gardera, celle-là... plus longtemps qu'on ne garde son esprit.

Air : *Restez, restez, troupe jolie*

Les grognards du premier Empire
Sont médaillés pour leur valeur,
Ces vieux débris qui font sourire,
Autrefois causaient la terreur.
A leur approche, on avait peur.
L'esprit aussi livre bataille,
Et plus d'un en sort tout meurtri.
Figaro donne une médaille... } *bis.*
Celle des *Grognards de l'esprit!* }

FIGARO. — Bravo! j'adopte l'idée!... Eh bien, mais... et les imitations! Nous n'avons pas d'imitations.

NORIAC. — Je propose une autre idée. Emile Bénassit, notre jeune dessinateur, va nous imiter les charges artistiques d'Etienne Carjat.

FIGARO. — Adopté!

(Emile Bénassit crayonne vivement, d'après les charges de Carjat, les deux croquis ci-dessous : Ravel et Gil-Perez.)

FIGARO. — L'imitation est parfaite!... sapristi, mais... le couplet final?...

TOUS. — Nous allons vous le chanter.

FIGARO. — C'est inutile! c'est le moment, au théâtre, où tout le monde met son manteau et prend son parapluie; personne ne l'entendrait. — Eh bien! Tourniquet, êtes-vous content de votre Revue?

TOURNIQUET. — Elle doit être parfaite, parce qu'elle est mauvaise.

FIGARO. — Eh bien! le public est dans le cas de la trouver mauvaise, parce qu'elle est bonne...

TOURNIQUET. — En ce cas, que le public veuille bien excuser les fautes de l'auteur.

FIN.

PARIS. — IMPRIMERIE DE DUBUISSON ET Cᵉ, 5, RUE COQ-HÉRON.

www.ingramcontent.com/pod-product-compliance
Ingram Content Group UK Ltd.
Pitfield, Milton Keynes, MK11 3LW, UK
UKHW021231230726
13926UKWH00003B/1361

9 782014 447552